本书获 2021 年上海高水平地方高校建设项目资助

中国涉海法律法规汇编

（上卷）

主　编　刘　纯

副主编　李　涛　徐　芳　李晓红

编　者　阚红烨　周佳瑶　刘亚芹

　　　　周　倩　王彦凯

中国海洋大学出版社

·青岛·

图书在版编目(CIP)数据

中国涉海法律法规汇编. 上卷 / 刘纯主编. -- 青岛:
中国海洋大学出版社,2022. 5
ISBN 978-7-5670-3162-3

Ⅰ. ①中… Ⅱ. ①刘… Ⅲ. ①海商法-汇编-中国②
海洋法-汇编-中国③海事法规-汇编-中国 Ⅳ.
① D922. 299 ② D993. 5

中国版本图书馆 CIP 数据核字(2022)第 082485 号

出版发行	中国海洋大学出版社		
社　　址	青岛市香港东路 23 号	邮政编码	266071
出 版 人	杨立敏		
网　　址	http://pub.ouc.edu.cn		
电子信箱	1922305382@qq.com		
订购电话	0532-82032573(传真)		
责任编辑	邵成军	电　　话	0532-85902533
印　　制	日照日报印务中心		
版　　次	2022 年 5 月第 1 版		
印　　次	2022 年 5 月第 1 次印刷		
成品尺寸	170 mm ×240 mm		
印　　张	21. 5		
字　　数	372 千		
印　　数	1—1 000		
定　　价	69. 00 元		

前 言

随着海洋在世界各国政治、经济、文化战略中的占比分量逐步增加,世界范围内对海洋权益的争夺与保护日益明显,特别是近年来国家间海洋渔场、岛屿、领海与专属经济区引起的争端此起彼伏,而涉海法律法规在解决争端和维护国家领海主权、海洋经济以及公民政治、经济权益等方面具有无可替代的作用。"没有语言,法律则不存在。法律法规均以语言编码,法律概念及法律程序唯有通过语言才能理解并实施"(Goźdź-Roszkowski,2011:11)[①]。

因此,在我国实施"海洋强国"战略大背景下,笔者完成了《中国涉海法律法规汇编》上、下两卷,内容主要选自全国人民代表大会国家法律法规数据库、国务院及自然资源部网站。本汇编既包括了国家层面主要的涉海法律法规,也包括我国各省区市颁布的部分地方性法规,较为全面系统地涵盖了我国涉海法律法规。本汇编既有利于我国企事业单位熟悉我国涉海法律法规,进一步促进合法合规的中外交流与合作,也有利于为其他国家政府及企事业单位了解我国涉海法律法规提供范本。同时,本汇编基于我国涉海法律法规语料库,采用 WordSmith 系统工具包,并以"兰卡斯特大学中文语料库"以及"北外星火中文语料库"为参照语料,制作完成中国涉海法律法规关键词表(上卷),该词表对于外国留学生特别是涉海专业留学生学习中国涉海法律法规具有重要的现实意义。

---

① Goźdź-Roszkowski, Stanislaw. *Patterns of Linguistic Variation in American Legal English* [M]. Frankfurt am Main: Peter Lang, 2011.

目 录

涉海部门规章

国务院法规性文件

涉海法律

中华人民共和国海洋环境保护法

（1982 年 8 月 23 日第五届全国人民代表大会常务委员会第二十四次会议通过　1999 年 12 月 25 日第九届全国人民代表大会常务委员会第十三次会议修订　根据 2013 年 12 月 28 日第十二届全国人民代表大会常务委员会第六次会议《关于修改〈中华人民共和国海洋环境保护法〉等七部法律的决定》第一次修正　根据 2016 年 11 月 7 日第十二届全国人民代表大会常务委员会第二十四次会议《关于修改〈中华人民共和国海洋环境保护法〉的决定》第二次修正　根据 2017 年 11 月 4 日第十二届全国人民代表大会常务委员会第三十次会议《关于修改〈中华人民共和国会计法〉等十一部法律的决定》第三次修正）

第一章　总　则

第一条　为了保护和改善海洋环境,保护海洋资源,防治污染损害,维护生态平衡,保障人体健康,促进经济和社会的可持续发展,制定本法。

第二条　本法适用于中华人民共和国内水、领海、毗连区、专属经济区、大陆架以及中华人民共和国管辖的其他海域。

在中华人民共和国管辖海域内从事航行、勘探、开发、生产、旅游、科学研究及其他活动,或者在沿海陆域内从事影响海洋环境活动的任何单位和个人,都必须遵守本法。

在中华人民共和国管辖海域以外,造成中华人民共和国管辖海域污染的,也适用本法。

第三条　国家在重点海洋生态功能区、生态环境敏感区和脆弱区等海域划定生态保护红线,实行严格保护。

国家建立并实施重点海域排污总量控制制度,确定主要污染物排海总量控制指标,并对主要污染源分配排放控制数量。具体办法由国务院制定。

第四条　一切单位和个人都有保护海洋环境的义务,并有权对污染损害海洋环境的单位和个人,以及海洋环境监督管理人员的违法失职行为进行监督和检举。

第五条 国务院环境保护行政主管部门作为对全国环境保护工作统一监督管理的部门,对全国海洋环境保护工作实施指导、协调和监督,并负责全国防治陆源污染物和海岸工程建设项目对海洋污染损害的环境保护工作。

国家海洋行政主管部门负责海洋环境的监督管理,组织海洋环境的调查、监测、监视、评价和科学研究,负责全国防治海洋工程建设项目和海洋倾倒废弃物对海洋污染损害的环境保护工作。

国家海事行政主管部门负责所辖港区水域内非军事船舶和港区水域外非渔业、非军事船舶污染海洋环境的监督管理,并负责污染事故的调查处理;对在中华人民共和国管辖海域航行、停泊和作业的外国籍船舶造成的污染事故登轮检查处理。船舶污染事故给渔业造成损害的,应当吸收渔业行政主管部门参与调查处理。

国家渔业行政主管部门负责渔港水域内非军事船舶和渔港水域外渔业船舶污染海洋环境的监督管理,负责保护渔业水域生态环境工作,并调查处理前款规定的污染事故以外的渔业污染事故。

军队环境保护部门负责军事船舶污染海洋环境的监督管理及污染事故的调查处理。

沿海县级以上地方人民政府行使海洋环境监督管理权的部门的职责,由省、自治区、直辖市人民政府根据本法及国务院有关规定确定。

第六条 环境保护行政主管部门、海洋行政主管部门和其他行使海洋环境监督管理权的部门,根据职责分工依法公开海洋环境相关信息;相关排污单位应当依法公开排污信息。

第二章 海洋环境监督管理

第七条 国家海洋行政主管部门会同国务院有关部门和沿海省、自治区、直辖市人民政府根据全国海洋主体功能区规划,拟定全国海洋功能区划,报国务院批准。

沿海地方各级人民政府应当根据全国和地方海洋功能区划,保护和科学合理地使用海域。

第八条 国家根据海洋功能区划制定全国海洋环境保护规划和重点海域区域性海洋环境保护规划。

毗邻重点海域的有关沿海省、自治区、直辖市人民政府及行使海洋环境监督管理权的部门，可以建立海洋环境保护区域合作组织，负责实施重点海域区域性海洋环境保护规划、海洋环境污染的防治和海洋生态保护工作。

第九条 跨区域的海洋环境保护工作，由有关沿海地方人民政府协商解决，或者由上级人民政府协调解决。

跨部门的重大海洋环境保护工作，由国务院环境保护行政主管部门协调；协调未能解决的，由国务院作出决定。

第十条 国家根据海洋环境质量状况和国家经济、技术条件，制定国家海洋环境质量标准。

沿海省、自治区、直辖市人民政府对国家海洋环境质量标准中未作规定的项目，可以制定地方海洋环境质量标准。

沿海地方各级人民政府根据国家和地方海洋环境质量标准的规定和本行政区近岸海域环境质量状况，确定海洋环境保护的目标和任务，并纳入人民政府工作计划，按相应的海洋环境质量标准实施管理。

第十一条 国家和地方水污染物排放标准的制定，应当将国家和地方海洋环境质量标准作为重要依据之一。在国家建立并实施排污总量控制制度的重点海域，水污染物排放标准的制定，还应当将主要污染物排海总量控制指标作为重要依据。

排污单位在执行国家和地方水污染物排放标准的同时，应当遵守分解落实到本单位的主要污染物排海总量控制指标。

对超过主要污染物排海总量控制指标的重点海域和未完成海洋环境保护目标、任务的海域，省级以上人民政府环境保护行政主管部门、海洋行政主管部门，根据职责分工暂停审批新增相应种类污染物排放总量的建设项目环境影响报告书（表）。

第十二条 直接向海洋排放污染物的单位和个人，必须按照国家规定缴纳排污费。依照法律规定缴纳环境保护税的，不再缴纳排污费。

向海洋倾倒废弃物，必须按照国家规定缴纳倾倒费。

根据本法规定征收的排污费、倾倒费，必须用于海洋环境污染的整治，不得挪作他用。具体办法由国务院规定。

第十三条 国家加强防治海洋环境污染损害的科学技术的研究和开发，对严重污染海洋环境的落后生产工艺和落后设备，实行淘汰制度。

企业应当优先使用清洁能源，采用资源利用率高、污染物排放量少的清洁生产工艺,防止对海洋环境的污染。

第十四条 国家海洋行政主管部门按照国家环境监测、监视规范和标准,管理全国海洋环境的调查、监测、监视,制定具体的实施办法,会同有关部门组织全国海洋环境监测、监视网络,定期评价海洋环境质量,发布海洋巡航监视通报。

依照本法规定行使海洋环境监督管理权的部门分别负责各自所辖水域的监测、监视。

其他有关部门根据全国海洋环境监测网的分工,分别负责对入海河口、主要排污口的监测。

第十五条 国务院有关部门应当向国务院环境保护行政主管部门提供编制全国环境质量公报所必需的海洋环境监测资料。

环境保护行政主管部门应当向有关部门提供与海洋环境监督管理有关的资料。

第十六条 国家海洋行政主管部门按照国家制定的环境监测、监视信息管理制度,负责管理海洋综合信息系统,为海洋环境保护监督管理提供服务。

第十七条 因发生事故或者其他突发性事件,造成或者可能造成海洋环境污染事故的单位和个人,必须立即采取有效措施,及时向可能受到危害者通报,并向依照本法规定行使海洋环境监督管理权的部门报告,接受调查处理。

沿海县级以上地方人民政府在本行政区域近岸海域的环境受到严重污染时,必须采取有效措施,解除或者减轻危害。

第十八条 国家根据防止海洋环境污染的需要,制定国家重大海上污染事故应急计划。

国家海洋行政主管部门负责制定全国海洋石油勘探开发重大海上溢油应急计划,报国务院环境保护行政主管部门备案。

国家海事行政主管部门负责制定全国船舶重大海上溢油污染事故应急计划,报国务院环境保护行政主管部门备案。

沿海可能发生重大海洋环境污染事故的单位,应当依照国家的规定,制定污染事故应急计划,并向当地环境保护行政主管部门、海洋行政主管部门备案。

沿海县级以上地方人民政府及其有关部门在发生重大海上污染事故时,必须按照应急计划解除或者减轻危害。

第十九条 依照本法规定行使海洋环境监督管理权的部门可以在海上实行联合执法,在巡航监视中发现海上污染事故或者违反本法规定的行为时,应当予以制止并调查取证,必要时有权采取有效措施,防止污染事态的扩大,并报告有关主管部门处理。

依照本法规定行使海洋环境监督管理权的部门,有权对管辖范围内排放污染物的单位和个人进行现场检查。被检查者应当如实反映情况,提供必要的资料。

检查机关应当为被检查者保守技术秘密和业务秘密。

第三章　海洋生态保护

第二十条　国务院和沿海地方各级人民政府应当采取有效措施,保护红树林、珊瑚礁、滨海湿地、海岛、海湾、入海河口、重要渔业水域等具有典型性、代表性的海洋生态系统,珍稀、濒危海洋生物的天然集中分布区,具有重要经济价值的海洋生物生存区域及有重大科学文化价值的海洋自然历史遗迹和自然景观。

对具有重要经济、社会价值的已遭到破坏的海洋生态,应当进行整治和恢复。

第二十一条　国务院有关部门和沿海省级人民政府应当根据保护海洋生态的需要,选划、建立海洋自然保护区。

国家级海洋自然保护区的建立,须经国务院批准。

第二十二条　凡具有下列条件之一的,应当建立海洋自然保护区:

(一)典型的海洋自然地理区域、有代表性的自然生态区域,以及遭受破坏但经保护能恢复的海洋自然生态区域;

(二)海洋生物物种高度丰富的区域,或者珍稀、濒危海洋生物物种的天然集中分布区域;

(三)具有特殊保护价值的海域、海岸、岛屿、滨海湿地、入海河口和海湾等;

(四)具有重大科学文化价值的海洋自然遗迹所在区域;

(五)其他需要予以特殊保护的区域。

第二十三条　凡具有特殊地理条件、生态系统、生物与非生物资源及海洋开发利用特殊需要的区域,可以建立海洋特别保护区,采取有效的保护措施和科学的开发方式进行特殊管理。

第二十四条　国家建立健全海洋生态保护补偿制度。

开发利用海洋资源,应当根据海洋功能区划合理布局,严格遵守生态保护红线,不得造成海洋生态环境破坏。

第二十五条　引进海洋动植物物种,应当进行科学论证,避免对海洋生态系统造成危害。

第二十六条　开发海岛及周围海域的资源,应当采取严格的生态保护措施,不得造成海岛地形、岸滩、植被以及海岛周围海域生态环境的破坏。

第二十七条　沿海地方各级人民政府应当结合当地自然环境的特点,建设海岸防护设施、沿海防护林、沿海城镇园林和绿地,对海岸侵蚀和海水入侵地区进行综合治理。

禁止毁坏海岸防护设施、沿海防护林、沿海城镇园林和绿地。

第二十八条　国家鼓励发展生态渔业建设,推广多种生态渔业生产方式,改善海洋生态状况。

新建、改建、扩建海水养殖场,应当进行环境影响评价。

海水养殖应当科学确定养殖密度,并应当合理投饵、施肥,正确使用药物,防止造成海洋环境的污染。

第四章　防治陆源污染物对海洋环境的污染损害

第二十九条　向海域排放陆源污染物,必须严格执行国家或者地方规定的标准和有关规定。

第三十条　入海排污口位置的选择,应当根据海洋功能区划、海水动力条件和有关规定,经科学论证后,报设区的市级以上人民政府环境保护行政主管部门备案。

环境保护行政主管部门应当在完成备案后十五个工作日内将入海排污口设置情况通报海洋、海事、渔业行政主管部门和军队环境保护部门。

在海洋自然保护区、重要渔业水域、海滨风景名胜区和其他需要特别保护的区域,不得新建排污口。

在有条件的地区,应当将排污口深海设置,实行离岸排放。设置陆源污染物深海离岸排放排污口,应当根据海洋功能区划、海水动力条件和海底工程设施的有关情况确定,具体办法由国务院规定。

第三十一条　省、自治区、直辖市人民政府环境保护行政主管部门和水行政主管部门应当按照水污染防治有关法律的规定,加强入海河流管理,防治污染,使入海河口的水质处于良好状态。

第三十二条　排放陆源污染物的单位,必须向环境保护行政主管部门申报拥有的陆源污染物排放设施、处理设施和在正常作业条件下排放陆源污染物的种类、数量和浓度,并提供防治海洋环境污染方面的有关技术和资料。

排放陆源污染物的种类、数量和浓度有重大改变的,必须及时申报。

第三十三条 禁止向海域排放油类、酸液、碱液、剧毒废液和高、中水平放射性废水。

严格限制向海域排放低水平放射性废水;确需排放的,必须严格执行国家辐射防护规定。

严格控制向海域排放含有不易降解的有机物和重金属的废水。

第三十四条 含病原体的医疗污水、生活污水和工业废水必须经过处理,符合国家有关排放标准后,方能排入海域。

第三十五条 含有机物和营养物质的工业废水、生活污水,应当严格控制向海湾、半封闭海及其他自净能力较差的海域排放。

第三十六条 向海域排放含热废水,必须采取有效措施,保证邻近渔业水域的水温符合国家海洋环境质量标准,避免热污染对水产资源的危害。

第三十七条 沿海农田、林场施用化学农药,必须执行国家农药安全使用的规定和标准。

沿海农田、林场应当合理使用化肥和植物生长调节剂。

第三十八条 在岸滩弃置、堆放和处理尾矿、矿渣、煤灰渣、垃圾和其他固体废物的,依照《中华人民共和国固体废物污染环境防治法》的有关规定执行。

第三十九条 禁止经中华人民共和国内水、领海转移危险废物。

经中华人民共和国管辖的其他海域转移危险废物的,必须事先取得国务院环境保护行政主管部门的书面同意。

第四十条 沿海城市人民政府应当建设和完善城市排水管网,有计划地建设城市污水处理厂或者其他污水集中处理设施,加强城市污水的综合整治。

建设污水海洋处置工程,必须符合国家有关规定。

第四十一条 国家采取必要措施,防止、减少和控制来自大气层或者通过大气层造成的海洋环境污染损害。

第五章 防治海岸工程建设项目对海洋环境的污染损害

第四十二条 新建、改建、扩建海岸工程建设项目,必须遵守国家有关建设项目环境保护管理的规定,并把防治污染所需资金纳入建设项目投资计划。

在依法划定的海洋自然保护区、海滨风景名胜区、重要渔业水域及其他需要特别保护的区域，不得从事污染环境、破坏景观的海岸工程项目建设或者其他活动。

第四十三条 海岸工程建设项目单位，必须对海洋环境进行科学调查，根据自然条件和社会条件，合理选址，编制环境影响报告书（表）。在建设项目开工前，将环境影响报告书（表）报环境保护行政主管部门审查批准。

环境保护行政主管部门在批准环境影响报告书（表）之前，必须征求海洋、海事、渔业行政主管部门和军队环境保护部门的意见。

第四十四条 海岸工程建设项目的环境保护设施，必须与主体工程同时设计、同时施工、同时投产使用。环境保护设施应当符合经批准的环境影响评价报告书（表）的要求。

第四十五条 禁止在沿海陆域内新建不具备有效治理措施的化学制浆造纸、化工、印染、制革、电镀、酿造、炼油、岸边冲滩拆船以及其他严重污染海洋环境的工业生产项目。

第四十六条 兴建海岸工程建设项目，必须采取有效措施，保护国家和地方重点保护的野生动植物及其生存环境和海洋水产资源。

严格限制在海岸采挖砂石。露天开采海滨砂矿和从岸上打井开采海底矿产资源，必须采取有效措施，防止污染海洋环境。

第六章　防治海洋工程建设项目对海洋环境的污染损害

第四十七条 海洋工程建设项目必须符合全国海洋主体功能区规划、海洋功能区划、海洋环境保护规划和国家有关环境保护标准。海洋工程建设项目单位应当对海洋环境进行科学调查，编制海洋环境影响报告书（表），并在建设项目开工前，报海洋行政主管部门审查批准。

海洋行政主管部门在批准海洋环境影响报告书（表）之前，必须征求海事、渔业行政主管部门和军队环境保护部门的意见。

第四十八条 海洋工程建设项目的环境保护设施，必须与主体工程同时设计、同时施工、同时投产使用。环境保护设施未经海洋行政主管部门验收，或者经验收不合格的，建设项目不得投入生产或者使用。

拆除或者闲置环境保护设施，必须事先征得海洋行政主管部门的同意。

第四十九条 海洋工程建设项目，不得使用含超标准放射性物质或者易溶出有毒有害物质的材料。

第五十条　海洋工程建设项目需要爆破作业时,必须采取有效措施,保护海洋资源。

海洋石油勘探开发及输油过程中,必须采取有效措施,避免溢油事故的发生。

第五十一条　海洋石油钻井船、钻井平台和采油平台的含油污水和油性混合物,必须经过处理达标后排放;残油、废油必须予以回收,不得排放入海。经回收处理后排放的,其含油量不得超过国家规定的标准。

钻井所使用的油基泥浆和其他有毒复合泥浆不得排放入海。水基泥浆和无毒复合泥浆及钻屑的排放,必须符合国家有关规定。

第五十二条　海洋石油钻井船、钻井平台和采油平台及其有关海上设施,不得向海域处置含油的工业垃圾。处置其他工业垃圾,不得造成海洋环境污染。

第五十三条　海上试油时,应当确保油气充分燃烧,油和油性混合物不得排放入海。

第五十四条　勘探开发海洋石油,必须按有关规定编制溢油应急计划,报国家海洋行政主管部门的海区派出机构备案。

第七章　防治倾倒废弃物对海洋环境的污染损害

第五十五条　任何单位未经国家海洋行政主管部门批准,不得向中华人民共和国管辖海域倾倒任何废弃物。

需要倾倒废弃物的单位,必须向国家海洋行政主管部门提出书面申请,经国家海洋行政主管部门审查批准,发给许可证后,方可倾倒。

禁止中华人民共和国境外的废弃物在中华人民共和国管辖海域倾倒。

第五十六条　国家海洋行政主管部门根据废弃物的毒性、有毒物质含量和对海洋环境影响程度,制定海洋倾倒废弃物评价程序和标准。

向海洋倾倒废弃物,应当按照废弃物的类别和数量实行分级管理。

可以向海洋倾倒的废弃物名录,由国家海洋行政主管部门拟定,经国务院环境保护行政主管部门提出审核意见后,报国务院批准。

第五十七条　国家海洋行政主管部门按照科学、合理、经济、安全的原则选划海洋倾倒区,经国务院环境保护行政主管部门提出审核意见后,报国务院批准。

临时性海洋倾倒区由国家海洋行政主管部门批准,并报国务院环境保护行政主管部门备案。

国家海洋行政主管部门在选划海洋倾倒区和批准临时性海洋倾倒区之前，必须征求国家海事、渔业行政主管部门的意见。

第五十八条　国家海洋行政主管部门监督管理倾倒区的使用，组织倾倒区的环境监测。对经确认不宜继续使用的倾倒区，国家海洋行政主管部门应当予以封闭，终止在该倾倒区的一切倾倒活动，并报国务院备案。

第五十九条　获准倾倒废弃物的单位，必须按照许可证注明的期限及条件，到指定的区域进行倾倒。废弃物装载之后，批准部门应当予以核实。

第六十条　获准倾倒废弃物的单位，应当详细记录倾倒的情况，并在倾倒后向批准部门作出书面报告。倾倒废弃物的船舶必须向驶出港的海事行政主管部门作出书面报告。

第六十一条　禁止在海上焚烧废弃物。

禁止在海上处置放射性废弃物或者其他放射性物质。废弃物中的放射性物质的豁免浓度由国务院制定。

第八章　防治船舶及有关作业活动对海洋环境的污染损害

第六十二条　在中华人民共和国管辖海域，任何船舶及相关作业不得违反本法规定向海洋排放污染物、废弃物和压载水、船舶垃圾及其他有害物质。

从事船舶污染物、废弃物、船舶垃圾接收、船舶清舱、洗舱作业活动的，必须具备相应的接收处理能力。

第六十三条　船舶必须按照有关规定持有防止海洋环境污染的证书与文书，在进行涉及污染物排放及操作时，应当如实记录。

第六十四条　船舶必须配置相应的防污设备和器材。

载运具有污染危害性货物的船舶，其结构与设备应当能够防止或者减轻所载货物对海洋环境的污染。

第六十五条　船舶应当遵守海上交通安全法律、法规的规定，防止因碰撞、触礁、搁浅、火灾或者爆炸等引起的海难事故，造成海洋环境的污染。

第六十六条　国家完善并实施船舶油污损害民事赔偿责任制度；按照船舶油污损害赔偿责任由船东和货主共同承担风险的原则，建立船舶油污保险、油污损害赔偿基金制度。

实施船舶油污保险、油污损害赔偿基金制度的具体办法由国务院规定。

第六十七条　载运具有污染危害性货物进出港口的船舶,其承运人、货物所有人或者代理人,必须事先向海事行政主管部门申报。经批准后,方可进出港口、过境停留或者装卸作业。

第六十八条　交付船舶装运污染危害性货物的单证、包装、标志、数量限制等,必须符合对所装货物的有关规定。

需要船舶装运污染危害性不明的货物,应当按照有关规定事先进行评估。

装卸油类及有毒有害货物的作业,船岸双方必须遵守安全防污操作规程。

第六十九条　港口、码头、装卸站和船舶修造厂必须按照有关规定备有足够的用于处理船舶污染物、废弃物的接收设施,并使该设施处于良好状态。

装卸油类的港口、码头、装卸站和船舶必须编制溢油污染应急计划,并配备相应的溢油污染应急设备和器材。

第七十条　船舶及有关作业活动应当遵守有关法律法规和标准,采取有效措施,防止造成海洋环境污染。海事行政主管部门等有关部门应当加强对船舶及有关作业活动的监督管理。

船舶进行散装液体污染危害性货物的过驳作业,应当事先按照有关规定报经海事行政主管部门批准。

第七十一条　船舶发生海难事故,造成或者可能造成海洋环境重大污染损害的,国家海事行政主管部门有权强制采取避免或者减少污染损害的措施。

对在公海上因发生海难事故,造成中华人民共和国管辖海域重大污染损害后果或者具有污染威胁的船舶、海上设施,国家海事行政主管部门有权采取与实际的或者可能发生的损害相称的必要措施。

第七十二条　所有船舶均有监视海上污染的义务,在发现海上污染事故或者违反本法规定的行为时,必须立即向就近的依照本法规定行使海洋环境监督管理权的部门报告。

民用航空器发现海上排污或者污染事件,必须及时向就近的民用航空空中交通管制单位报告。接到报告的单位,应当立即向依照本法规定行使海洋环境监督管理权的部门通报。

第九章　法律责任

第七十三条　违反本法有关规定,有下列行为之一的,由依照本法规定行使海洋环境监督管理权的部门责令停止违法行为、限期改正或者责令采取限制生产、停产整治等措施,并处以罚款;拒不改正的,依法作出处罚决定的部门可以自责令改正之日的次日起,按照原罚款数额按日连续处罚;情节严重的,报经有批准权的人民政府批准,责令停业、关闭:

（一）向海域排放本法禁止排放的污染物或者其他物质的;

（二）不按照本法规定向海洋排放污染物,或者超过标准、总量控制指标排放污染物的;

（三）未取得海洋倾倒许可证,向海洋倾倒废弃物的;

（四）因发生事故或者其他突发性事件,造成海洋环境污染事故,不立即采取处理措施的。

有前款第（一）、（三）项行为之一的,处三万元以上二十万元以下的罚款;有前款第（二）、（四）项行为之一的,处二万元以上十万元以下的罚款。

第七十四条 违反本法有关规定,有下列行为之一的,由依照本法规定行使海洋环境监督管理权的部门予以警告,或者处以罚款:

（一）不按照规定申报,甚至拒报污染物排放有关事项,或者在申报时弄虚作假的;

（二）发生事故或者其他突发性事件不按照规定报告的;

（三）不按照规定记录倾倒情况,或者不按照规定提交倾倒报告的;

（四）拒报或者谎报船舶载运污染危害性货物申报事项的。

有前款第（一）、（三）项行为之一的,处二万元以下的罚款;有前款第（二）、（四）项行为之一的,处五万元以下的罚款。

第七十五条 违反本法第十九条第二款的规定,拒绝现场检查,或者在被检查时弄虚作假的,由依照本法规定行使海洋环境监督管理权的部门予以警告,并处二万元以下的罚款。

第七十六条 违反本法规定,造成珊瑚礁、红树林等海洋生态系统及海洋水产资源、海洋保护区破坏的,由依照本法规定行使海洋环境监督管理权的部门责令限期改正和采取补救措施,并处一万元以上十万元以下的罚款;有违法所得的,没收其违法所得。

第七十七条 违反本法第三十条第一款、第三款规定设置入海排污口的,由县级以上地方人民政府环境保护行政主管部门责令其关闭,并处二万元以上十万元以下的罚款。

海洋、海事、渔业行政主管部门和军队环境保护部门发现入海排污口设置违反本法第三十条第一款、第三款规定的,应当通报环境保护行政主管部门依照前款规定予以处罚。

第七十八条 违反本法第三十九条第二款的规定,经中华人民共和国管辖海域转移危险废物的,由国家海事行政主管部门责令非法运输该危险废物的船舶退出中华人民共和国管辖海域,并处五万元以上五十万元以下的罚款。

第七十九条 海岸工程建设项目未依法进行环境影响评价的,依照《中华人民共和国环境影响评价法》的规定处理。

第八十条 违反本法第四十四条的规定,海岸工程建设项目未建成环境保护设施,或者环境保护设施未达到规定要求即投入生产、使用的,由环境保护行政主管部门责令其停止生产或者使用,并处二万元以上十万元以下的罚款。

第八十一条 违反本法第四十五条的规定,新建严重污染海洋环境的工业生产建设项目的,按照管理权限,由县级以上人民政府责令关闭。

第八十二条 违反本法第四十七条第一款的规定,进行海洋工程建设项目的,由海洋行政主管部门责令其停止施工,根据违法情节和危害后果,处建设项目总投资额百分之一以上百分之五以下的罚款,并可以责令恢复原状。

违反本法第四十八条的规定,海洋工程建设项目未建成环境保护设施、环境保护设施未达到规定要求即投入生产、使用的,由海洋行政主管部门责令其停止生产、使用,并处五万元以上二十万元以下的罚款。

第八十三条 违反本法第四十九条的规定,使用含超标准放射性物质或者易溶有毒有害物质材料的,由海洋行政主管部门处五万元以下的罚款,并责令其停止该建设项目的运行,直到消除污染危害。

第八十四条 违反本法规定进行海洋石油勘探开发活动,造成海洋环境污染的,由国家海洋行政主管部门予以警告,并处二万元以上二十万元以下的罚款。

第八十五条 违反本法规定,不按照许可证的规定倾倒,或者向已经封闭的倾倒区倾倒废弃物的,由海洋行政主管部门予以警告,并处三万元以上二十万元以下的罚款;对情节严重的,可以暂扣或者吊销许可证。

第八十六条 违反本法第五十五条第三款的规定,将中华人民共和国境外废弃物运进中华人民共和国管辖海域倾倒的,由国家海洋行政主管部门予以警告,并根据造成或者可能造成的危害后果,处十万元以上一百万元以下的罚款。

第八十七条 违反本法规定,有下列行为之一的,由依照本法规定行使海洋环境监督管理权的部门予以警告,或者处以罚款:

(一)港口、码头、装卸站及船舶未配备防污设施、器材的;

（二）船舶未持有防污证书、防污文书，或者不按照规定记载排污记录的；

（三）从事水上和港区水域拆船、旧船改装、打捞和其他水上、水下施工作业，造成海洋环境污染损害的；

（四）船舶载运的货物不具备防污适运条件的。

有前款第（一）、（四）项行为之一的，处二万元以上十万元以下的罚款；有前款第（二）项行为的，处二万元以下的罚款；有前款第（三）项行为的，处五万元以上二十万元以下的罚款。

第八十八条 违反本法规定，船舶、石油平台和装卸油类的港口、码头、装卸站不编制溢油应急计划的，由依照本法规定行使海洋环境监督管理权的部门予以警告，或者责令限期改正。

第八十九条 造成海洋环境污染损害的责任者，应当排除危害，并赔偿损失；完全由于第三者的故意或者过失，造成海洋环境污染损害的，由第三者排除危害，并承担赔偿责任。

对破坏海洋生态、海洋水产资源、海洋保护区，给国家造成重大损失的，由依照本法规定行使海洋环境监督管理权的部门代表国家对责任者提出损害赔偿要求。

第九十条 对违反本法规定，造成海洋环境污染事故的单位，除依法承担赔偿责任外，由依照本法规定行使海洋环境监督管理权的部门依照本条第二款的规定处以罚款；对直接负责的主管人员和其他直接责任人员可以处上一年度从本单位取得收入百分之五十以下的罚款；直接负责的主管人员和其他直接责任人员属于国家工作人员的，依法给予处分。

对造成一般或者较大海洋环境污染事故的，按照直接损失的百分之二十计算罚款；对造成重大或者特大海洋环境污染事故的，按照直接损失的百分之三十计算罚款。

对严重污染海洋环境、破坏海洋生态，构成犯罪的，依法追究刑事责任。

第九十一条 完全属于下列情形之一，经过及时采取合理措施，仍然不能避免对海洋环境造成污染损害的，造成污染损害的有关责任者免予承担责任：

（一）战争；

（二）不可抗拒的自然灾害；

（三）负责灯塔或者其他助航设备的主管部门，在执行职责时的疏忽，或者其他过失行为。

第九十二条 对违反本法第十二条有关缴纳排污费、倾倒费规定的行政处罚,由国务院规定。

第九十三条 海洋环境监督管理人员滥用职权、玩忽职守、徇私舞弊,造成海洋环境污染损害的,依法给予行政处分;构成犯罪的,依法追究刑事责任。

第十章 附 则

第九十四条 本法中下列用语的含义是:

(一)海洋环境污染损害,是指直接或者间接地把物质或者能量引入海洋环境,产生损害海洋生物资源、危害人体健康、妨害渔业和海上其他合法活动、损害海水使用素质和减损环境质量等有害影响。

(二)内水,是指我国领海基线向内陆一侧的所有海域。

(三)滨海湿地,是指低潮时水深浅于六米的水域及其沿岸浸湿地带,包括水深不超过六米的永久性水域、潮间带(或洪泛地带)和沿海低地等。

(四)海洋功能区划,是指依据海洋自然属性和社会属性,以及自然资源和环境特定条件,界定海洋利用的主导功能和使用范畴。

(五)渔业水域,是指鱼虾类的产卵场、索饵场、越冬场、洄游通道和鱼虾贝藻类的养殖场。

(六)油类,是指任何类型的油及其炼制品。

(七)油性混合物,是指任何含有油分的混合物。

(八)排放,是指把污染物排入海洋的行为,包括泵出、溢出、泄出、喷出和倒出。

(九)陆地污染源(简称陆源),是指从陆地向海域排放污染物,造成或者可能造成海洋环境污染的场所、设施等。

(十)陆源污染物,是指由陆地污染源排放的污染物。

(十一)倾倒,是指通过船舶、航空器、平台或者其他载运工具,向海洋处置废弃物和其他有害物质的行为,包括弃置船舶、航空器、平台及其辅助设施和其他浮动工具的行为。

(十二)沿海陆域,是指与海岸相连,或者通过管道、沟渠、设施,直接或者间接向海洋排放污染物及其相关活动的一带区域。

(十三)海上焚烧,是指以热摧毁为目的,在海上焚烧设施上,故意焚烧废弃物或者其他物质的行为,但船舶、平台或者其他人工构造物正常操作中,所附带发生的行为除外。

第九十五条　涉及海洋环境监督管理的有关部门的具体职权划分,本法未作规定的,由国务院规定。

第九十六条　中华人民共和国缔结或者参加的与海洋环境保护有关的国际条约与本法有不同规定的,适用国际条约的规定;但是,中华人民共和国声明保留的条款除外。

第九十七条　本法自 2000 年 4 月 1 日起施行。

中华人民共和国海上交通安全法

（1983 年 9 月 2 日第六届全国人民代表大会常务委员会第二次会议通过　根据 2016 年 11 月 7 日第十二届全国人民代表大会常务委员会第二十四次会议《关于修改〈中华人民共和国对外贸易法〉等十二部法律的决定》修正　2021 年 4 月 29 日第十三届全国人民代表大会常务委员会第二十八次会议修订）

第一章　总　则

第一条　为了加强海上交通管理，维护海上交通秩序，保障生命财产安全，维护国家权益，制定本法。

第二条　在中华人民共和国管辖海域内从事航行、停泊、作业以及其他与海上交通安全相关的活动，适用本法。

第三条　国家依法保障交通用海。

海上交通安全工作坚持安全第一、预防为主、便利通行、依法管理的原则，保障海上交通安全、有序、畅通。

第四条　国务院交通运输主管部门主管全国海上交通安全工作。

国家海事管理机构统一负责海上交通安全监督管理工作，其他各级海事管理机构按照职责具体负责辖区内的海上交通安全监督管理工作。

第五条　各级人民政府及有关部门应当支持海上交通安全工作，加强海上交通安全的宣传教育，提高全社会的海上交通安全意识。

第六条　国家依法保障船员的劳动安全和职业健康，维护船员的合法权益。

第七条　从事船舶、海上设施航行、停泊、作业以及其他与海上交通相关活动的单位、个人，应当遵守有关海上交通安全的法律、行政法规、规章以及强制性标准和技术规范；依法享有获得航海保障和海上救助的权利，承担维护海上交通安全和保护海洋生态环境的义务。

第八条　国家鼓励和支持先进科学技术在海上交通安全工作中的应用，促

19

进海上交通安全现代化建设,提高海上交通安全科学技术水平。

第二章　船舶、海上设施和船员

第九条　中国籍船舶、在中华人民共和国管辖海域设置的海上设施、船运集装箱,以及国家海事管理机构确定的关系海上交通安全的重要船用设备、部件和材料,应当符合有关法律、行政法规、规章以及强制性标准和技术规范的要求,经船舶检验机构检验合格,取得相应证书、文书。证书、文书的清单由国家海事管理机构制定并公布。

设立船舶检验机构应当经国家海事管理机构许可。船舶检验机构设立条件、程序及其管理等依照有关船舶检验的法律、行政法规的规定执行。

持有相关证书、文书的单位应当按照规定的用途使用船舶、海上设施、船运集装箱以及重要船用设备、部件和材料,并应当依法定期进行安全技术检验。

第十条　船舶依照有关船舶登记的法律、行政法规的规定向海事管理机构申请船舶国籍登记、取得国籍证书后,方可悬挂中华人民共和国国旗航行、停泊、作业。

中国籍船舶灭失或者报废的,船舶所有人应当在国务院交通运输主管部门规定的期限内申请办理注销国籍登记;船舶所有人逾期不申请注销国籍登记的,海事管理机构可以发布关于拟强制注销船舶国籍登记的公告。船舶所有人自公告发布之日起六十日内未提出异议的,海事管理机构可以注销该船舶的国籍登记。

第十一条　中国籍船舶所有人、经营人或者管理人应当建立并运行安全营运和防治船舶污染管理体系。

海事管理机构经对前款规定的管理体系审核合格的,发给符合证明和相应的船舶安全管理证书。

第十二条　中国籍国际航行船舶的所有人、经营人或者管理人应当依照国务院交通运输主管部门的规定建立船舶保安制度,制定船舶保安计划,并按照船舶保安计划配备船舶保安设备,定期开展演练。

第十三条　中国籍船员和海上设施上的工作人员应当接受海上交通安全以及相应岗位的专业教育、培训。

中国籍船员应当依照有关船员管理的法律、行政法规的规定向海事管理机构申请取得船员适任证书,并取得健康证明。

外国籍船员在中国籍船舶上工作的,按照有关船员管理的法律、行政法规的规定执行。

船员在船舶上工作,应当符合船员适任证书载明的船舶、航区、职务的范围。

第十四条 中国籍船舶的所有人、经营人或者管理人应当为其国际航行船舶向海事管理机构申请取得海事劳工证书。船舶取得海事劳工证书应当符合下列条件:

(一)所有人、经营人或者管理人依法招用船员,与其签订劳动合同或者就业协议,并为船舶配备符合要求的船员;

(二)所有人、经营人或者管理人已保障船员在船舶上的工作环境、职业健康保障和安全防护、工作和休息时间、工资报酬、生活条件、医疗条件、社会保险等符合国家有关规定;

(三)所有人、经营人或者管理人已建立符合要求的船员投诉和处理机制;

(四)所有人、经营人或者管理人已就船员遣返费用以及在船就业期间发生伤害、疾病或者死亡依法应当支付的费用提供相应的财务担保或者投保相应的保险。

海事管理机构商人力资源社会保障行政部门,按照各自职责对申请人及其船舶是否符合前款规定条件进行审核。经审核符合规定条件的,海事管理机构应当自受理申请之日起十个工作日内颁发海事劳工证书;不符合规定条件的,海事管理机构应当告知申请人并说明理由。

海事劳工证书颁发及监督检查的具体办法由国务院交通运输主管部门会同国务院人力资源社会保障行政部门制定并公布。

第十五条 海事管理机构依照有关船员管理的法律、行政法规的规定,对单位从事海船船员培训业务进行管理。

第十六条 国务院交通运输主管部门和其他有关部门、有关县级以上地方人民政府应当建立健全船员境外突发事件预警和应急处置机制,制定船员境外突发事件应急预案。

船员境外突发事件应急处置由船员派出单位所在地的省、自治区、直辖市人民政府负责,船员户籍所在地的省、自治区、直辖市人民政府予以配合。

中华人民共和国驻外国使馆、领馆和相关海事管理机构应当协助处置船员境外突发事件。

第十七条 本章第九条至第十二条、第十四条规定适用的船舶范围由有关法律、行政法规具体规定,或者由国务院交通运输主管部门拟定并报国务院批准后公布。

第三章　海上交通条件和航行保障

第十八条　国务院交通运输主管部门统筹规划和管理海上交通资源,促进海上交通资源的合理开发和有效利用。

海上交通资源规划应当符合国土空间规划。

第十九条　海事管理机构根据海域的自然状况、海上交通状况以及海上交通安全管理的需要,划定、调整并及时公布船舶定线区、船舶报告区、交通管制区、禁航区、安全作业区和港外锚地等海上交通功能区域。

海事管理机构划定或者调整船舶定线区、港外锚地以及对其他海洋功能区域或者用海活动造成影响的安全作业区,应当征求渔业渔政、生态环境、自然资源等有关部门的意见。为了军事需要划定、调整禁航区的,由负责划定、调整禁航区的军事机关作出决定,海事管理机构予以公布。

第二十条　建设海洋工程、海岸工程影响海上交通安全的,应当根据情况配备防止船舶碰撞的设施、设备并设置专用航标。

第二十一条　国家建立完善船舶定位、导航、授时、通信和远程监测等海上交通支持服务系统,为船舶、海上设施提供信息服务。

第二十二条　任何单位、个人不得损坏海上交通支持服务系统或者妨碍其工作效能。建设建筑物、构筑物,使用设施设备可能影响海上交通支持服务系统正常使用的,建设单位、所有人或者使用人应当与相关海上交通支持服务系统的管理单位协商,作出妥善安排。

第二十三条　国务院交通运输主管部门应当采取必要的措施,保障海上交通安全无线电通信设施的合理布局和有效覆盖,规划本系统(行业)海上无线电台(站)的建设布局和台址,核发船舶制式无线电台执照及电台识别码。

国务院交通运输主管部门组织本系统(行业)的海上无线电监测系统建设并对其无线电信号实施监测,会同国家无线电管理机构维护海上无线电波秩序。

第二十四条　船舶在中华人民共和国管辖海域内通信需要使用岸基无线电台(站)转接的,应当通过依法设置的境内海岸无线电台(站)或者卫星关口站进行转接。

承担无线电通信任务的船员和岸基无线电台(站)的工作人员应当遵守海上无线电通信规则,保持海上交通安全通信频道的值守和畅通,不得使用海上交通安全通信频率交流与海上交通安全无关的内容。

任何单位、个人不得违反国家有关规定使用无线电台识别码,影响海上搜救的身份识别。

第二十五条 天文、气象、海洋等有关单位应当及时预报、播发和提供航海天文、世界时、海洋气象、海浪、海流、潮汐、冰情等信息。

第二十六条 国务院交通运输主管部门统一布局、建设和管理公用航标。海洋工程、海岸工程的建设单位、所有人或者经营人需要设置、撤除专用航标,移动专用航标位置或者改变航标灯光、功率等的,应当报经海事管理机构同意。需要设置临时航标的,应当符合海事管理机构确定的航标设置点。

自然资源主管部门依法保障航标设施和装置的用地、用海、用岛,并依法为其办理有关手续。

航标的建设、维护、保养应当符合有关强制性标准和技术规范的要求。航标维护单位和专用航标的所有人应当对航标进行巡查和维护保养,保证航标处于良好适用状态。航标发生位移、损坏、灭失的,航标维护单位或者专用航标的所有人应当及时予以恢复。

第二十七条 任何单位、个人发现下列情形之一的,应当立即向海事管理机构报告;涉及航道管理机构职责或者专用航标的,海事管理机构应当及时通报航道管理机构或者专用航标的所有人:

(一)助航标志或者导航设施位移、损坏、灭失;

(二)有妨碍海上交通安全的沉没物、漂浮物、搁浅物或者其他碍航物;

(三)其他妨碍海上交通安全的异常情况。

第二十八条 海事管理机构应当依据海上交通安全管理的需要,就具有紧迫性、危险性的情况发布航行警告,就其他影响海上交通安全的情况发布航行通告。

海事管理机构应当将航行警告、航行通告,以及船舶定线区的划定、调整情况通报海军航海保证部门,并及时提供有关资料。

第二十九条 海事管理机构应当及时向船舶、海上设施播发海上交通安全信息。

船舶、海上设施在定线区、交通管制区或者通航船舶密集的区域航行、停泊、作业时,海事管理机构应当根据其请求提供相应的安全信息服务。

第三十条 下列船舶在国务院交通运输主管部门划定的引航区内航行、停泊或者移泊的,应当向引航机构申请引航:

（一）外国籍船舶，但国务院交通运输主管部门经报国务院批准后规定可以免除的除外；

（二）核动力船舶、载运放射性物质的船舶、超大型油轮；

（三）可能危及港口安全的散装液化气船、散装危险化学品船；

（四）长、宽、高接近相应航道通航条件限值的船舶。

前款第三项、第四项船舶的具体标准，由有关海事管理机构根据港口实际情况制定并公布。

船舶自愿申请引航的，引航机构应当提供引航服务。

第三十一条 引航机构应当及时派遣具有相应能力、经验的引航员为船舶提供引航服务。

引航员应当根据引航机构的指派，在规定的水域登离被引领船舶，安全谨慎地执行船舶引航任务。被引领船舶应当配备符合规定的登离装置，并保障引航员在登离船舶及在船上引航期间的安全。

引航员引领船舶时，不解除船长指挥和管理船舶的责任。

第三十二条 国务院交通运输主管部门根据船舶、海上设施和港口面临的保安威胁情形，确定并及时发布保安等级。船舶、海上设施和港口应当根据保安等级采取相应的保安措施。

第四章　航行、停泊、作业

第三十三条 船舶航行、停泊、作业，应当持有有效的船舶国籍证书及其他法定证书、文书，配备依照有关规定出版的航海图书资料，悬挂相关国家、地区或者组织的旗帜，标明船名、船舶识别号、船籍港、载重线标志。

船舶应当满足最低安全配员要求，配备持有合格有效证书的船员。

海上设施停泊、作业，应当持有法定证书、文书，并按规定配备掌握避碰、信号、通信、消防、救生等专业技能的人员。

第三十四条 船长应当在船舶开航前检查并在开航时确认船员适任、船舶适航、货物适载，并了解气象和海况信息以及海事管理机构发布的航行通告、航行警告及其他警示信息，落实相应的应急措施，不得冒险开航。

船舶所有人、经营人或者管理人不得指使、强令船员违章冒险操作、作业。

第三十五条 船舶应当在其船舶检验证书载明的航区内航行、停泊、作业。

船舶航行、停泊、作业时，应当遵守相关航行规则，按照有关规定显示信号、悬挂标志,保持足够的富余水深。

第三十六条 船舶在航行中应当按照有关规定开启船舶的自动识别、航行数据记录、远程识别和跟踪、通信等与航行安全、保安、防治污染相关的装置,并持续进行显示和记录。

任何单位、个人不得拆封、拆解、初始化、再设置航行数据记录装置或者读取其记录的信息,但法律、行政法规另有规定的除外。

第三十七条 船舶应当配备航海日志、轮机日志、无线电记录簿等航行记录,按照有关规定全面、真实、及时记录涉及海上交通安全的船舶操作以及船舶航行、停泊、作业中的重要事件,并妥善保管相关记录簿。

第三十八条 船长负责管理和指挥船舶。在保障海上生命安全、船舶保安和防治船舶污染方面,船长有权独立作出决定。

船长应当采取必要的措施,保护船舶、在船人员、船舶航行文件、货物以及其他财产的安全。船长在其职权范围内发布的命令,船员、乘客及其他在船人员应当执行。

第三十九条 为了保障船舶和在船人员的安全,船长有权在职责范围内对涉嫌在船上进行违法犯罪活动的人员采取禁闭或者其他必要的限制措施,并防止其隐匿、毁灭、伪造证据。

船长采取前款措施,应当制作案情报告书,由其和两名以上在船人员签字。中国籍船舶抵达我国港口后,应当及时将相关人员移送有关主管部门。

第四十条 发现在船人员患有或者疑似患有严重威胁他人健康的传染病的,船长应当立即启动相应的应急预案,在职责范围内对相关人员采取必要的隔离措施,并及时报告有关主管部门。

第四十一条 船长在航行中死亡或者因故不能履行职责的,应当由驾驶员中职务最高的人代理船长职务;船舶在下一个港口开航前,其所有人、经营人或者管理人应当指派新船长接任。

第四十二条 船员应当按照有关航行、值班的规章制度和操作规程以及船长的指令操纵、管理船舶,保持安全值班,不得擅离职守。船员履行在船值班职责前和值班期间,不得摄入可能影响安全值班的食品、药品或者其他物品。

第四十三条 船舶进出港口、锚地或者通过桥区水域、海峡、狭水道、重要渔业水域、通航船舶密集的区域、船舶定线区、交通管制区,应当加强瞭望、保持安全航速,并遵守前述区域的特殊航行规则。

前款所称重要渔业水域由国务院渔业渔政主管部门征求国务院交通运输主

管部门意见后划定并公布。

船舶穿越航道不得妨碍航道内船舶的正常航行，不得抢越他船船艏。超过桥梁通航尺度的船舶禁止进入桥区水域。

第四十四条 船舶不得违反规定进入或者穿越禁航区。

船舶进出船舶报告区，应当向海事管理机构报告船位和动态信息。

在安全作业区、港外锚地范围内，禁止从事养殖、种植、捕捞以及其他影响海上交通安全的作业或者活动。

第四十五条 船舶载运或者拖带超长、超高、超宽、半潜的船舶、海上设施或者其他物体航行，应当采取拖拽部位加强、护航等特殊的安全保障措施，在开航前向海事管理机构报告航行计划，并按有关规定显示信号、悬挂标志；拖带移动式平台、浮船坞等大型海上设施的，还应当依法交验船舶检验机构出具的拖航检验证书。

第四十六条 国际航行船舶进出口岸，应当依法向海事管理机构申请许可并接受海事管理机构及其他口岸查验机构的监督检查。海事管理机构应当自受理申请之日起五个工作日内作出许可或者不予许可的决定。

外国籍船舶临时进入非对外开放水域，应当依照国务院关于船舶进出口岸的规定取得许可。

国内航行船舶进出港口、港外装卸站，应当向海事管理机构报告船舶的航次计划、适航状态、船员配备和客货载运等情况。

第四十七条 船舶应当在符合安全条件的码头、泊位、装卸站、锚地、安全作业区停泊。船舶停泊不得危及其他船舶、海上设施的安全。

船舶进出港口、港外装卸站，应当符合靠泊条件和关于潮汐、气象、海况等航行条件的要求。

超长、超高、超宽的船舶或者操纵能力受到限制的船舶进出港口、港外装卸站可能影响海上交通安全的，海事管理机构应当对船舶进出港安全条件进行核查，并可以要求船舶采取加配拖轮、乘潮进港等相应的安全措施。

第四十八条 在中华人民共和国管辖海域内进行施工作业，应当经海事管理机构许可，并核定相应安全作业区。取得海上施工作业许可，应当符合下列条件：

（一）施工作业的单位、人员、船舶、设施符合安全航行、停泊、作业的要求；

（二）有施工作业方案；

（三）有符合海上交通安全和防治船舶污染海洋环境要求的保障措施、应急预案和责任制度。

从事施工作业的船舶应当在核定的安全作业区内作业,并落实海上交通安全管理措施。其他无关船舶、海上设施不得进入安全作业区。

在港口水域内进行采掘、爆破等可能危及港口安全的作业,适用港口管理的法律规定。

第四十九条 从事体育、娱乐、演练、试航、科学观测等水上水下活动,应当遵守海上交通安全管理规定;可能影响海上交通安全的,应当提前十个工作日将活动涉及的海域范围报告海事管理机构。

第五十条 海上施工作业或者水上水下活动结束后,有关单位、个人应当及时消除可能妨碍海上交通安全的隐患。

第五十一条 碍航物的所有人、经营人或者管理人应当按照有关强制性标准和技术规范的要求及时设置警示标志,向海事管理机构报告碍航物的名称、形状、尺寸、位置和深度,并在海事管理机构限定的期限内打捞清除。碍航物的所有人放弃所有权的,不免除其打捞清除义务。

不能确定碍航物的所有人、经营人或者管理人的,海事管理机构应当组织设置标志、打捞或者采取相应措施,发生的费用纳入部门预算。

第五十二条 有下列情形之一,对海上交通安全有较大影响的,海事管理机构应当根据具体情况采取停航、限速或者划定交通管制区等相应交通管制措施并向社会公告:

(一)天气、海况恶劣;

(二)发生影响航行的海上险情或者海上交通事故;

(三)进行军事训练、演习或者其他相关活动;

(四)开展大型水上水下活动;

(五)特定海域通航密度接近饱和;

(六)其他对海上交通安全有较大影响的情形。

第五十三条 国务院交通运输主管部门为维护海上交通安全、保护海洋环境,可以会同有关主管部门采取必要措施,防止和制止外国籍船舶在领海的非无害通过。

第五十四条 下列外国籍船舶进出中华人民共和国领海,应当向海事管理机构报告:

(一)潜水器;

(二)核动力船舶;

（三）载运放射性物质或者其他有毒有害物质的船舶；

（四）法律、行政法规或者国务院规定的可能危及中华人民共和国海上交通安全的其他船舶。

前款规定的船舶通过中华人民共和国领海，应当持有有关证书，采取符合中华人民共和国法律、行政法规和规章规定的特别预防措施，并接受海事管理机构的指令和监督。

第五十五条　除依照本法规定获得进入口岸许可外，外国籍船舶不得进入中华人民共和国内水；但是，因人员病急、机件故障、遇难、避风等紧急情况未及获得许可的可以进入。

外国籍船舶因前款规定的紧急情况进入中华人民共和国内水的，应当在进入的同时向海事管理机构紧急报告，接受海事管理机构的指令和监督。海事管理机构应当及时通报管辖海域的海警机构、就近的出入境边防检查机关和当地公安机关、海关等其他主管部门。

第五十六条　中华人民共和国军用船舶执行军事任务、公务船舶执行公务，遇有紧急情况，在保证海上交通安全的前提下，可以不受航行、停泊、作业有关规则的限制。

第五章　海上客货运输安全

第五十七条　除进行抢险或者生命救助外，客船应当按照船舶检验证书核定的载客定额载运乘客，货船载运货物应当符合船舶检验证书核定的载重线和载货种类，不得载运乘客。

第五十八条　客船载运乘客不得同时载运危险货物。

乘客不得随身携带或者在行李中夹带法律、行政法规或者国务院交通运输主管部门规定的危险物品。

第五十九条　客船应当在显著位置向乘客明示安全须知，设置安全标志和警示，并向乘客介绍救生用具的使用方法以及在紧急情况下应当采取的应急措施。乘客应当遵守安全乘船要求。

第六十条　海上渡口所在地的县级以上地方人民政府应当建立健全渡口安全管理责任制，制定海上渡口的安全管理办法，监督、指导海上渡口经营者落实安全主体责任，维护渡运秩序，保障渡运安全。

海上渡口的渡运线路由渡口所在地的县级以上地方人民政府交通运输主管

部门会同海事管理机构划定。渡船应当按照划定的线路安全渡运。

遇有恶劣天气、海况,县级以上地方人民政府或者其指定的部门应当发布停止渡运的公告。

第六十一条 船舶载运货物,应当按照有关法律、行政法规、规章以及强制性标准和技术规范的要求安全装卸、积载、隔离、系固和管理。

第六十二条 船舶载运危险货物,应当持有有效的危险货物适装证书,并根据危险货物的特性和应急措施的要求,编制危险货物应急处置预案,配备相应的消防、应急设备和器材。

第六十三条 托运人托运危险货物,应当将其正式名称、危险性质以及应当采取的防护措施通知承运人,并按照有关法律、行政法规、规章以及强制性标准和技术规范的要求妥善包装,设置明显的危险品标志和标签。

托运人不得在托运的普通货物中夹带危险货物或者将危险货物谎报为普通货物托运。

托运人托运的货物为国际海上危险货物运输规则和国家危险货物品名表上未列明但具有危险特性的货物的,托运人还应当提交有关专业机构出具的表明该货物危险特性以及应当采取的防护措施等情况的文件。

货物危险特性的判断标准由国家海事管理机构制定并公布。

第六十四条 船舶载运危险货物进出港口,应当符合下列条件,经海事管理机构许可,并向海事管理机构报告进出港口和停留的时间等事项:

(一)所载运的危险货物符合海上安全运输要求;

(二)船舶的装载符合所持有的证书、文书的要求;

(三)拟靠泊或者进行危险货物装卸作业的港口、码头、泊位具备有关法律、行政法规规定的危险货物作业经营资质。

海事管理机构应当自收到申请之时起二十四小时内作出许可或者不予许可的决定。

定船舶、定航线并且定货种的船舶可以申请办理一定期限内多次进出港口许可,期限不超过三十日。海事管理机构应当自收到申请之日起五个工作日内作出许可或者不予许可的决定。

海事管理机构予以许可的,应当通报港口行政管理部门。

第六十五条 船舶、海上设施从事危险货物运输或者装卸、过驳作业,应当编制作业方案,遵守有关强制性标准和安全作业操作规程,采取必要的预防措施,防止发生安全事故。

在港口水域外从事散装液体危险货物过驳作业的，还应当符合下列条件，经海事管理机构许可并核定安全作业区：

（一）拟进行过驳作业的船舶或者海上设施符合海上交通安全与防治船舶污染海洋环境的要求；

（二）拟过驳的货物符合安全过驳要求；

（三）参加过驳作业的人员具备法律、行政法规规定的过驳作业能力；

（四）拟作业水域及其底质、周边环境适宜开展过驳作业；

（五）过驳作业对海洋资源以及附近的军事目标、重要民用目标不构成威胁；

（六）有符合安全要求的过驳作业方案、安全保障措施和应急预案。

对单航次作业的船舶，海事管理机构应当自收到申请之时起二十四小时内作出许可或者不予许可的决定；对在特定水域多航次作业的船舶，海事管理机构应当自收到申请之日起五个工作日内作出许可或者不予许可的决定。

第六章　海上搜寻救助

第六十六条　海上遇险人员依法享有获得生命救助的权利。生命救助优先于环境和财产救助。

第六十七条　海上搜救工作应当坚持政府领导、统一指挥、属地为主、专群结合、就近快速的原则。

第六十八条　国家建立海上搜救协调机制，统筹全国海上搜救应急反应工作，研究解决海上搜救工作中的重大问题，组织协调重大海上搜救应急行动。协调机制由国务院有关部门、单位和有关军事机关组成。

中国海上搜救中心和有关地方人民政府设立的海上搜救中心或者指定的机构（以下统称海上搜救中心）负责海上搜救的组织、协调、指挥工作。

第六十九条　沿海县级以上地方人民政府应当安排必要的海上搜救资金，保障搜救工作的正常开展。

第七十条　海上搜救中心各成员单位应当在海上搜救中心统一组织、协调、指挥下，根据各自职责，承担海上搜救应急、抢险救灾、支持保障、善后处理等工作。

第七十一条　国家设立专业海上搜救队伍，加强海上搜救力量建设。专业海上搜救队伍应当配备专业搜救装备，建立定期演练和日常培训制度，提升搜救水平。

国家鼓励社会力量建立海上搜救队伍,参与海上搜救行动。

第七十二条 船舶、海上设施、航空器及人员在海上遇险的,应当立即报告海上搜救中心,不得瞒报、谎报海上险情。

船舶、海上设施、航空器及人员误发遇险报警信号的,除立即向海上搜救中心报告外,还应当采取必要措施消除影响。

其他任何单位、个人发现或者获悉海上险情的,应当立即报告海上搜救中心。

第七十三条 发生碰撞事故的船舶、海上设施,应当互通名称、国籍和登记港,在不严重危及自身安全的情况下尽力救助对方人员,不得擅自离开事故现场水域或者逃逸。

第七十四条 遇险的船舶、海上设施及其所有人、经营人或者管理人应当采取有效措施防止、减少生命财产损失和海洋环境污染。

船舶遇险时,乘客应当服从船长指挥,配合采取相关应急措施。乘客有权获知必要的险情信息。

船长决定弃船时,应当组织乘客、船员依次离船,并尽力抢救法定航行资料。船长应当最后离船。

第七十五条 船舶、海上设施、航空器收到求救信号或者发现有人遭遇生命危险的,在不严重危及自身安全的情况下,应当尽力救助遇险人员。

第七十六条 海上搜救中心接到险情报告后,应当立即进行核实,及时组织、协调、指挥政府有关部门、专业搜救队伍、社会有关单位等各方力量参加搜救,并指定现场指挥。参加搜救的船舶、海上设施、航空器及人员应当服从现场指挥,及时报告搜救动态和搜救结果。

搜救行动的中止、恢复、终止决定由海上搜救中心作出。未经海上搜救中心同意,参加搜救的船舶、海上设施、航空器及人员不得擅自退出搜救行动。

军队参加海上搜救,依照有关法律、行政法规的规定执行。

第七十七条 遇险船舶、海上设施、航空器或者遇险人员应当服从海上搜救中心和现场指挥的指令,及时接受救助。

遇险船舶、海上设施、航空器不配合救助的,现场指挥根据险情危急情况,可以采取相应救助措施。

第七十八条 海上事故或者险情发生后,有关地方人民政府应当及时组织医疗机构为遇险人员提供紧急医疗救助,为获救人员提供必要的生活保障,并组织有关方面采取善后措施。

第七十九条　在中华人民共和国缔结或者参加的国际条约规定由我国承担搜救义务的海域内开展搜救，依照本章规定执行。

中国籍船舶在中华人民共和国管辖海域以及海上搜救责任区域以外的其他海域发生险情的，中国海上搜救中心接到信息后，应当依据中华人民共和国缔结或者参加的国际条约的规定开展国际协作。

第七章　海上交通事故调查处理

第八十条　船舶、海上设施发生海上交通事故，应当及时向海事管理机构报告，并接受调查。

第八十一条　海上交通事故根据造成的损害后果分为特别重大事故、重大事故、较大事故和一般事故。事故等级划分的人身伤亡标准依照有关安全生产的法律、行政法规的规定确定；事故等级划分的直接经济损失标准，由国务院交通运输主管部门会同国务院有关部门根据海上交通事故中的特殊情况确定，报国务院批准后公布施行。

第八十二条　特别重大海上交通事故由国务院或者国务院授权的部门组织事故调查组进行调查，海事管理机构应当参与或者配合开展调查工作。

其他海上交通事故由海事管理机构组织事故调查组进行调查，有关部门予以配合。国务院认为有必要的，可以直接组织或者授权有关部门组织事故调查组进行调查。

海事管理机构进行事故调查，事故涉及执行军事运输任务的，应当会同有关军事机关进行调查；涉及渔业船舶的，渔业渔政主管部门、海警机构应当参与调查。

第八十三条　调查海上交通事故，应当全面、客观、公正、及时，依法查明事故事实和原因，认定事故责任。

第八十四条　海事管理机构可以根据事故调查处理需要拆封、拆解当事船舶的航行数据记录装置或者读取其记录的信息，要求船舶驶向指定地点或者禁止其离港，扣留船舶或者海上设施的证书、文书、物品、资料等并妥善保管。有关人员应当配合事故调查。

第八十五条　海上交通事故调查组应当自事故发生之日起九十日内提交海上交通事故调查报告；特殊情况下，经负责组织事故调查组的部门负责人批准，提交事故调查报告的期限可以适当延长，但延长期限最长不得超过九十日。事故技术鉴定所需时间不计入事故调查期限。

海事管理机构应当自收到海上交通事故调查报告之日起十五个工作日内作出事故责任认定书,作为处理海上交通事故的证据。

事故损失较小、事实清楚、责任明确的,可以依照国务院交通运输主管部门的规定适用简易调查程序。

海上交通事故调查报告、事故责任认定书应当依照有关法律、行政法规的规定向社会公开。

第八十六条 中国籍船舶在中华人民共和国管辖海域外发生海上交通事故的,应当及时向海事管理机构报告事故情况并接受调查。

外国籍船舶在中华人民共和国管辖海域外发生事故,造成中国公民重伤或者死亡的,海事管理机构根据中华人民共和国缔结或者参加的国际条约的规定参与调查。

第八十七条 船舶、海上设施在海上遭遇恶劣天气、海况以及意外事故,造成或者可能造成损害,需要说明并记录时间、海域以及所采取的应对措施等具体情况的,可以向海事管理机构申请办理海事声明签注。海事管理机构应当依照规定提供签注服务。

第八章 监督管理

第八十八条 海事管理机构对在中华人民共和国管辖海域内从事航行、停泊、作业以及其他与海上交通安全相关的活动,依法实施监督检查。

海事管理机构依照中华人民共和国法律、行政法规以及中华人民共和国缔结或者参加的国际条约对外国籍船舶实施港口国、沿岸国监督检查。

海事管理机构工作人员执行公务时,应当按照规定着装,佩戴职衔标志,出示执法证件,并自觉接受监督。

海事管理机构依法履行监督检查职责,有关单位、个人应当予以配合,不得拒绝、阻碍依法实施的监督检查。

第八十九条 海事管理机构实施监督检查可以采取登船检查、查验证书、现场检查、询问有关人员、电子监控等方式。

载运危险货物的船舶涉嫌存在瞒报、谎报危险货物等情况的,海事管理机构可以采取开箱查验等方式进行检查。海事管理机构应当将开箱查验情况通报有关部门。港口经营人和有关单位、个人应当予以协助。

第九十条　海事管理机构对船舶、海上设施实施监督检查时,应当避免、减少对其正常作业的影响。

除法律、行政法规另有规定或者不立即实施监督检查可能造成严重后果外,不得拦截正在航行中的船舶进行检查。

第九十一条　船舶、海上设施对港口安全具有威胁的,海事管理机构应当责令立即或者限期改正、限制操作,责令驶往指定地点、禁止进港或者将其驱逐出港。

船舶、海上设施处于不适航或者不适拖状态,船员、海上设施上的相关人员未持有有效的法定证书、文书,或者存在其他严重危害海上交通安全、污染海洋环境的隐患的,海事管理机构应当根据情况禁止有关船舶、海上设施进出港,暂扣有关证书、文书或者责令其停航、改航、驶往指定地点或者停止作业。船舶超载的,海事管理机构可以依法对船舶进行强制减载。因强制减载发生的费用由违法船舶所有人、经营人或者管理人承担。

船舶、海上设施发生海上交通事故、污染事故,未结清国家规定的税费、滞纳金且未提供担保或者未履行其他法定义务的,海事管理机构应当责令改正,并可以禁止其离港。

第九十二条　外国籍船舶可能威胁中华人民共和国内水、领海安全的,海事管理机构有权责令其离开。

外国籍船舶违反中华人民共和国海上交通安全或者防治船舶污染的法律、行政法规的,海事管理机构可以依法行使紧追权。

第九十三条　任何单位、个人有权向海事管理机构举报妨碍海上交通安全的行为。海事管理机构接到举报后,应当及时进行核实、处理。

第九十四条　海事管理机构在监督检查中,发现船舶、海上设施有违反其他法律、行政法规行为的,应当依法及时通报或者移送有关主管部门处理。

第九章　法律责任

第九十五条　船舶、海上设施未持有有效的证书、文书的,由海事管理机构责令改正,对违法船舶或者海上设施的所有人、经营人或者管理人处三万元以上三十万元以下的罚款,对船长和有关责任人员处三千元以上三万元以下的罚款;情节严重的,暂扣船长、责任船员的船员适任证书十八个月至三十个月,直至吊销船员适任证书;对船舶持有的伪造、变造证书、文书,予以没收;对存在严重安全隐患的船舶,可以依法予以没收。

第九十六条 船舶或者海上设施有下列情形之一的,由海事管理机构责令改正,对违法船舶或者海上设施的所有人、经营人或者管理人处二万元以上二十万元以下的罚款,对船长和有关责任人员处二千元以上二万元以下的罚款;情节严重的,吊销违法船舶所有人、经营人或者管理人的有关证书、文书,暂扣船长、责任船员的船员适任证书十二个月至二十四个月,直至吊销船员适任证书:

(一)船舶、海上设施的实际状况与持有的证书、文书不符;

(二)船舶未依法悬挂国旗,或者违法悬挂其他国家、地区或者组织的旗帜;

(三)船舶未按规定标明船名、船舶识别号、船籍港、载重线标志;

(四)船舶、海上设施的配员不符合最低安全配员要求。

第九十七条 在船舶上工作未持有船员适任证书、船员健康证明或者所持船员适任证书、健康证明不符合要求的,由海事管理机构对船舶的所有人、经营人或者管理人处一万元以上十万元以下的罚款,对责任船员处三千元以上三万元以下的罚款;情节严重的,对船舶的所有人、经营人或者管理人处三万元以上三十万元以下的罚款,暂扣责任船员的船员适任证书六个月至十二个月,直至吊销船员适任证书。

第九十八条 以欺骗、贿赂等不正当手段为中国籍船舶取得相关证书、文书的,由海事管理机构撤销有关许可,没收相关证书、文书,对船舶所有人、经营人或者管理人处四万元以上四十万元以下的罚款。

以欺骗、贿赂等不正当手段取得船员适任证书的,由海事管理机构撤销有关许可,没收船员适任证书,对责任人员处五千元以上五万元以下的罚款。

第九十九条 船员未保持安全值班,违反规定摄入可能影响安全值班的食品、药品或者其他物品,或者有其他违反海上船员值班规则的行为的,由海事管理机构对船长、责任船员处一千元以上一万元以下的罚款,或者暂扣船员适任证书三个月至十二个月;情节严重的,吊销船长、责任船员的船员适任证书。

第一百条 有下列情形之一的,由海事管理机构责令改正;情节严重的,处三万元以上十万元以下的罚款:

(一)建设海洋工程、海岸工程未按规定配备相应的防止船舶碰撞的设施、设备并设置专用航标;

(二)损坏海上交通支持服务系统或者妨碍其工作效能;

(三)未经海事管理机构同意设置、撤除专用航标,移动专用航标位置或者改变航标灯光、功率等其他状况,或者设置临时航标不符合海事管理机构确定的航标设置点；

（四）在安全作业区、港外锚地范围内从事养殖、种植、捕捞以及其他影响海上交通安全的作业或者活动。

第一百零一条 有下列情形之一的，由海事管理机构责令改正，对有关责任人员处三万元以下的罚款；情节严重的，处三万元以上十万元以下的罚款，并暂扣责任船员的船员适任证书一个月至三个月：

（一）承担无线电通信任务的船员和岸基无线电台（站）的工作人员未保持海上交通安全通信频道的值守和畅通，或者使用海上交通安全通信频率交流与海上交通安全无关的内容；

（二）违反国家有关规定使用无线电台识别码，影响海上搜救的身份识别；

（三）其他违反海上无线电通信规则的行为。

第一百零二条 船舶未依照本法规定申请引航的，由海事管理机构对违法船舶的所有人、经营人或者管理人处五万元以上五十万元以下的罚款，对船长处一千元以上一万元以下的罚款；情节严重的，暂扣有关船舶证书三个月至十二个月，暂扣船长的船员适任证书一个月至三个月。

引航机构派遣引航员存在过失，造成船舶损失的，由海事管理机构对引航机构处三万元以上三十万元以下的罚款。

未经引航机构指派擅自提供引航服务的，由海事管理机构对引领船舶的人员处三千元以上三万元以下的罚款。

第一百零三条 船舶在海上航行、停泊、作业，有下列情形之一的，由海事管理机构责令改正，对违法船舶的所有人、经营人或者管理人处二万元以上二十万元以下的罚款，对船长、责任船员处二千元以上二万元以下的罚款，暂扣船员适任证书三个月至十二个月；情节严重的，吊销船长、责任船员的船员适任证书：

（一）船舶进出港口、锚地或者通过桥区水域、海峡、狭水道、重要渔业水域、通航船舶密集的区域、船舶定线区、交通管制区时，未加强瞭望、保持安全航速并遵守前述区域的特殊航行规则；

（二）未按照有关规定显示信号、悬挂标志或者保持足够的富余水深；

（三）不符合安全开航条件冒险开航，违章冒险操作、作业，或者未按照船舶检验证书载明的航区航行、停泊、作业；

（四）未按照有关规定开启船舶的自动识别、航行数据记录、远程识别和跟踪、通信等与航行安全、保安、防治污染相关的装置，并持续进行显示和记录；

（五）擅自拆封、拆解、初始化、再设置航行数据记录装置或者读取其记录的信息；

（六）船舶穿越航道妨碍航道内船舶的正常航行，抢越他船船艏或者超过桥梁通航尺度进入桥区水域；

（七）船舶违反规定进入或者穿越禁航区；

（八）船舶载运或者拖带超长、超高、超宽、半潜的船舶、海上设施或者其他物体航行，未采取特殊的安全保障措施，未在开航前向海事管理机构报告航行计划，未按规定显示信号、悬挂标志，或者拖带移动式平台、浮船坞等大型海上设施未依法交验船舶检验机构出具的拖航检验证书；

（九）船舶在不符合安全条件的码头、泊位、装卸站、锚地、安全作业区停泊，或者停泊危及其他船舶、海上设施的安全；

（十）船舶违反规定超过检验证书核定的载客定额、载重线、载货种类载运乘客、货物，或者客船载运乘客同时载运危险货物；

（十一）客船未向乘客明示安全须知、设置安全标志和警示；

（十二）未按照有关法律、行政法规、规章以及强制性标准和技术规范的要求安全装卸、积载、隔离、系固和管理货物；

（十三）其他违反海上航行、停泊、作业规则的行为。

第一百零四条　国际航行船舶未经许可进出口岸的，由海事管理机构对违法船舶的所有人、经营人或者管理人处三千元以上三万元以下的罚款，对船长、责任船员或者其他责任人员，处二千元以上二万元以下的罚款；情节严重的，吊销船长、责任船员的船员适任证书。

国内航行船舶进出港口、港外装卸站未依法向海事管理机构报告的，由海事管理机构对违法船舶的所有人、经营人或者管理人处三千元以上三万元以下的罚款，对船长、责任船员或者其他责任人员处五百元以上五千元以下的罚款。

第一百零五条　船舶、海上设施未经许可从事海上施工作业，或者未按照许可要求、超出核定的安全作业区进行作业的，由海事管理机构责令改正，对违法船舶、海上设施的所有人、经营人或者管理人处三万元以上三十万元以下的罚款，对船长、责任船员处三千元以上三万元以下的罚款，或者暂扣船员适任证书六个月至十二个月；情节严重的，吊销船长、责任船员的船员适任证书。

从事可能影响海上交通安全的水上水下活动，未按规定提前报告海事管理机构的，由海事管理机构对违法船舶、海上设施的所有人、经营人或者管理人处一万元以上三万元以下的罚款，对船长、责任船员处二千元以上二万元以下的罚款。

第一百零六条　碍航物的所有人、经营人或者管理人有下列情形之一的,由海事管理机构责令改正,处二万元以上二十万元以下的罚款;逾期未改正的,海事管理机构有权依法实施代履行,代履行的费用由碍航物的所有人、经营人或者管理人承担:

（一）未按照有关强制性标准和技术规范的要求及时设置警示标志;

（二）未向海事管理机构报告碍航物的名称、形状、尺寸、位置和深度;

（三）未在海事管理机构限定的期限内打捞清除碍航物。

第一百零七条　外国籍船舶进出中华人民共和国内水、领海违反本法规定的,由海事管理机构对违法船舶的所有人、经营人或者管理人处五万元以上五十万元以下的罚款,对船长处一万元以上三万元以下的罚款。

第一百零八条　载运危险货物的船舶有下列情形之一的,海事管理机构应当责令改正,对违法船舶的所有人、经营人或者管理人处五万元以上五十万元以下的罚款,对船长、责任船员或者其他责任人员,处五千元以上五万元以下的罚款;情节严重的,责令停止作业或者航行,暂扣船长、责任船员的船员适任证书六个月至十二个月,直至吊销船员适任证书:

（一）未经许可进出港口或者从事散装液体危险货物过驳作业;

（二）未按规定编制相应的应急处置预案,配备相应的消防、应急设备和器材;

（三）违反有关强制性标准和安全作业操作规程的要求从事危险货物装卸、过驳作业。

第一百零九条　托运人托运危险货物,有下列情形之一的,由海事管理机构责令改正,处五万元以上三十万元以下的罚款:

（一）未将托运的危险货物的正式名称、危险性质以及应当采取的防护措施通知承运人;

（二）未按照有关法律、行政法规、规章以及强制性标准和技术规范的要求对危险货物妥善包装,设置明显的危险品标志和标签;

（三）在托运的普通货物中夹带危险货物或者将危险货物谎报为普通货物托运;

（四）未依法提交有关专业机构出具的表明该货物危险特性以及应当采取的防护措施等情况的文件。

第一百一十条　船舶、海上设施遇险或者发生海上交通事故后未履行报告义务,或者存在瞒报、谎报情形的,由海事管理机构对违法船舶、海上设施的所有人、经营人或者管理人处三千元以上三万元以下的罚款,对船长、责任船员处二千元以上二万元以下的罚款,暂扣船员适任证书六个月至二十四个月;情节严重的,对违法船舶、海上设施的所有人、经营人或者管理人处一万元以上十万元以下的罚款,吊销船长、责任船员的船员适任证书。

第一百一十一条　船舶发生海上交通事故后逃逸的,由海事管理机构对违法船舶的所有人、经营人或者管理人处十万元以上五十万元以下的罚款,对船长、责任船员处五千元以上五万元以下的罚款并吊销船员适任证书,受处罚者终身不得重新申请。

第一百一十二条　船舶、海上设施不依法履行海上救助义务,不服从海上搜救中心指挥的,由海事管理机构对船舶、海上设施的所有人、经营人或者管理人处三万元以上三十万元以下的罚款,暂扣船长、责任船员的船员适任证书六个月至十二个月,直至吊销船员适任证书。

第一百一十三条　有关单位、个人拒绝、阻碍海事管理机构监督检查,或者在接受监督检查时弄虚作假的,由海事管理机构处二千元以上二万元以下的罚款,暂扣船长、责任船员的船员适任证书六个月至二十四个月,直至吊销船员适任证书。

第一百一十四条　交通运输主管部门、海事管理机构及其他有关部门的工作人员违反本法规定,滥用职权、玩忽职守、徇私舞弊的,依法给予处分。

第一百一十五条　因海上交通事故引发民事纠纷的,当事人可以依法申请仲裁或者向人民法院提起诉讼。

第一百一十六条　违反本法规定,构成违反治安管理行为的,依法给予治安管理处罚;造成人身、财产损害的,依法承担民事责任;构成犯罪的,依法追究刑事责任。

第十章　附　则

第一百一十七条　本法下列用语的含义是:

船舶,是指各类排水或者非排水的船、艇、筏、水上飞行器、潜水器、移动式平台以及其他移动式装置。

海上设施,是指水上水下各种固定或者浮动建筑、装置和固定平台,但是不包括码头、防波堤等港口设施。

内水,是指中华人民共和国领海基线向陆地一侧至海岸线的海域。

施工作业，是指勘探、采掘、爆破，构筑、维修、拆除水上水下构筑物或者设施，航道建设、疏浚（航道养护疏浚除外）作业，打捞沉船沉物。

海上交通事故，是指船舶、海上设施在航行、停泊、作业过程中发生的，由于碰撞、搁浅、触礁、触碰、火灾、风灾、浪损、沉没等原因造成人员伤亡或者财产损失的事故。

海上险情，是指对海上生命安全、水域环境构成威胁，需立即采取措施规避、控制、减轻和消除的各种情形。

危险货物，是指国际海上危险货物运输规则和国家危险货物品名表上列明的，易燃、易爆、有毒、有腐蚀性、有放射性、有污染危害性等，在船舶载运过程中可能造成人身伤害、财产损失或者环境污染而需要采取特别防护措施的货物。

海上渡口，是指海上岛屿之间、海上岛屿与大陆之间，以及隔海相望的大陆与大陆之间，专用于渡船渡运人员、行李、车辆的交通基础设施。

第一百一十八条　公务船舶检验、船员配备的具体办法由国务院交通运输主管部门会同有关主管部门另行制定。

体育运动船舶的登记、检验办法由国务院体育主管部门另行制定。训练、比赛期间的体育运动船舶的海上交通安全监督管理由体育主管部门负责。

渔业船员、渔业无线电、渔业航标的监督管理，渔业船舶的登记管理，渔港水域内的海上交通安全管理，渔业船舶（含外国籍渔业船舶）之间交通事故的调查处理，由县级以上人民政府渔业渔政主管部门负责。法律、行政法规或者国务院对渔业船舶之间交通事故的调查处理另有规定的，从其规定。

除前款规定外，渔业船舶的海上交通安全管理由海事管理机构负责。渔业船舶的检验及其监督管理，由海事管理机构依照有关法律、行政法规的规定执行。

浮式储油装置等海上石油、天然气生产设施的检验适用有关法律、行政法规的规定。

第一百一十九条　海上军事管辖区和军用船舶、海上设施的内部海上交通安全管理，军用航标的设立和管理，以及为军事目的进行作业或者水上水下活动的管理，由中央军事委员会另行制定管理办法。

划定、调整海上交通功能区或者领海内特定水域，划定海上渡口的渡运线路，许可海上施工作业，可能对军用船舶的战备、训练、执勤等行动造成影响的，海事管理机构应当事先征求有关军事机关的意见。

执行军事运输任务有特殊需要的，有关军事机关应当及时向海事管理机构通报相关信息。海事管理机构应当给予必要的便利。

海上交通安全管理涉及国防交通、军事设施保护的,依照有关法律的规定执行。

第一百二十条 外国籍公务船舶在中华人民共和国领海航行、停泊、作业,违反中华人民共和国法律、行政法规的,依照有关法律、行政法规的规定处理。

在中华人民共和国管辖海域内的外国籍军用船舶的管理,适用有关法律的规定。

第一百二十一条 中华人民共和国缔结或者参加的国际条约同本法有不同规定的,适用国际条约的规定,但中华人民共和国声明保留的条款除外。

第一百二十二条 本法自 2021 年 9 月 1 日起施行。

中华人民共和国渔业法

（1986 年 1 月 20 日第六届全国人民代表大会常务委员会第十四次会议通过　根据 2000 年 10 月 31 日第九届全国人民代表大会常务委员会第十八次会议《关于修改〈中华人民共和国渔业法〉的决定》第一次修正　根据 2004 年 8 月 28 日第十届全国人民代表大会常务委员会第十一次会议《关于修改〈中华人民共和国渔业法〉的决定》第二次修正　根据 2009 年 8 月 27 日第十一届全国人民代表大会常务委员会第十次会议《关于修改部分法律的决定》第三次修正　根据 2013 年 12 月 28 日第十二届全国人民代表大会常务委员会第六次会议《关于修改〈中华人民共和国海洋环境保护法〉等七部法律的决定》第四次修正）

第一章　总　则

第一条　为了加强渔业资源的保护、增殖、开发和合理利用，发展人工养殖，保障渔业生产者的合法权益，促进渔业生产的发展，适应社会主义建设和人民生活的需要，特制定本法。

第二条　在中华人民共和国的内水、滩涂、领海、专属经济区以及中华人民共和国管辖的一切其他海域从事养殖和捕捞水生动物、水生植物等渔业生产活动，都必须遵守本法。

第三条　国家对渔业生产实行以养殖为主，养殖、捕捞、加工并举，因地制宜，各有侧重的方针。

各级人民政府应当把渔业生产纳入国民经济发展计划，采取措施，加强水域的统一规划和综合利用。

第四条　国家鼓励渔业科学技术研究，推广先进技术，提高渔业科学技术水平。

第五条　在增殖和保护渔业资源、发展渔业生产、进行渔业科学技术研究等方面成绩显著的单位和个人，由各级人民政府给予精神的或者物质的奖励。

第六条　国务院渔业行政主管部门主管全国的渔业工作。县级以上地方人民政府渔业行政主管部门主管本行政区域内的渔业工作。县级以上人民政府渔业行政主管部门可以在重要渔业水域、渔港设渔政监督管理机构。

县级以上人民政府渔业行政主管部门及其所属的渔政监督管理机构可以设渔政检查人员。渔政检查人员执行渔业行政主管部门及其所属的渔政监督管理机构交付的任务。

第七条 国家对渔业的监督管理，实行统一领导、分级管理。

海洋渔业，除国务院划定由国务院渔业行政主管部门及其所属的渔政监督管理机构监督管理的海域和特定渔业资源渔场外，由毗邻海域的省、自治区、直辖市人民政府渔业行政主管部门监督管理。

江河、湖泊等水域的渔业，按照行政区划由有关县级以上人民政府渔业行政主管部门监督管理；跨行政区域的，由有关县级以上地方人民政府协商制定管理办法，或者由上一级人民政府渔业行政主管部门及其所属的渔政监督管理机构监督管理。

第八条 外国人、外国渔业船舶进入中华人民共和国管辖水域，从事渔业生产或者渔业资源调查活动，必须经国务院有关主管部门批准，并遵守本法和中华人民共和国其他有关法律、法规的规定；同中华人民共和国订有条约、协定的，按照条约、协定办理。

国家渔政渔港监督管理机构对外行使渔政渔港监督管理权。

第九条 渔业行政主管部门和其所属的渔政监督管理机构及其工作人员不得参与和从事渔业生产经营活动。

第二章 养殖业

第十条 国家鼓励全民所有制单位、集体所有制单位和个人充分利用适于养殖的水域、滩涂，发展养殖业。

第十一条 国家对水域利用进行统一规划，确定可以用于养殖业的水域和滩涂。单位和个人使用国家规划确定用于养殖业的全民所有的水域、滩涂的，使用者应当向县级以上地方人民政府渔业行政主管部门提出申请，由本级人民政府核发养殖证，许可其使用该水域、滩涂从事养殖生产。核发养殖证的具体办法由国务院规定。

集体所有的或者全民所有由农业集体经济组织使用的水域、滩涂，可以由个人或者集体承包，从事养殖生产。

第十二条　县级以上地方人民政府在核发养殖证时,应当优先安排当地的渔业生产者。

第十三条　当事人因使用国家规划确定用于养殖业的水域、滩涂从事养殖生产发生争议的,按照有关法律规定的程序处理。在争议解决以前,任何一方不得破坏养殖生产。

第十四条　国家建设征用集体所有的水域、滩涂,按照《中华人民共和国土地管理法》有关征地的规定办理。

第十五条　县级以上地方人民政府应当采取措施,加强对商品鱼生产基地和城市郊区重要养殖水域的保护。

第十六条　国家鼓励和支持水产优良品种的选育、培育和推广。水产新品种必须经全国水产原种和良种审定委员会审定,由国务院渔业行政主管部门公告后推广。

水产苗种的进口、出口由国务院渔业行政主管部门或者省、自治区、直辖市人民政府渔业行政主管部门审批。

水产苗种的生产由县级以上地方人民政府渔业行政主管部门审批。但是,渔业生产者自育、自用水产苗种的除外。

第十七条　水产苗种的进口、出口必须实施检疫,防止病害传入境内和传出境外,具体检疫工作按照有关动植物进出境检疫法律、行政法规的规定执行。

引进转基因水产苗种必须进行安全性评价,具体管理工作按照国务院有关规定执行。

第十八条　县级以上人民政府渔业行政主管部门应当加强对养殖生产的技术指导和病害防治工作。

第十九条　从事养殖生产不得使用含有毒有害物质的饵料、饲料。

第二十条　从事养殖生产应当保护水域生态环境,科学确定养殖密度,合理投饵、施肥、使用药物,不得造成水域的环境污染。

第三章　捕捞业

第二十一条　国家在财政、信贷和税收等方面采取措施,鼓励、扶持远洋捕捞业的发展,并根据渔业资源的可捕捞量,安排内水和近海捕捞力量。

第二十二条　国家根据捕捞量低于渔业资源增长量的原则,确定渔业资源的总可捕捞量,实行捕捞限额制度。国务院渔业行政主管部门负责组织渔业资源的调查和评估,为实行捕捞限额制度提供科学依据。中华人民共和国内海、领海、专属经济区和其他管辖海域的捕捞限额总量由国务院渔业行政主管部门确定,报国务院批准后逐级分解下达;国家确定的重要江河、湖泊的捕捞限额总量由有关省、自治区、直辖市人民政府确定或者协商确定,逐级分解下达。捕捞限额总量的分配应当体现公平、公正的原则,分配办法和分配结果必须向社会公开,并接受监督。

国务院渔业行政主管部门和省、自治区、直辖市人民政府渔业行政主管部门应当加强对捕捞限额制度实施情况的监督检查,对超过上级下达的捕捞限额指标的,应当在其次年捕捞限额指标中予以核减。

第二十三条 国家对捕捞业实行捕捞许可证制度。

到中华人民共和国与有关国家缔结的协定确定的共同管理的渔区或者公海从事捕捞作业的捕捞许可证,由国务院渔业行政主管部门批准发放。海洋大型拖网、围网作业的捕捞许可证,由省、自治区、直辖市人民政府渔业行政主管部门批准发放。其他作业的捕捞许可证,由县级以上地方人民政府渔业行政主管部门批准发放;但是,批准发放海洋作业的捕捞许可证不得超过国家下达的船网工具控制指标,具体办法由省、自治区、直辖市人民政府规定。

捕捞许可证不得买卖、出租和以其他形式转让,不得涂改、伪造、变造。

到他国管辖海域从事捕捞作业的,应当经国务院渔业行政主管部门批准,并遵守中华人民共和国缔结的或者参加的有关条约、协定和有关国家的法律。

第二十四条 具备下列条件的,方可发给捕捞许可证:

(一)有渔业船舶检验证书;

(二)有渔业船舶登记证书;

(三)符合国务院渔业行政主管部门规定的其他条件。

县级以上地方人民政府渔业行政主管部门批准发放的捕捞许可证,应当与上级人民政府渔业行政主管部门下达的捕捞限额指标相适应。

第二十五条 从事捕捞作业的单位和个人,必须按照捕捞许可证关于作业类型、场所、时限、渔具数量和捕捞限额的规定进行作业,并遵守国家有关保护渔业资源的规定,大中型渔船应当填写渔捞日志。

第二十六条 制造、更新改造、购置、进口的从事捕捞作业的船舶必须经渔业船舶检验部门检验合格后,方可下水作业。具体管理办法由国务院规定。

第二十七条 渔港建设应当遵守国家的统一规划,实行谁投资谁受益的原则。县级以上地方人民政府应当对位于本行政区域内的渔港加强监督管理,维护渔港的正常秩序。

第四章 渔业资源的增殖和保护

第二十八条 县级以上人民政府渔业行政主管部门应当对其管理的渔业水域统一规划，采取措施，增殖渔业资源。县级以上人民政府渔业行政主管部门可以向受益的单位和个人征收渔业资源增殖保护费，专门用于增殖和保护渔业资源。渔业资源增殖保护费的征收办法由国务院渔业行政主管部门会同财政部门制定，报国务院批准后施行。

第二十九条 国家保护水产种质资源及其生存环境，并在具有较高经济价值和遗传育种价值的水产种质资源的主要生长繁育区域建立水产种质资源保护区。未经国务院渔业行政主管部门批准，任何单位或者个人不得在水产种质资源保护区内从事捕捞活动。

第三十条 禁止使用炸鱼、毒鱼、电鱼等破坏渔业资源的方法进行捕捞。禁止制造、销售、使用禁用的渔具。禁止在禁渔区、禁渔期进行捕捞。禁止使用小于最小网目尺寸的网具进行捕捞。捕捞的渔获物中幼鱼不得超过规定的比例。在禁渔区或者禁渔期内禁止销售非法捕捞的渔获物。

重点保护的渔业资源品种及其可捕捞标准，禁渔区和禁渔期，禁止使用或者限制使用的渔具和捕捞方法，最小网目尺寸以及其他保护渔业资源的措施，由国务院渔业行政主管部门或者省、自治区、直辖市人民政府渔业行政主管部门规定。

第三十一条 禁止捕捞有重要经济价值的水生动物苗种。因养殖或者其他特殊需要，捕捞有重要经济价值的苗种或者禁捕的怀卵亲体的，必须经国务院渔业行政主管部门或者省、自治区、直辖市人民政府渔业行政主管部门批准，在指定的区域和时间内，按照限额捕捞。

在水生动物苗种重点产区引水用水时，应当采取措施，保护苗种。

第三十二条 在鱼、虾、蟹洄游通道建闸、筑坝，对渔业资源有严重影响的，建设单位应当建造过鱼设施或者采取其他补救措施。

第三十三条 用于渔业并兼有调蓄、灌溉等功能的水体，有关主管部门应当确定渔业生产所需的最低水位线。

第三十四条 禁止围湖造田。沿海滩涂未经县级以上人民政府批准，不得围垦；重要的苗种基地和养殖场所不得围垦。

第三十五条　进行水下爆破、勘探、施工作业,对渔业资源有严重影响的,作业单位应当事先同有关县级以上人民政府渔业行政主管部门协商,采取措施,防止或者减少对渔业资源的损害;造成渔业资源损失的,由有关县级以上人民政府责令赔偿。

第三十六条　各级人民政府应当采取措施,保护和改善渔业水域的生态环境,防治污染。

渔业水域生态环境的监督管理和渔业污染事故的调查处理,依照《中华人民共和国海洋环境保护法》和《中华人民共和国水污染防治法》的有关规定执行。

第三十七条　国家对白鳍豚等珍贵、濒危水生野生动物实行重点保护,防止其灭绝。禁止捕杀、伤害国家重点保护的水生野生动物。因科学研究、驯养繁殖、展览或者其他特殊情况,需要捕捞国家重点保护的水生野生动物的,依照《中华人民共和国野生动物保护法》的规定执行。

第五章　法律责任

第三十八条　使用炸鱼、毒鱼、电鱼等破坏渔业资源方法进行捕捞的,违反关于禁渔区、禁渔期的规定进行捕捞的,或者使用禁用的渔具、捕捞方法和小于最小网目尺寸的网具进行捕捞或者渔获物中幼鱼超过规定比例的,没收渔获物和违法所得,处五万元以下的罚款;情节严重的,没收渔具,吊销捕捞许可证;情节特别严重的,可以没收渔船;构成犯罪的,依法追究刑事责任。

在禁渔区或者禁渔期内销售非法捕捞的渔获物的,县级以上地方人民政府渔业行政主管部门应当及时进行调查处理。

制造、销售禁用的渔具的,没收非法制造、销售的渔具和违法所得,并处一万元以下的罚款。

第三十九条　偷捕、抢夺他人养殖的水产品的,或者破坏他人养殖水体、养殖设施的,责令改正,可以处二万元以下的罚款;造成他人损失的,依法承担赔偿责任;构成犯罪的,依法追究刑事责任。

第四十条　使用全民所有的水域、滩涂从事养殖生产,无正当理由使水域、滩涂荒芜满一年的,由发放养殖证的机关责令限期开发利用;逾期未开发利用的,吊销养殖证,可以并处一万元以下的罚款。

未依法取得养殖证擅自在全民所有的水域从事养殖生产的,责令改正,补办养殖证或者限期拆除养殖设施。

未依法取得养殖证或者超越养殖证许可范围在全民所有的水域从事养殖生产,妨碍航运、行洪的,责令限期拆除养殖设施,可以并处一万元以下的罚款。

第四十一条 未依法取得捕捞许可证擅自进行捕捞的,没收渔获物和违法所得,并处十万元以下的罚款;情节严重的,并可以没收渔具和渔船。

第四十二条 违反捕捞许可证关于作业类型、场所、时限和渔具数量的规定进行捕捞的,没收渔获物和违法所得,可以并处五万元以下的罚款;情节严重的,并可以没收渔具,吊销捕捞许可证。

第四十三条 涂改、买卖、出租或者以其他形式转让捕捞许可证的,没收违法所得,吊销捕捞许可证,可以并处一万元以下的罚款;伪造、变造、买卖捕捞许可证,构成犯罪的,依法追究刑事责任。

第四十四条 非法生产、进口、出口水产苗种的,没收苗种和违法所得,并处五万元以下的罚款。

经营未经审定的水产苗种的,责令立即停止经营,没收违法所得,可以并处五万元以下的罚款。

第四十五条 未经批准在水产种质资源保护区内从事捕捞活动的,责令立即停止捕捞,没收渔获物和渔具,可以并处一万元以下的罚款。

第四十六条 外国人、外国渔船违反本法规定,擅自进入中华人民共和国管辖水域从事渔业生产和渔业资源调查活动的,责令其离开或者将其驱逐,可以没收渔获物、渔具,并处五十万元以下的罚款;情节严重的,可以没收渔船;构成犯罪的,依法追究刑事责任。

第四十七条 造成渔业水域生态环境破坏或者渔业污染事故的,依照《中华人民共和国海洋环境保护法》和《中华人民共和国水污染防治法》的规定追究法律责任。

第四十八条 本法规定的行政处罚,由县级以上人民政府渔业行政主管部门或者其所属的渔政监督管理机构决定。但是,本法已对处罚机关作出规定的除外。

在海上执法时,对违反禁渔区、禁渔期的规定或者使用禁用的渔具、捕捞方法进行捕捞,以及未取得捕捞许可证进行捕捞的,事实清楚、证据充分,但是当场不能按照法定程序作出和执行行政处罚决定的,可以先暂时扣押捕捞许可证、渔具或者渔船,回港后依法作出和执行行政处罚决定。

第四十九条 渔业行政主管部门和其所属的渔政监督管理机构及其工作人员违反本法规定核发许可证、分配捕捞限额或者从事渔业生产经营活动的,或者有其他玩忽职守不履行法定义务、滥用职权、徇私舞弊的行为的,依法给予行政处分;构成犯罪的,依法追究刑事责任。

第六章 附 则

第五十条 本法自 1986 年 7 月 1 日起施行。

中华人民共和国领海及毗连区法

（1992 年 2 月 25 日第七届全国人民代表大会常务委员会第二十四次会议通过）

第一条　为行使中华人民共和国对领海的主权和对毗连区的管制权，维护国家安全和海洋权益，制定本法。

第二条　中华人民共和国领海为邻接中华人民共和国陆地领土和内水的一带海域。

中华人民共和国的陆地领土包括中华人民共和国大陆及其沿海岛屿、台湾及其包括钓鱼岛在内的附属各岛、澎湖列岛、东沙群岛、西沙群岛、中沙群岛、南沙群岛以及其他一切属于中华人民共和国的岛屿。

中华人民共和国领海基线向陆地一侧的水域为中华人民共和国的内水。

第三条　中华人民共和国领海的宽度从领海基线量起为十二海里。

中华人民共和国领海基线采用直线基线法划定，由各相邻基点之间的直线连线组成。

中华人民共和国领海的外部界限为一条其每一点与领海基线的最近点距离等于十二海里的线。

第四条　中华人民共和国毗连区为领海以外邻接领海的一带海域。毗连区的宽度为十二海里。

中华人民共和国毗连区的外部界限为一条其每一点与领海基线的最近点距离等于二十四海里的线。

第五条　中华人民共和国对领海的主权及于领海上空、领海的海床及底土。

第六条　外国非军用船舶，享有依法无害通过中华人民共和国领海的权利。

外国军用船舶进入中华人民共和国领海，须经中华人民共和国政府批准。

第七条　外国潜水艇和其他潜水器通过中华人民共和国领海，必须在海面航行，并展示其旗帜。

第八条 外国船舶通过中华人民共和国领海,必须遵守中华人民共和国法律、法规,不得损害中华人民共和国的和平、安全和良好秩序。

外国核动力船舶和载运核物质、有毒物质或者其他危险物质的船舶通过中华人民共和国领海,必须持有有关证书,并采取特别预防措施。

中华人民共和国政府有权采取一切必要措施,以防止和制止对领海的非无害通过。

外国船舶违反中华人民共和国法律、法规的,由中华人民共和国有关机关依法处理。

第九条 为维护航行安全和其他特殊需要,中华人民共和国政府可以要求通过中华人民共和国领海的外国船舶使用指定的航道或者依照规定的分道通航制航行,具体办法由中华人民共和国政府或者其有关主管部门公布。

第十条 外国军用船舶或者用于非商业目的的外国政府船舶在通过中华人民共和国领海时,违反中华人民共和国法律、法规的,中华人民共和国有关主管机关有权令其立即离开领海,对所造成的损失或者损害,船旗国应当负国际责任。

第十一条 任何国际组织、外国的组织或者个人,在中华人民共和国领海内进行科学研究、海洋作业等活动,须经中华人民共和国政府或者其有关主管部门批准,遵守中华人民共和国法律、法规。

违反前款规定,非法进入中华人民共和国领海进行科学研究、海洋作业等活动的,由中华人民共和国有关机关依法处理。

第十二条 外国航空器只有根据该国政府与中华人民共和国政府签订的协定、协议,或者经中华人民共和国政府或者其授权的机关批准或者接受,方可进入中华人民共和国领海上空。

第十三条 中华人民共和国有权在毗连区内,为防止和惩处在其陆地领土、内水或者领海内违反有关安全、海关、财政、卫生或者入境出境管理的法律、法规的行为行使管制权。

第十四条 中华人民共和国有关主管机关有充分理由认为外国船舶违反中华人民共和国法律、法规时,可以对该外国船舶行使紧追权。

追逐须在外国船舶或者其小艇之一或者以被追逐的船舶为母船进行活动的其他船艇在中华人民共和国的内水、领海或者毗连区内时开始。

如果外国船舶是在中华人民共和国毗连区内,追逐只有在本法第十三条所列有关法律、法规规定的权利受到侵犯时方可进行。

追逐只要没有中断,可以在中华人民共和国领海或者毗连区外继续进行。在被追逐的船舶进入其本国领海或者第三国领海时,追逐终止。

本条规定的紧追权由中华人民共和国军用船舶、军用航空器或者中华人民共和国政府授权的执行政府公务的船舶、航空器行使。

第十五条　中华人民共和国领海基线由中华人民共和国政府公布。

第十六条　中华人民共和国政府依据本法制定有关规定。

第十七条　本法自公布之日起施行。

中华人民共和国矿产资源法

（1986 年 3 月 19 日第六届全国人民代表大会常务委员会第十五次会议通过 根据 1996 年 8 月 29 日第八届全国人民代表大会常务委员会第二十一次会议《关于修改〈中华人民共和国矿产资源法〉的决定》第一次修正 根据 2009 年 8 月 27 日第十一届全国人民代表大会常务委员会第十次会议《关于修改部分法律的决定》第二次修正）

第一章 总 则

第一条 为了发展矿业，加强矿产资源的勘查、开发利用和保护工作，保障社会主义现代化建设的当前和长远的需要，根据中华人民共和国宪法，特制定本法。

第二条 在中华人民共和国领域及管辖海域勘查、开采矿产资源，必须遵守本法。

第三条 矿产资源属于国家所有，由国务院行使国家对矿产资源的所有权。地表或者地下的矿产资源的国家所有权，不因其所依附的土地的所有权或者使用权的不同而改变。

国家保障矿产资源的合理开发利用。禁止任何组织或者个人用任何手段侵占或者破坏矿产资源。各级人民政府必须加强矿产资源的保护工作。

勘查、开采矿产资源，必须依法分别申请、经批准取得探矿权、采矿权，并办理登记；但是，已经依法申请取得采矿权的矿山企业在划定的矿区范围内为本企业的生产而进行的勘查除外。国家保护探矿权和采矿权不受侵犯，保障矿区和勘查作业区的生产秩序、工作秩序不受影响和破坏。

从事矿产资源勘查和开采的，必须符合规定的资质条件。

第四条 国家保障依法设立的矿山企业开采矿产资源的合法权益。

国有矿山企业是开采矿产资源的主体。国家保障国有矿业经济的巩固和发展。

第五条　国家实行探矿权、采矿权有偿取得的制度；但是，国家对探矿权、采矿权有偿取得的费用，可以根据不同情况规定予以减缴、免缴。具体办法和实施步骤由国务院规定。

开采矿产资源，必须按照国家有关规定缴纳资源税和资源补偿费。

第六条　除按下列规定可以转让外，探矿权、采矿权不得转让：

（一）探矿权人有权在划定的勘查作业区内进行规定的勘查作业，有权优先取得勘查作业区内矿产资源的采矿权。探矿权人在完成规定的最低勘查投入后，经依法批准，可以将探矿权转让他人。

（二）已取得采矿权的矿山企业，因企业合并、分立，与他人合资、合作经营，或者因企业资产出售以及有其他变更企业资产产权的情形而需要变更采矿权主体的，经依法批准可以将采矿权转让他人采矿。

前款规定的具体办法和实施步骤由国务院规定。

禁止将探矿权、采矿权倒卖牟利。

第七条　国家对矿产资源的勘查、开发实行统一规划、合理布局、综合勘查、合理开采和综合利用的方针。

第八条　国家鼓励矿产资源勘查、开发的科学技术研究，推广先进技术，提高矿产资源勘查、开发的科学技术水平。

第九条　在勘查、开发、保护矿产资源和进行科学技术研究等方面成绩显著的单位和个人，由各级人民政府给予奖励。

第十条　国家在民族自治地方开采矿产资源，应当照顾民族自治地方的利益，作出有利于民族自治地方经济建设的安排，照顾当地少数民族群众的生产和生活。

民族自治地方的自治机关根据法律规定和国家的统一规划，对可以由本地方开发的矿产资源，优先合理开发利用。

第十一条　国务院地质矿产主管部门主管全国矿产资源勘查、开采的监督管理工作。国务院有关主管部门协助国务院地质矿产主管部门进行矿产资源勘查、开采的监督管理工作。

省、自治区、直辖市人民政府地质矿产主管部门主管本行政区域内矿产资源勘查、开采的监督管理工作。省、自治区、直辖市人民政府有关主管部门协助同级地质矿产主管部门进行矿产资源勘查、开采的监督管理工作。

第二章　矿产资源勘查的登记和开采的审批

第十二条　国家对矿产资源勘查实行统一的区块登记管理制度。矿产资源勘查登记工作,由国务院地质矿产主管部门负责;特定矿种的矿产资源勘查登记工作,可以由国务院授权有关主管部门负责。矿产资源勘查区块登记管理办法由国务院制定。

第十三条　国务院矿产储量审批机构或者省、自治区、直辖市矿产储量审批机构负责审查批准供矿山建设设计使用的勘探报告,并在规定的期限内批复报送单位。勘探报告未经批准,不得作为矿山建设设计的依据。

第十四条　矿产资源勘查成果档案资料和各类矿产储量的统计资料,实行统一的管理制度,按照国务院规定汇交或者填报。

第十五条　设立矿山企业,必须符合国家规定的资质条件,并依照法律和国家有关规定,由审批机关对其矿区范围、矿山设计或者开采方案、生产技术条件、安全措施和环境保护措施等进行审查;审查合格的,方予批准。

第十六条　开采下列矿产资源的,由国务院地质矿产主管部门审批,并颁发采矿许可证:

（一）国家规划矿区和对国民经济具有重要价值的矿区内的矿产资源;

（二）前项规定区域以外可供开采的矿产储量规模在大型以上的矿产资源;

（三）国家规定实行保护性开采的特定矿种;

（四）领海及中国管辖的其他海域的矿产资源;

（五）国务院规定的其他矿产资源。

开采石油、天然气、放射性矿产等特定矿种的,可以由国务院授权的有关主管部门审批,并颁发采矿许可证。

开采第一款、第二款规定以外的矿产资源,其可供开采的矿产的储量规模为中型的,由省、自治区、直辖市人民政府地质矿产主管部门审批和颁发采矿许可证。

开采第一款、第二款和第三款规定以外的矿产资源的管理办法,由省、自治区、直辖市人民代表大会常务委员会依法制定。

依照第三款、第四款的规定审批和颁发采矿许可证的,由省、自治区、直辖市人民政府地质矿产主管部门汇总向国务院地质矿产主管部门备案。

矿产储量规模的大型、中型的划分标准,由国务院矿产储量审批机构规定。

第十七条　国家对国家规划矿区、对国民经济具有重要价值的矿区和国家规定实行保护性开采的特定矿种，实行有计划的开采；未经国务院有关主管部门批准，任何单位和个人不得开采。

第十八条　国家规划矿区的范围、对国民经济具有重要价值的矿区的范围、矿山企业矿区的范围依法划定后，由划定矿区范围的主管机关通知有关县级人民政府予以公告。

矿山企业变更矿区范围，必须报请原审批机关批准，并报请原颁发采矿许可证的机关重新核发采矿许可证。

第十九条　地方各级人民政府应当采取措施，维护本行政区域内的国有矿山企业和其他矿山企业矿区范围内的正常秩序。

禁止任何单位和个人进入他人依法设立的国有矿山企业和其他矿山企业矿区范围内采矿。

第二十条　非经国务院授权的有关主管部门同意，不得在下列地区开采矿产资源：

（一）港口、机场、国防工程设施圈定地区以内；

（二）重要工业区、大型水利工程设施、城镇市政工程设施附近一定距离以内；

（三）铁路、重要公路两侧一定距离以内；

（四）重要河流、堤坝两侧一定距离以内；

（五）国家划定的自然保护区、重要风景区，国家重点保护的不能移动的历史文物和名胜古迹所在地；

（六）国家规定不得开采矿产资源的其他地区。

第二十一条　关闭矿山，必须提出矿山闭坑报告及有关采掘工程、不安全隐患、土地复垦利用、环境保护的资料，并按照国家规定报请审查批准。

第二十二条　勘查、开采矿产资源时，发现具有重大科学文化价值的罕见地质现象以及文化古迹，应当加以保护并及时报告有关部门。

第三章　矿产资源的勘查

第二十三条　区域地质调查按照国家统一规划进行。区域地质调查的报告和图件按照国家规定验收，提供有关部门使用。

第二十四条　矿产资源普查在完成主要矿种普查任务的同时，应当对工作区内包括共生或者伴生矿产的成矿地质条件和矿床工业远景作出初步综合评价。

第二十五条　矿床勘探必须对矿区内具有工业价值的共生和伴生矿产进行综合评价,并计算其储量。未作综合评价的勘探报告不予批准。但是,国务院计划部门另有规定的矿床勘探项目除外。

第二十六条　普查、勘探易损坏的特种非金属矿产、流体矿产、易燃易爆易溶矿产和含有放射性元素的矿产,必须采用省级以上人民政府有关主管部门规定的普查、勘探方法,并有必要的技术装备和安全措施。

第二十七条　矿产资源勘查的原始地质编录和图件,岩矿心、测试样品和其他实物标本资料,各种勘查标志,应当按照有关规定保护和保存。

第二十八条　矿床勘探报告及其他有价值的勘查资料,按照国务院规定实行有偿使用。

第四章　矿产资源的开采

第二十九条　开采矿产资源,必须采取合理的开采顺序、开采方法和选矿工艺。矿山企业的开采回采率、采矿贫化率和选矿回收率应当达到设计要求。

第三十条　在开采主要矿产的同时,对具有工业价值的共生和伴生矿产应当统一规划,综合开采,综合利用,防止浪费;对暂时不能综合开采或者必须同时采出而暂时还不能综合利用的矿产以及含有有用组分的尾矿,应当采取有效的保护措施,防止损失破坏。

第三十一条　开采矿产资源,必须遵守国家劳动安全卫生规定,具备保障安全生产的必要条件。

第三十二条　开采矿产资源,必须遵守有关环境保护的法律规定,防止污染环境。

开采矿产资源,应当节约用地。耕地、草原、林地因采矿受到破坏的,矿山企业应当因地制宜地采取复垦利用、植树种草或者其他利用措施。

开采矿产资源给他人生产、生活造成损失的,应当负责赔偿,并采取必要的补救措施。

第三十三条　在建设铁路、工厂、水库、输油管道、输电线路和各种大型建筑物或者建筑群之前,建设单位必须向所在省、自治区、直辖市地质矿产主管部门了解拟建工程所在地区的矿产资源分布和开采情况。非经国务院授权的部门批准,不得压覆重要矿床。

第三十四条　国务院规定由指定的单位统一收购的矿产品,任何其他单位或者个人不得收购;开采者不得向非指定单位销售。

第五章　集体矿山企业和个体采矿

第三十五条　国家对集体矿山企业和个体采矿实行积极扶持、合理规划、正确引导、加强管理的方针,鼓励集体矿山企业开采国家指定范围内的矿产资源,允许个人采挖零星分散资源和只能用作普通建筑材料的砂、石、粘土以及为生活自用采挖少量矿产。

矿产储量规模适宜由矿山企业开采的矿产资源、国家规定实行保护性开采的特定矿种和国家规定禁止个人开采的其他矿产资源,个人不得开采。

国家指导、帮助集体矿山企业和个体采矿不断提高技术水平、资源利用率和经济效益。

地质矿产主管部门、地质工作单位和国有矿山企业应当按照积极支持、有偿互惠的原则向集体矿山企业和个体采矿提供地质资料和技术服务。

第三十六条　国务院和国务院有关主管部门批准开办的矿山企业矿区范围内已有的集体矿山企业,应当关闭或者到指定的其他地点开采,由矿山建设单位给予合理的补偿,并妥善安置群众生活;也可以按照该矿山企业的统筹安排,实行联合经营。

第三十七条　集体矿山企业和个体采矿应当提高技术水平,提高矿产资源回收率。禁止乱挖滥采,破坏矿产资源。

集体矿山企业必须测绘井上、井下工程对照图。

第三十八条　县级以上人民政府应当指导、帮助集体矿山企业和个体采矿进行技术改造,改善经营管理,加强安全生产。

第六章　法律责任

第三十九条　违反本法规定,未取得采矿许可证擅自采矿的,擅自进入国家规划矿区、对国民经济具有重要价值的矿区范围采矿的,擅自开采国家规定实行保护性开采的特定矿种的,责令停止开采、赔偿损失,没收采出的矿产品和违法所得,可以并处罚款;拒不停止开采,造成矿产资源破坏的,依照刑法有关规定对直接责任人员追究刑事责任。

单位和个人进入他人依法设立的国有矿山企业和其他矿山企业矿区范围内采矿的,依照前款规定处罚。

第四十条　超越批准的矿区范围采矿的,责令退回本矿区范围内开采、赔偿损失,没收越界开采的矿产品和违法所得,可以并处罚款;拒不退回本矿区范围内开采,造成矿产资源破坏的,吊销采矿许可证,依照刑法有关规定对直接责任人员追究刑事责任。

第四十一条　盗窃、抢夺矿山企业和勘查单位的矿产品和其他财物的,破坏采矿、勘查设施的,扰乱矿区和勘查作业区的生产秩序、工作秩序的,分别依照刑法有关规定追究刑事责任;情节显著轻微的,依照治安管理处罚法有关规定予以处罚。

第四十二条　买卖、出租或者以其他形式转让矿产资源的,没收违法所得,处以罚款。

违反本法第六条的规定将探矿权、采矿权倒卖牟利的,吊销勘查许可证、采矿许可证,没收违法所得,处以罚款。

第四十三条　违反本法规定收购和销售国家统一收购的矿产品的,没收矿产品和违法所得,可以并处罚款;情节严重的,依照刑法有关规定,追究刑事责任。

第四十四条　违反本法规定,采取破坏性的开采方法开采矿产资源的,处以罚款,可以吊销采矿许可证;造成矿产资源严重破坏的,依照刑法有关规定对直接责任人员追究刑事责任。

第四十五条　本法第三十九条、第四十条、第四十二条规定的行政处罚,由县级以上人民政府负责地质矿产管理工作的部门按照国务院地质矿产主管部门规定的权限决定。第四十三条规定的行政处罚,由县级以上人民政府工商行政管理部门决定。第四十四条规定的行政处罚,由省、自治区、直辖市人民政府地质矿产主管部门决定。给予吊销勘查许可证或者采矿许可证处罚的,须由原发证机关决定。

依照第三十九条、第四十条、第四十二条、第四十四条规定应当给予行政处罚而不给予行政处罚的,上级人民政府地质矿产主管部门有权责令改正或者直接给予行政处罚。

第四十六条　当事人对行政处罚决定不服的,可以依法申请复议,也可以依法直接向人民法院起诉。

当事人逾期不申请复议也不向人民法院起诉,又不履行处罚决定的,由作出处罚决定的机关申请人民法院强制执行。

第四十七条　负责矿产资源勘查、开采监督管理工作的国家工作人员和其他有关国家工作人员徇私舞弊、滥用职权或者玩忽职守，违反本法规定批准勘查、开采矿产资源和颁发勘查许可证、采矿许可证，或者对违法采矿行为不依法予以制止、处罚，构成犯罪的，依法追究刑事责任；不构成犯罪的，给予行政处分。违法颁发的勘查许可证、采矿许可证，上级人民政府地质矿产主管部门有权予以撤销。

第四十八条　以暴力、威胁方法阻碍从事矿产资源勘查、开采监督管理工作的国家工作人员依法执行职务的，依照刑法有关规定追究刑事责任；拒绝、阻碍从事矿产资源勘查、开采监督管理工作的国家工作人员依法执行职务未使用暴力、威胁方法的，由公安机关依照治安管理处罚法的规定处罚。

第四十九条　矿山企业之间的矿区范围的争议，由当事人协商解决，协商不成的，由有关县级以上地方人民政府根据依法核定的矿区范围处理；跨省、自治区、直辖市的矿区范围的争议，由有关省、自治区、直辖市人民政府协商解决，协商不成的，由国务院处理。

第七章　附　则

第五十条　外商投资勘查、开采矿产资源，法律、行政法规另有规定的，从其规定。

第五十一条　本法施行以前，未办理批准手续、未划定矿区范围、未取得采矿许可证开采矿产资源的，应当依照本法有关规定申请补办手续。

第五十二条　本法实施细则由国务院制定。

第五十三条　本法自 1986 年 10 月 1 日施行。

中华人民共和国野生动物保护法

（1988 年 11 月 8 日第七届全国人民代表大会常务委员会第四次会议通过 根据 2004 年 8 月 28 日第十届全国人民代表大会常务委员会第十一次会议《关于修改〈中华人民共和国野生动物保护法〉的决定》第一次修正 根据 2009 年 8 月 27 日第十一届全国人民代表大会常务委员会第十次会议《关于修改部分法律的决定》第二次修正 2016 年 7 月 2 日第十二届全国人民代表大会常务委员会第二十一次会议修订 根据 2018 年 10 月 26 日第十三届全国人民代表大会常务委员会第六次会议《关于修改〈中华人民共和国野生动物保护法〉等十五部法律的决定》第三次修正）

第一章 总 则

第一条 为了保护野生动物，拯救珍贵、濒危野生动物，维护生物多样性和生态平衡，推进生态文明建设，制定本法。

第二条 在中华人民共和国领域及管辖的其他海域，从事野生动物保护及相关活动，适用本法。

本法规定保护的野生动物，是指珍贵、濒危的陆生、水生野生动物和有重要生态、科学、社会价值的陆生野生动物。

本法规定的野生动物及其制品，是指野生动物的整体（含卵、蛋）、部分及其衍生物。

珍贵、濒危的水生野生动物以外的其他水生野生动物的保护，适用《中华人民共和国渔业法》等有关法律的规定。

第三条 野生动物资源属于国家所有。

国家保障依法从事野生动物科学研究、人工繁育等保护及相关活动的组织和个人的合法权益。

第四条 国家对野生动物实行保护优先、规范利用、严格监管的原则，鼓励开展野生动物科学研究,培育公民保护野生动物的意识,促进人与自然和谐发展。

第五条　国家保护野生动物及其栖息地。县级以上人民政府应当制定野生动物及其栖息地相关保护规划和措施,并将野生动物保护经费纳入预算。

国家鼓励公民、法人和其他组织依法通过捐赠、资助、志愿服务等方式参与野生动物保护活动,支持野生动物保护公益事业。

本法规定的野生动物栖息地,是指野生动物野外种群生息繁衍的重要区域。

第六条　任何组织和个人都有保护野生动物及其栖息地的义务。禁止违法猎捕野生动物、破坏野生动物栖息地。

任何组织和个人都有权向有关部门和机关举报或者控告违反本法的行为。野生动物保护主管部门和其他有关部门、机关对举报或者控告,应当及时依法处理。

第七条　国务院林业草原、渔业主管部门分别主管全国陆生、水生野生动物保护工作。

县级以上地方人民政府林业草原、渔业主管部门分别主管本行政区域内陆生、水生野生动物保护工作。

第八条　各级人民政府应当加强野生动物保护的宣传教育和科学知识普及工作,鼓励和支持基层群众性自治组织、社会组织、企业事业单位、志愿者开展野生动物保护法律法规和保护知识的宣传活动。

教育行政部门、学校应当对学生进行野生动物保护知识教育。

新闻媒体应当开展野生动物保护法律法规和保护知识的宣传,对违法行为进行舆论监督。

第九条　在野生动物保护和科学研究方面成绩显著的组织和个人,由县级以上人民政府给予奖励。

第二章　野生动物及其栖息地保护

第十条　国家对野生动物实行分类分级保护。

国家对珍贵、濒危的野生动物实行重点保护。国家重点保护的野生动物分为一级保护野生动物和二级保护野生动物。国家重点保护野生动物名录,由国务院野生动物保护主管部门组织科学评估后制定,并每五年根据评估情况确定对名录进行调整。国家重点保护野生动物名录报国务院批准公布。

地方重点保护野生动物,是指国家重点保护野生动物以外,由省、自治区、直辖市重点保护的野生动物。地方重点保护野生动物名录,由省、自治区、直辖市人民政府组织科学评估后制定、调整并公布。

有重要生态、科学、社会价值的陆生野生动物名录,由国务院野生动物保护主管部门组织科学评估后制定、调整并公布。

第十一条 县级以上人民政府野生动物保护主管部门,应当定期组织或者委托有关科学研究机构对野生动物及其栖息地状况进行调查、监测和评估,建立健全野生动物及其栖息地档案。

对野生动物及其栖息地状况的调查、监测和评估应当包括下列内容:

(一)野生动物野外分布区域、种群数量及结构;

(二)野生动物栖息地的面积、生态状况;

(三)野生动物及其栖息地的主要威胁因素;

(四)野生动物人工繁育情况等其他需要调查、监测和评估的内容。

第十二条 国务院野生动物保护主管部门应当会同国务院有关部门,根据野生动物及其栖息地状况的调查、监测和评估结果,确定并发布野生动物重要栖息地名录。

省级以上人民政府依法划定相关自然保护区域,保护野生动物及其重要栖息地,保护、恢复和改善野生动物生存环境。对不具备划定相关自然保护区域条件的,县级以上人民政府可以采取划定禁猎(渔)区、规定禁猎(渔)期等其他形式予以保护。

禁止或者限制在相关自然保护区域内引入外来物种、营造单一纯林、过量施洒农药等人为干扰、威胁野生动物生息繁衍的行为。

相关自然保护区域,依照有关法律法规的规定划定和管理。

第十三条 县级以上人民政府及其有关部门在编制有关开发利用规划时,应当充分考虑野生动物及其栖息地保护的需要,分析、预测和评估规划实施可能对野生动物及其栖息地保护产生的整体影响,避免或者减少规划实施可能造成的不利后果。

禁止在相关自然保护区域建设法律法规规定不得建设的项目。机场、铁路、公路、水利水电、围堰、围填海等建设项目的选址选线,应当避让相关自然保护区域、野生动物迁徙洄游通道;无法避让的,应当采取修建野生动物通道、过鱼设施等措施,消除或者减少对野生动物的不利影响。

建设项目可能对相关自然保护区域、野生动物迁徙洄游通道产生影响的,环境影响评价文件的审批部门在审批环境影响评价文件时,涉及国家重点保护野生动物的,应当征求国务院野生动物保护主管部门意见;涉及地方重点保护野生动物的,应当征求省、自治区、直辖市人民政府野生动物保护主管部门意见。

第十四条 各级野生动物保护主管部门应当监视、监测环境对野生动物的影响。由于环境影响对野生动物造成危害时,野生动物保护主管部门应当会同有关部门进行调查处理。

第十五条 国家或者地方重点保护野生动物受到自然灾害、重大环境污染事故等突发事件威胁时,当地人民政府应当及时采取应急救助措施。

县级以上人民政府野生动物保护主管部门应当按照国家有关规定组织开展野生动物收容救护工作。

禁止以野生动物收容救护为名买卖野生动物及其制品。

第十六条 县级以上人民政府野生动物保护主管部门、兽医主管部门,应当按照职责分工对野生动物疫源疫病进行监测,组织开展预测、预报等工作,并按照规定制定野生动物疫情应急预案,报同级人民政府批准或者备案。

县级以上人民政府野生动物保护主管部门、兽医主管部门、卫生主管部门,应当按照职责分工负责与人畜共患传染病有关的动物传染病的防治管理工作。

第十七条 国家加强对野生动物遗传资源的保护,对濒危野生动物实施抢救性保护。

国务院野生动物保护主管部门应当会同国务院有关部门制定有关野生动物遗传资源保护和利用规划,建立国家野生动物遗传资源基因库,对原产我国的珍贵、濒危野生动物遗传资源实行重点保护。

第十八条 有关地方人民政府应当采取措施,预防、控制野生动物可能造成的危害,保障人畜安全和农业、林业生产。

第十九条 因保护本法规定保护的野生动物,造成人员伤亡、农作物或者其他财产损失的,由当地人民政府给予补偿。具体办法由省、自治区、直辖市人民政府制定。有关地方人民政府可以推动保险机构开展野生动物致害赔偿保险业务。

有关地方人民政府采取预防、控制国家重点保护野生动物造成危害的措施以及实行补偿所需经费,由中央财政按照国家有关规定予以补助。

第三章　野生动物管理

第二十条 在相关自然保护区域和禁猎(渔)区、禁猎(渔)期内,禁止猎捕以及其他妨碍野生动物生息繁衍的活动,但法律法规另有规定的除外。

野生动物迁徙洄游期间,在前款规定区域外的迁徙洄游通道内,禁止猎捕并严格限制其他妨碍野生动物生息繁衍的活动。迁徙洄游通道的范围以及妨碍野生动物生息繁衍活动的内容,由县级以上人民政府或者其野生动物保护主管部门规定并公布。

第二十一条 禁止猎捕、杀害国家重点保护野生动物。

因科学研究、种群调控、疫源疫病监测或者其他特殊情况,需要猎捕国家一级保护野生动物的,应当向国务院野生动物保护主管部门申请特许猎捕证;需要猎捕国家二级保护野生动物的,应当向省、自治区、直辖市人民政府野生动物保护主管部门申请特许猎捕证。

第二十二条 猎捕非国家重点保护野生动物的,应当依法取得县级以上地方人民政府野生动物保护主管部门核发的狩猎证,并且服从猎捕量限额管理。

第二十三条 猎捕者应当按照特许猎捕证、狩猎证规定的种类、数量、地点、工具、方法和期限进行猎捕。

持枪猎捕的,应当依法取得公安机关核发的持枪证。

第二十四条 禁止使用毒药、爆炸物、电击或者电子诱捕装置以及猎套、猎夹、地枪、排铳等工具进行猎捕,禁止使用夜间照明行猎、歼灭性围猎、捣毁巢穴、火攻、烟熏、网捕等方法进行猎捕,但因科学研究确需网捕、电子诱捕的除外。

前款规定以外的禁止使用的猎捕工具和方法,由县级以上地方人民政府规定并公布。

第二十五条 国家支持有关科学研究机构因物种保护目的人工繁育国家重点保护野生动物。

前款规定以外的人工繁育国家重点保护野生动物实行许可制度。人工繁育国家重点保护野生动物的,应当经省、自治区、直辖市人民政府野生动物保护主管部门批准,取得人工繁育许可证,但国务院对批准机关另有规定的除外。

人工繁育国家重点保护野生动物应当使用人工繁育子代种源,建立物种系谱、繁育档案和个体数据。因物种保护目的确需采用野外种源的,适用本法第二十一条和第二十三条的规定。

本法所称人工繁育子代,是指人工控制条件下繁殖出生的子代个体且其亲本也在人工控制条件下出生。

第二十六条 人工繁育国家重点保护野生动物应当有利于物种保护及其科学研究,不得破坏野外种群资源,并根据野生动物习性确保其具有必要的活动空间和生息繁衍、卫生健康条件,具备与其繁育目的、种类、发展规模相适应的场所、设施、技术,符合有关技术标准和防疫要求,不得虐待野生动物。

省级以上人民政府野生动物保护主管部门可以根据保护国家重点保护野生动物的需要,组织开展国家重点保护野生动物放归野外环境工作。

第二十七条 禁止出售、购买、利用国家重点保护野生动物及其制品。

因科学研究、人工繁育、公众展示展演、文物保护或者其他特殊情况,需要出售、购买、利用国家重点保护野生动物及其制品的,应当经省、自治区、直辖市人民政府野生动物保护主管部门批准,并按照规定取得和使用专用标识,保证可追溯,但国务院对批准机关另有规定的除外。

实行国家重点保护野生动物及其制品专用标识的范围和管理办法,由国务院野生动物保护主管部门规定。

出售、利用非国家重点保护野生动物的,应当提供狩猎、进出口等合法来源证明。

出售本条第二款、第四款规定的野生动物的,还应当依法附有检疫证明。

第二十八条 对人工繁育技术成熟稳定的国家重点保护野生动物,经科学论证,纳入国务院野生动物保护主管部门制定的人工繁育国家重点保护野生动物名录。对列入名录的野生动物及其制品,可以凭人工繁育许可证,按照省、自治区、直辖市人民政府野生动物保护主管部门核验的年度生产数量直接取得专用标识,凭专用标识出售和利用,保证可追溯。

对本法第十条规定的国家重点保护野生动物名录进行调整时,根据有关野外种群保护情况,可以对前款规定的有关人工繁育技术成熟稳定野生动物的人工种群,不再列入国家重点保护野生动物名录,实行与野外种群不同的管理措施,但应当依照本法第二十五条第二款和本条第一款的规定取得人工繁育许可证和专用标识。

第二十九条 利用野生动物及其制品的,应当以人工繁育种群为主,有利于野外种群养护,符合生态文明建设的要求,尊重社会公德,遵守法律法规和国家有关规定。

野生动物及其制品作为药品经营和利用的,还应当遵守有关药品管理的法律法规。

第三十条 禁止生产、经营使用国家重点保护野生动物及其制品制作的食品,或者使用没有合法来源证明的非国家重点保护野生动物及其制品制作的食品。

禁止为食用非法购买国家重点保护的野生动物及其制品。

第三十一条 禁止为出售、购买、利用野生动物或者禁止使用的猎捕工具发布广告。禁止为违法出售、购买、利用野生动物制品发布广告。

第三十二条 禁止网络交易平台、商品交易市场等交易场所,为违法出售、购买、利用野生动物及其制品或者禁止使用的猎捕工具提供交易服务。

第三十三条 运输、携带、寄递国家重点保护野生动物及其制品、本法第二十八条第二款规定的野生动物及其制品出县境的,应当持有或者附有本法第二十一条、第二十五条、第二十七条或者第二十八条规定的许可证、批准文件的副本或者专用标识,以及检疫证明。

运输非国家重点保护野生动物出县境的,应当持有狩猎、进出口等合法来源证明,以及检疫证明。

第三十四条 县级以上人民政府野生动物保护主管部门应当对科学研究、人工繁育、公众展示展演等利用野生动物及其制品的活动进行监督管理。

县级以上人民政府其他有关部门,应当按照职责分工对野生动物及其制品出售、购买、利用、运输、寄递等活动进行监督检查。

第三十五条 中华人民共和国缔结或者参加的国际公约禁止或者限制贸易的野生动物或者其制品名录,由国家濒危物种进出口管理机构制定、调整并公布。

进出口列入前款名录的野生动物或者其制品的,出口国家重点保护野生动物或者其制品的,应当经国务院野生动物保护主管部门或者国务院批准,并取得国家濒危物种进出口管理机构核发的允许进出口证明书。海关依法实施进出境检疫,凭允许进出口证明书、检疫证明按照规定办理通关手续。

涉及科学技术保密的野生动物物种的出口,按照国务院有关规定办理。

列入本条第一款名录的野生动物,经国务院野生动物保护主管部门核准,在本法适用范围内可以按照国家重点保护的野生动物管理。

第三十六条 国家组织开展野生动物保护及相关执法活动的国际合作与交流;建立防范、打击野生动物及其制品的走私和非法贸易的部门协调机制,开展防范、打击走私和非法贸易行动。

第三十七条 从境外引进野生动物物种的,应当经国务院野生动物保护主管部门批准。从境外引进列入本法第三十五条第一款名录的野生动物,还应当依法取得允许进出口证明书。海关依法实施进境检疫,凭进口批准文件或者允许进出口证明书以及检疫证明按照规定办理通关手续。

从境外引进野生动物物种的，应当采取安全可靠的防范措施，防止其进入野外环境，避免对生态系统造成危害。确需将其放归野外的，按照国家有关规定执行。

第三十八条 任何组织和个人将野生动物放生至野外环境，应当选择适合放生地野外生存的当地物种，不得干扰当地居民的正常生活、生产，避免对生态系统造成危害。随意放生野生动物，造成他人人身、财产损害或者危害生态系统的，依法承担法律责任。

第三十九条 禁止伪造、变造、买卖、转让、租借特许猎捕证、狩猎证、人工繁育许可证及专用标识，出售、购买、利用国家重点保护野生动物及其制品的批准文件，或者允许进出口证明书、进出口等批准文件。

前款规定的有关许可证书、专用标识、批准文件的发放情况，应当依法公开。

第四十条 外国人在我国对国家重点保护野生动物进行野外考察或者在野外拍摄电影、录像，应当经省、自治区、直辖市人民政府野生动物保护主管部门或者其授权的单位批准，并遵守有关法律法规规定。

第四十一条 地方重点保护野生动物和其他非国家重点保护野生动物的管理办法，由省、自治区、直辖市人民代表大会或者其常务委员会制定。

第四章　法律责任

第四十二条 野生动物保护主管部门或者其他有关部门、机关不依法作出行政许可决定，发现违法行为或者接到对违法行为的举报不予查处或者不依法查处，或者有滥用职权等其他不依法履行职责的行为的，由本级人民政府或者上级人民政府有关部门、机关责令改正，对负有责任的主管人员和其他直接责任人员依法给予记过、记大过或者降级处分；造成严重后果的，给予撤职或者开除处分，其主要负责人应当引咎辞职；构成犯罪的，依法追究刑事责任。

第四十三条 违反本法第十二条第三款、第十三条第二款规定的，依照有关法律法规的规定处罚。

第四十四条 违反本法第十五条第三款规定，以收容救护为名买卖野生动物及其制品的，由县级以上人民政府野生动物保护主管部门没收野生动物及其制品、违法所得，并处野生动物及其制品价值二倍以上十倍以下的罚款，将有关违法信息记入社会诚信档案，向社会公布；构成犯罪的，依法追究刑事责任。

第四十五条 违反本法第二十条、第二十一条、第二十三条第一款、第二十四条第一款规定,在相关自然保护区域、禁猎(渔)区、禁猎(渔)期猎捕国家重点保护野生动物,未取得特许猎捕证、未按照特许猎捕证规定猎捕、杀害国家重点保护野生动物,或者使用禁用的工具、方法猎捕国家重点保护野生动物的,由县级以上人民政府野生动物保护主管部门、海洋执法部门或者有关保护区域管理机构按照职责分工没收猎获物、猎捕工具和违法所得,吊销特许猎捕证,并处猎获物价值二倍以上十倍以下的罚款;没有猎获物的,并处一万元以上五万元以下的罚款;构成犯罪的,依法追究刑事责任。

第四十六条 违反本法第二十条、第二十二条、第二十三条第一款、第二十四条第一款规定,在相关自然保护区域、禁猎(渔)区、禁猎(渔)期猎捕非国家重点保护野生动物,未取得狩猎证、未按照狩猎证规定猎捕非国家重点保护野生动物,或者使用禁用的工具、方法猎捕非国家重点保护野生动物的,由县级以上地方人民政府野生动物保护主管部门或者有关保护区域管理机构按照职责分工没收猎获物、猎捕工具和违法所得,吊销狩猎证,并处猎获物价值一倍以上五倍以下的罚款;没有猎获物的,并处二千元以上一万元以下的罚款;构成犯罪的,依法追究刑事责任。

违反本法第二十三条第二款规定,未取得持枪证持枪猎捕野生动物,构成违反治安管理行为的,由公安机关依法给予治安管理处罚;构成犯罪的,依法追究刑事责任。

第四十七条 违反本法第二十五条第二款规定,未取得人工繁育许可证繁育国家重点保护野生动物或者本法第二十八条第二款规定的野生动物的,由县级以上人民政府野生动物保护主管部门没收野生动物及其制品,并处野生动物及其制品价值一倍以上五倍以下的罚款。

第四十八条 违反本法第二十七条第一款和第二款、第二十八条第一款、第三十三条第一款规定,未经批准、未取得或者未按照规定使用专用标识,或者未持有、未附有人工繁育许可证、批准文件的副本或者专用标识出售、购买、利用、运输、携带、寄递国家重点保护野生动物及其制品或者本法第二十八条第二款规定的野生动物及其制品的,由县级以上人民政府野生动物保护主管部门或者市场监督管理部门按照职责分工没收野生动物及其制品和违法所得,并处野生动物及其制品价值二倍以上十倍以下的罚款;情节严重的,吊销人工繁育许可证、撤销批准文件、收回专用标识;构成犯罪的,依法追究刑事责任。

违反本法第二十七条第四款、第三十三条第二款规定,未持有合法来源证明出售、利用、运输非国家重点保护野生动物的,由县级以上地方人民政府野生动物保护主管部门或者市场监督管理部门按照职责分工没收野生动物,并处野生动物价值一倍以上五倍以下的罚款。

违反本法第二十七条第五款、第三十三条规定,出售、运输、携带、寄递有关野生动物及其制品未持有或者未附有检疫证明的,依照《中华人民共和国动物防疫法》的规定处罚。

第四十九条 违反本法第三十条规定,生产、经营使用国家重点保护野生动物及其制品或者没有合法来源证明的非国家重点保护野生动物及其制品制作食品,或者为食用非法购买国家重点保护的野生动物及其制品的,由县级以上人民政府野生动物保护主管部门或者市场监督管理部门按照职责分工责令停止违法行为,没收野生动物及其制品和违法所得,并处野生动物及其制品价值二倍以上十倍以下的罚款;构成犯罪的,依法追究刑事责任。

第五十条 违反本法第三十一条规定,为出售、购买、利用野生动物及其制品或者禁止使用的猎捕工具发布广告的,依照《中华人民共和国广告法》的规定处罚。

第五十一条 违反本法第三十二条规定,为违法出售、购买、利用野生动物及其制品或者禁止使用的猎捕工具提供交易服务的,由县级以上人民政府市场监督管理部门责令停止违法行为,限期改正,没收违法所得,并处违法所得二倍以上五倍以下的罚款;没有违法所得的,处一万元以上五万元以下的罚款;构成犯罪的,依法追究刑事责任。

第五十二条 违反本法第三十五条规定,进出口野生动物或者其制品的,由海关、公安机关、海洋执法部门依照法律、行政法规和国家有关规定处罚;构成犯罪的,依法追究刑事责任。

第五十三条 违反本法第三十七条第一款规定,从境外引进野生动物物种的,由县级以上人民政府野生动物保护主管部门没收所引进的野生动物,并处五万元以上二十五万元以下的罚款;未依法实施进境检疫的,依照《中华人民共和国进出境动植物检疫法》的规定处罚;构成犯罪的,依法追究刑事责任。

第五十四条 违反本法第三十七条第二款规定,将从境外引进的野生动物放归野外环境的,由县级以上人民政府野生动物保护主管部门责令限期捕回,处一万元以上五万元以下的罚款;逾期不捕回的,由有关野生动物保护主管部门代为捕回或者采取降低影响的措施,所需费用由被责令限期捕回者承担。

第五十五条 违反本法第三十九条第一款规定,伪造、变造、买卖、转让、租借有关证件、专用标识或者有关批准文件的,由县级以上人民政府野生动物保护主管部门没收违法证件、专用标识、有关批准文件和违法所得,并处五万元以上二十五万元以下的罚款;构成违反治安管理行为的,由公安机关依法给予治安管理处罚;构成犯罪的,依法追究刑事责任。

第五十六条　依照本法规定没收的实物,由县级以上人民政府野生动物保护主管部门或者其授权的单位按照规定处理。

第五十七条　本法规定的猎获物价值、野生动物及其制品价值的评估标准和方法,由国务院野生动物保护主管部门制定。

第五章　附　则

第五十八条　本法自 2017 年 1 月 1 日起施行。

中华人民共和国测绘法

（1992年12月28日第七届全国人民代表大会常务委员会第二十九次会议通过　2002年8月29日第九届全国人民代表大会常务委员会第二十九次会议第一次修订　2017年4月27日第十二届全国人民代表大会常务委员会第二十七次会议第二次修订）

第一章　总　则

第一条　为了加强测绘管理，促进测绘事业发展，保障测绘事业为经济建设、国防建设、社会发展和生态保护服务，维护国家地理信息安全，制定本法。

第二条　在中华人民共和国领域和中华人民共和国管辖的其他海域从事测绘活动，应当遵守本法。

本法所称测绘，是指对自然地理要素或者地表人工设施的形状、大小、空间位置及其属性等进行测定、采集、表述，以及对获取的数据、信息、成果进行处理和提供的活动。

第三条　测绘事业是经济建设、国防建设、社会发展的基础性事业。各级人民政府应当加强对测绘工作的领导。

第四条　国务院测绘地理信息主管部门负责全国测绘工作的统一监督管理。国务院其他有关部门按照国务院规定的职责分工，负责本部门有关的测绘工作。

县级以上地方人民政府测绘地理信息主管部门负责本行政区域测绘工作的统一监督管理。县级以上地方人民政府其他有关部门按照本级人民政府规定的职责分工，负责本部门有关的测绘工作。

军队测绘部门负责管理军事部门的测绘工作，并按照国务院、中央军事委员会规定的职责分工负责管理海洋基础测绘工作。

第五条　从事测绘活动，应当使用国家规定的测绘基准和测绘系统，执行国家规定的测绘技术规范和标准。

第六条　国家鼓励测绘科学技术的创新和进步,采用先进的技术和设备,提高测绘水平,推动军民融合,促进测绘成果的应用。国家加强测绘科学技术的国际交流与合作。

对在测绘科学技术的创新和进步中做出重要贡献的单位和个人,按照国家有关规定给予奖励。

第七条　各级人民政府和有关部门应当加强对国家版图意识的宣传教育,增强公民的国家版图意识。新闻媒体应当开展国家版图意识的宣传。教育行政部门、学校应当将国家版图意识教育纳入中小学教学内容,加强爱国主义教育。

第八条　外国的组织或者个人在中华人民共和国领域和中华人民共和国管辖的其他海域从事测绘活动,应当经国务院测绘地理信息主管部门会同军队测绘部门批准,并遵守中华人民共和国有关法律、行政法规的规定。

外国的组织或者个人在中华人民共和国领域从事测绘活动,应当与中华人民共和国有关部门或者单位合作进行,并不得涉及国家秘密和危害国家安全。

第二章　测绘基准和测绘系统

第九条　国家设立和采用全国统一的大地基准、高程基准、深度基准和重力基准,其数据由国务院测绘地理信息主管部门审核,并与国务院其他有关部门、军队测绘部门会商后,报国务院批准。

第十条　国家建立全国统一的大地坐标系统、平面坐标系统、高程系统、地心坐标系统和重力测量系统,确定国家大地测量等级和精度以及国家基本比例尺地图的系列和基本精度。具体规范和要求由国务院测绘地理信息主管部门会同国务院其他有关部门、军队测绘部门制定。

第十一条　因建设、城市规划和科学研究的需要,国家重大工程项目和国务院确定的大城市确需建立相对独立的平面坐标系统的,由国务院测绘地理信息主管部门批准;其他确需建立相对独立的平面坐标系统的,由省、自治区、直辖市人民政府测绘地理信息主管部门批准。

建立相对独立的平面坐标系统,应当与国家坐标系统相联系。

第十二条　国务院测绘地理信息主管部门和省、自治区、直辖市人民政府测绘地理信息主管部门应当会同本级人民政府其他有关部门,按照统筹建设、资源共享的原则,建立统一的卫星导航定位基准服务系统,提供导航定位基准信息公共服务。

第十三条　建设卫星导航定位基准站的,建设单位应当按照国家有关规定报国务院测绘地理信息主管部门或者省、自治区、直辖市人民政府测绘地理信息主管部门备案。国务院测绘地理信息主管部门应当汇总全国卫星导航定位基准站建设备案情况,并定期向军队测绘部门通报。

本法所称卫星导航定位基准站,是指对卫星导航信号进行长期连续观测,并通过通信设施将观测数据实时或者定时传送至数据中心的地面固定观测站。

第十四条　卫星导航定位基准站的建设和运行维护应当符合国家标准和要求,不得危害国家安全。

卫星导航定位基准站的建设和运行维护单位应当建立数据安全保障制度,并遵守保密法律、行政法规的规定。

县级以上人民政府测绘地理信息主管部门应当会同本级人民政府其他有关部门,加强对卫星导航定位基准站建设和运行维护的规范和指导。

第三章　基础测绘

第十五条　基础测绘是公益性事业。国家对基础测绘实行分级管理。

本法所称基础测绘,是指建立全国统一的测绘基准和测绘系统,进行基础航空摄影,获取基础地理信息的遥感资料,测制和更新国家基本比例尺地图、影像图和数字化产品,建立、更新基础地理信息系统。

第十六条　国务院测绘地理信息主管部门会同国务院其他有关部门、军队测绘部门组织编制全国基础测绘规划,报国务院批准后组织实施。

县级以上地方人民政府测绘地理信息主管部门会同本级人民政府其他有关部门,根据国家和上一级人民政府的基础测绘规划及本行政区域的实际情况,组织编制本行政区域的基础测绘规划,报本级人民政府批准后组织实施。

第十七条　军队测绘部门负责编制军事测绘规划,按照国务院、中央军事委员会规定的职责分工负责编制海洋基础测绘规划,并组织实施。

第十八条　县级以上人民政府应当将基础测绘纳入本级国民经济和社会发展年度计划,将基础测绘工作所需经费列入本级政府预算。

国务院发展改革部门会同国务院测绘地理信息主管部门,根据全国基础测绘规划编制全国基础测绘年度计划。

县级以上地方人民政府发展改革部门会同本级人民政府测绘地理信息主管部门,根据本行政区域的基础测绘规划编制本行政区域的基础测绘年度计划,并分别报上一级部门备案。

第十九条 基础测绘成果应当定期更新,经济建设、国防建设、社会发展和生态保护急需的基础测绘成果应当及时更新。

基础测绘成果的更新周期根据不同地区国民经济和社会发展的需要确定。

第四章 界线测绘和其他测绘

第二十条 中华人民共和国国界线的测绘,按照中华人民共和国与相邻国家缔结的边界条约或者协定执行,由外交部组织实施。中华人民共和国地图的国界线标准样图,由外交部和国务院测绘地理信息主管部门拟定,报国务院批准后公布。

第二十一条 行政区域界线的测绘,按照国务院有关规定执行。省、自治区、直辖市和自治州、县、自治县、市行政区域界线的标准画法图,由国务院民政部门和国务院测绘地理信息主管部门拟定,报国务院批准后公布。

第二十二条 县级以上人民政府测绘地理信息主管部门应当会同本级人民政府不动产登记主管部门,加强对不动产测绘的管理。

测量土地、建筑物、构筑物和地面其他附着物的权属界址线,应当按照县级以上人民政府确定的权属界线的界址点、界址线或者提供的有关登记资料和附图进行。权属界址线发生变化的,有关当事人应当及时进行变更测绘。

第二十三条 城乡建设领域的工程测量活动,与房屋产权、产籍相关的房屋面积的测量,应当执行由国务院住房城乡建设主管部门、国务院测绘地理信息主管部门组织编制的测量技术规范。

水利、能源、交通、通信、资源开发和其他领域的工程测量活动,应当执行国家有关的工程测量技术规范。

第二十四条 建立地理信息系统,应当采用符合国家标准的基础地理信息数据。

第二十五条 县级以上人民政府测绘地理信息主管部门应当根据突发事件应对工作需要,及时提供地图、基础地理信息数据等测绘成果,做好遥感监测、导航定位等应急测绘保障工作。

第二十六条 县级以上人民政府测绘地理信息主管部门应当会同本级人民政府其他有关部门依法开展地理国情监测,并按照国家有关规定严格管理、规范使用地理国情监测成果。

各级人民政府应当采取有效措施,发挥地理国情监测成果在政府决策、经济社会发展和社会公众服务中的作用。

第五章　测绘资质资格

第二十七条　国家对从事测绘活动的单位实行测绘资质管理制度。

从事测绘活动的单位应当具备下列条件,并依法取得相应等级的测绘资质证书,方可从事测绘活动:

（一）有法人资格;

（二）有与从事的测绘活动相适应的专业技术人员;

（三）有与从事的测绘活动相适应的技术装备和设施;

（四）有健全的技术和质量保证体系、安全保障措施、信息安全保密管理制度以及测绘成果和资料档案管理制度。

第二十八条　国务院测绘地理信息主管部门和省、自治区、直辖市人民政府测绘地理信息主管部门按照各自的职责负责测绘资质审查、发放测绘资质证书。具体办法由国务院测绘地理信息主管部门商国务院其他有关部门规定。

军队测绘部门负责军事测绘单位的测绘资质审查。

第二十九条　测绘单位不得超越资质等级许可的范围从事测绘活动,不得以其他测绘单位的名义从事测绘活动,不得允许其他单位以本单位的名义从事测绘活动。

测绘项目实行招投标的,测绘项目的招标单位应当依法在招标公告或者投标邀请书中对测绘单位资质等级作出要求,不得让不具有相应测绘资质等级的单位中标,不得让测绘单位低于测绘成本中标。

中标的测绘单位不得向他人转让测绘项目。

第三十条　从事测绘活动的专业技术人员应当具备相应的执业资格条件。具体办法由国务院测绘地理信息主管部门会同国务院人力资源社会保障主管部门规定。

第三十一条　测绘人员进行测绘活动时,应当持有测绘作业证件。

任何单位和个人不得阻碍测绘人员依法进行测绘活动。

第三十二条　测绘单位的测绘资质证书、测绘专业技术人员的执业证书和测绘人员的测绘作业证件的式样,由国务院测绘地理信息主管部门统一规定。

第六章　测绘成果

第三十三条　国家实行测绘成果汇交制度。国家依法保护测绘成果的知识产权。

测绘项目完成后,测绘项目出资人或者承担国家投资的测绘项目的单位,应当向国务院测绘地理信息主管部门或者省、自治区、直辖市人民政府测绘地理信息主管部门汇交测绘成果资料。属于基础测绘项目的,应当汇交测绘成果副本;属于非基础测绘项目的,应当汇交测绘成果目录。负责接收测绘成果副本和目录的测绘地理信息主管部门应当出具测绘成果汇交凭证,并及时将测绘成果副本和目录移交给保管单位。测绘成果汇交的具体办法由国务院规定。

国务院测绘地理信息主管部门和省、自治区、直辖市人民政府测绘地理信息主管部门应当及时编制测绘成果目录,并向社会公布。

第三十四条　县级以上人民政府测绘地理信息主管部门应当积极推进公众版测绘成果的加工和编制工作,通过提供公众版测绘成果、保密技术处理等方式,促进测绘成果的社会化应用。

测绘成果保管单位应当采取措施保障测绘成果的完整和安全,并按照国家有关规定向社会公开和提供利用。

测绘成果属于国家秘密的,适用保密法律、行政法规的规定;需要对外提供的,按照国务院和中央军事委员会规定的审批程序执行。

测绘成果的秘密范围和秘密等级,应当依照保密法律、行政法规的规定,按照保障国家秘密安全、促进地理信息共享和应用的原则确定并及时调整、公布。

第三十五条　使用财政资金的测绘项目和涉及测绘的其他使用财政资金的项目,有关部门在批准立项前应当征求本级人民政府测绘地理信息主管部门的意见;有适宜测绘成果的,应当充分利用已有的测绘成果,避免重复测绘。

第三十六条　基础测绘成果和国家投资完成的其他测绘成果,用于政府决策、国防建设和公共服务的,除前款规定情形外,测绘成果依法实行有偿使用制度。但是,各级人民政府及有关部门和军队因防灾减灾、应对突发事件、维护国家安全等公共利益的需要,可以无偿使用。

测绘成果使用的具体办法由国务院规定。

第三十七条　中华人民共和国领域和中华人民共和国管辖的其他海域的位置、高程、深度、面积、长度等重要地理信息数据,由国务院测绘地理信息主管部门审核,并与国务院其他有关部门、军队测绘部门会商后,报国务院批准,由国务院或者国务院授权的部门公布。

第三十八条 地图的编制、出版、展示、登载及更新应当遵守国家有关地图编制标准、地图内容表示、地图审核的规定。

互联网地图服务提供者应当使用经依法审核批准的地图,建立地图数据安全管理制度,采取安全保障措施,加强对互联网地图新增内容的核校,提高服务质量。

县级以上人民政府和测绘地理信息主管部门、网信部门等有关部门应当加强对地图编制、出版、展示、登载和互联网地图服务的监督管理,保证地图质量,维护国家主权、安全和利益。

地图管理的具体办法由国务院规定。

第三十九条 测绘单位应当对完成的测绘成果质量负责。县级以上人民政府测绘地理信息主管部门应当加强对测绘成果质量的监督管理。

第四十条 国家鼓励发展地理信息产业,推动地理信息产业结构调整和优化升级,支持开发各类地理信息产品,提高产品质量,推广使用安全可信的地理信息技术和设备。

县级以上人民政府应当建立健全政府部门间地理信息资源共建共享机制,引导和支持企业提供地理信息社会化服务,促进地理信息广泛应用。

县级以上人民政府测绘地理信息主管部门应当及时获取、处理、更新基础地理信息数据,通过地理信息公共服务平台向社会提供地理信息公共服务,实现地理信息数据开放共享。

第七章 测量标志保护

第四十一条 任何单位和个人不得损毁或者擅自移动永久性测量标志和正在使用中的临时性测量标志,不得侵占永久性测量标志用地,不得在永久性测量标志安全控制范围内从事危害测量标志安全和使用效能的活动。

本法所称永久性测量标志,是指各等级的三角点、基线点、导线点、军用控制点、重力点、天文点、水准点和卫星定位点的觇标和标石标志,以及用于地形测图、工程测量和形变测量的固定标志和海底大地点设施。

第四十二条 永久性测量标志的建设单位应当对永久性测量标志设立明显标记,并委托当地有关单位指派专人负责保管。

第四十三条　进行工程建设,应当避开永久性测量标志;确实无法避开,需要拆迁永久性测量标志或者使永久性测量标志失去使用效能的,应当经省、自治区、直辖市人民政府测绘地理信息主管部门批准;涉及军用控制点的,应当征得军队测绘部门的同意。所需迁建费用由工程建设单位承担。

第四十四条　测绘人员使用永久性测量标志,应当持有测绘作业证件,并保证测量标志的完好。

保管测量标志的人员应当查验测量标志使用后的完好状况。

第四十五条　县级以上人民政府应当采取有效措施加强测量标志的保护工作。

县级以上人民政府测绘地理信息主管部门应当按照规定检查、维护永久性测量标志。

乡级人民政府应当做好本行政区域内的测量标志保护工作。

第八章　监督管理

第四十六条　县级以上人民政府测绘地理信息主管部门应当会同本级人民政府其他有关部门建立地理信息安全管理制度和技术防控体系,并加强对地理信息安全的监督管理。

第四十七条　地理信息生产、保管、利用单位应当对属于国家秘密的地理信息的获取、持有、提供、利用情况进行登记并长期保存,实行可追溯管理。

从事测绘活动涉及获取、持有、提供、利用属于国家秘密的地理信息,应当遵守保密法律、行政法规和国家有关规定。

地理信息生产、利用单位和互联网地图服务提供者收集、使用用户个人信息的,应当遵守法律、行政法规关于个人信息保护的规定。

第四十八条　县级以上人民政府测绘地理信息主管部门应当对测绘单位实行信用管理,并依法将其信用信息予以公示。

第四十九条　县级以上人民政府测绘地理信息主管部门应当建立健全随机抽查机制,依法履行监督检查职责,发现涉嫌违反本法规定行为的,可以依法采取下列措施:

(一)查阅、复制有关合同、票据、账簿、登记台账以及其他有关文件、资料;

(二)查封、扣押与涉嫌违法测绘行为直接相关的设备、工具、原材料、测绘成果资料等。

被检查的单位和个人应当配合,如实提供有关文件、资料,不得隐瞒、拒绝和阻碍。

任何单位和个人对违反本法规定的行为,有权向县级以上人民政府测绘地理信息主管部门举报。接到举报的测绘地理信息主管部门应当及时依法处理。

第九章　法律责任

第五十条　违反本法规定,县级以上人民政府测绘地理信息主管部门或者其他有关部门工作人员利用职务上的便利收受他人财物、其他好处或者玩忽职守,对不符合法定条件的单位核发测绘资质证书,不依法履行监督管理职责,或者发现违法行为不予查处的,对负有责任的领导人员和直接责任人员,依法给予处分;构成犯罪的,依法追究刑事责任。

第五十一条　违反本法规定,外国的组织或者个人未经批准,或者未与中华人民共和国有关部门、单位合作,擅自从事测绘活动的,责令停止违法行为,没收违法所得、测绘成果和测绘工具,并处十万元以上五十万元以下的罚款;情节严重的,并处五十万元以上一百万元以下的罚款,限期出境或者驱逐出境;构成犯罪的,依法追究刑事责任。

第五十二条　违反本法规定,未经批准擅自建立相对独立的平面坐标系统,或者采用不符合国家标准的基础地理信息数据建立地理信息系统的,给予警告,责令改正,可以并处五十万元以下的罚款;对直接负责的主管人员和其他直接责任人员,依法给予处分。

第五十三条　违反本法规定,卫星导航定位基准站建设单位未报备案的,给予警告,责令限期改正;逾期不改正的,处十万元以上三十万元以下的罚款;对直接负责的主管人员和其他直接责任人员,依法给予处分。

第五十四条　违反本法规定,卫星导航定位基准站的建设和运行维护不符合国家标准、要求的,给予警告,责令限期改正,没收违法所得和测绘成果,并处三十万元以上五十万元以下的罚款;逾期不改正的,没收相关设备;对直接负责的主管人员和其他直接责任人员,依法给予处分;构成犯罪的,依法追究刑事责任。

第五十五条　违反本法规定,未取得测绘资质证书,擅自从事测绘活动的,责令停止违法行为,没收违法所得和测绘成果,并处测绘约定报酬一倍以上二倍以下的罚款;情节严重的,没收测绘工具。

以欺骗手段取得测绘资质证书从事测绘活动的,吊销测绘资质证书,没收违法所得和测绘成果,并处测绘约定报酬一倍以上二倍以下的罚款;情节严重的,没收测绘工具。

第五十六条 违反本法规定,测绘单位有下列行为之一的,责令停止违法行为,没收违法所得和测绘成果,处测绘约定报酬一倍以上二倍以下的罚款,并可以责令停业整顿或者降低测绘资质等级;情节严重的,吊销测绘资质证书:

(一)超越资质等级许可的范围从事测绘活动;

(二)以其他测绘单位的名义从事测绘活动;

(三)允许其他单位以本单位的名义从事测绘活动。

第五十七条 违反本法规定,测绘项目的招标单位让不具有相应资质等级的测绘单位中标,或者让测绘单位低于测绘成本中标的,责令改正,可以处测绘约定报酬二倍以下的罚款。招标单位的工作人员利用职务上的便利,索取他人财物,或者非法收受他人财物为他人谋取利益的,依法给予处分;构成犯罪的,依法追究刑事责任。

第五十八条 违反本法规定,中标的测绘单位向他人转让测绘项目的,责令改正,没收违法所得,处测绘约定报酬一倍以上二倍以下的罚款,并可以责令停业整顿或者降低测绘资质等级;情节严重的,吊销测绘资质证书。

第五十九条 违反本法规定,未取得测绘执业资格,擅自从事测绘活动的,责令停止违法行为,没收违法所得和测绘成果,对其所在单位可以处违法所得二倍以下的罚款;情节严重的,没收测绘工具;造成损失的,依法承担赔偿责任。

第六十条 违反本法规定,不汇交测绘成果资料的,责令限期汇交;测绘项目出资人逾期不汇交的,处重测所需费用一倍以上二倍以下的罚款;承担国家投资的测绘项目的单位逾期不汇交的,处五万元以上二十万元以下的罚款,并处暂扣测绘资质证书,自暂扣测绘资质证书之日起六个月内仍不汇交的,吊销测绘资质证书;对直接负责的主管人员和其他直接责任人员,依法给予处分。

第六十一条 违反本法规定,擅自发布中华人民共和国领域和中华人民共和国管辖的其他海域的重要地理信息数据的,给予警告,责令改正,可以并处五十万元以下的罚款;对直接负责的主管人员和其他直接责任人员,依法给予处分;构成犯罪的,依法追究刑事责任。

第六十二条 违反本法规定,编制、出版、展示、登载、更新的地图或者互联网地图服务不符合国家有关地图管理规定的,依法给予行政处罚、处分;构成犯罪的,依法追究刑事责任。

第六十三条　违反本法规定，测绘成果质量不合格的，责令测绘单位补测或者重测；情节严重的，责令停业整顿，并处降低测绘资质等级或者吊销测绘资质证书；造成损失的，依法承担赔偿责任。

第六十四条　违反本法规定，有下列行为之一的，给予警告，责令改正，可以并处二十万元以下的罚款；对直接负责的主管人员和其他直接责任人员，依法给予处分；造成损失的，依法承担赔偿责任；构成犯罪的，依法追究刑事责任：

（一）损毁、擅自移动永久性测量标志或者正在使用中的临时性测量标志；

（二）侵占永久性测量标志用地；

（三）在永久性测量标志安全控制范围内从事危害测量标志安全和使用效能的活动；

（四）擅自拆迁永久性测量标志或者使永久性测量标志失去使用效能，或者拒绝支付迁建费用；

（五）违反操作规程使用永久性测量标志，造成永久性测量标志毁损。

第六十五条　违反本法规定，地理信息生产、保管、利用单位未对属于国家秘密的地理信息的获取、持有、提供、利用情况进行登记、长期保存的，给予警告，责令改正，可以并处二十万元以下的罚款；泄露国家秘密的，责令停业整顿，并处降低测绘资质等级或者吊销测绘资质证书；构成犯罪的，依法追究刑事责任。

违反本法规定，获取、持有、提供、利用属于国家秘密的地理信息的，给予警告，责令停止违法行为，没收违法所得，可以并处违法所得二倍以下的罚款；对直接负责的主管人员和其他直接责任人员，依法给予处分；造成损失的，依法承担赔偿责任；构成犯罪的，依法追究刑事责任。

第六十六条　本法规定的降低测绘资质等级、暂扣测绘资质证书、吊销测绘资质证书的行政处罚，由颁发测绘资质证书的部门决定；其他行政处罚，由县级以上人民政府测绘地理信息主管部门决定。

本法第五十一条规定的限期出境和驱逐出境由公安机关依法决定并执行。

第十章　附　则

第六十七条　军事测绘管理办法由中央军事委员会根据本法规定。

第六十八条　本法自 2017 年 7 月 1 日起施行。

中华人民共和国专属经济区和大陆架法

（1998年6月26日第九届全国人民代表大会常务委员会第三次会议通过 1998年6月26日中华人民共和国主席令第六号公布 自公布之日起施行）

第一条 为保障中华人民共和国对专属经济区和大陆架行使主权权利和管辖权，维护国家海洋权益，制定本法。

第二条 中华人民共和国的专属经济区，为中华人民共和国领海以外并邻接领海的区域，从测算领海宽度的基线量起延至二百海里。

中华人民共和国的大陆架，为中华人民共和国领海以外依本国陆地领土的全部自然延伸，扩展到大陆边外缘的海底区域的海床和底土；如果从测算领海宽度的基线量起至大陆边外缘的距离不足二百海里，则扩展至二百海里。

中华人民共和国与海岸相邻或者相向国家关于专属经济区和大陆架的主张重叠的，在国际法的基础上按照公平原则以协议划定界限。

第三条 中华人民共和国在专属经济区为勘查、开发、养护和管理海床上覆水域、海床及其底土的自然资源，以及进行其他经济性开发和勘查，如利用海水、海流和风力生产能等活动，行使主权权利。

中华人民共和国对专属经济区的人工岛屿、设施和结构的建造、使用和海洋科学研究、海洋环境的保护和保全，行使管辖权。

本法所称专属经济区的自然资源，包括生物资源和非生物资源。

第四条 中华人民共和国为勘查大陆架和开发大陆架的自然资源，对大陆架行使主权权利。

中华人民共和国对大陆架的人工岛屿、设施和结构的建造、使用和海洋科学研究、海洋环境的保护和保全，行使管辖权。

中华人民共和国拥有授权和管理为一切目的在大陆架上进行钻探的专属权利。

本法所称大陆架的自然资源，包括海床和底土的矿物和其他非生物资源，以及属于定居种的生物,即在可捕捞阶段在海床上或者海床下不能移动或者其躯体须与海床或者底土保持接触才能移动的生物。

第五条 任何国际组织、外国的组织或者个人进入中华人民共和国的专属经济区从事渔业活动,必须经中华人民共和国主管机关批准,并遵守中华人民共和国的法律、法规及中华人民共和国与有关国家签订的条约、协定。

中华人民共和国主管机关有权采取各种必要的养护和管理措施,确保专属经济区的生物资源不受过度开发的危害。

第六条 中华人民共和国主管机关有权对专属经济区的跨界种群、高度洄游鱼种、海洋哺乳动物、源自中华人民共和国河流的溯河产卵种群、在中华人民共和国水域内度过大部分生命周期的降河产卵鱼种,进行养护和管理。

中华人民共和国对源自本国河流的溯河产卵种群,享有主要利益。

第七条 任何国际组织、外国的组织或者个人对中华人民共和国的专属经济区和大陆架的自然资源进行勘查、开发活动或者在中华人民共和国的大陆架上为任何目的进行钻探,必须经中华人民共和国主管机关批准,并遵守中华人民共和国的法律、法规。

第八条 中华人民共和国在专属经济区和大陆架有专属权利建造并授权和管理建造、操作和使用人工岛屿、设施和结构。

中华人民共和国对专属经济区和大陆架的人工岛屿、设施和结构行使专属管辖权,包括有关海关、财政、卫生、安全和出境入境的法律和法规方面的管辖权。

中华人民共和国主管机关有权在专属经济区和大陆架的人工岛屿、设施和结构周围设置安全地带,并可以在该地带采取适当措施,确保航行安全以及人工岛屿、设施和结构的安全。

第九条 任何国际组织、外国的组织或者个人在中华人民共和国的专属经济区和大陆架进行海洋科学研究,必须经中华人民共和国主管机关批准,并遵守中华人民共和国的法律、法规。

第十条 中华人民共和国主管机关有权采取必要的措施,防止、减少和控制海洋环境的污染,保护和保全专属经济区和大陆架的海洋环境。

第十一条 任何国家在遵守国际法和中华人民共和国的法律、法规的前提下,在中华人民共和国的专属经济区享有航行、飞越的自由,在中华人民共和国的专属经济区和大陆架享有铺设海底电缆和管道的自由,以及与上述自由有关的其他合法使用海洋的便利。铺设海底电缆和管道的路线,必须经中华人民共和国主管机关同意。

第十二条 中华人民共和国在行使勘查、开发、养护和管理专属经济区的生物资源的主权权利时,为确保中华人民共和国的法律、法规得到遵守,可以采取登临、检查、逮捕、扣留和进行司法程序等必要的措施。

中华人民共和国对在专属经济区和大陆架违反中华人民共和国法律、法规的行为,有权采取必要措施,依法追究法律责任,并可以行使紧追权。

第十三条 中华人民共和国在专属经济区和大陆架享有的权利,本法未作规定的,根据国际法和中华人民共和国其他有关法律、法规行使。

第十四条 本法的规定不影响中华人民共和国享有的历史性权利。

第十五条 中华人民共和国政府可以根据本法制定有关规定。

第十六条 本法自公布之日起施行。

中华人民共和国海域使用管理法

（2001 年 10 月 27 日第九届全国人民代表大会常务委员会第二十四次会议通过）

第一章 总 则

第一条 为了加强海域使用管理,维护国家海域所有权和海域使用权人的合法权益,促进海域的合理开发和可持续利用,制定本法。

第二条 本法所称海域,是指中华人民共和国内水、领海的水面、水体、海床和底土。

本法所称内水,是指中华人民共和国领海基线向陆地一侧至海岸线的海域。

在中华人民共和国内水、领海持续使用特定海域三个月以上的排他性用海活动,适用本法。

第三条 海域属于国家所有,国务院代表国家行使海域所有权。任何单位或者个人不得侵占、买卖或者以其他形式非法转让海域。

单位和个人使用海域,必须依法取得海域使用权。

第四条 国家实行海洋功能区划制度。海域使用必须符合海洋功能区划。

国家严格管理填海、围海等改变海域自然属性的用海活动。

第五条 国家建立海域使用管理信息系统,对海域使用状况实施监视、监测。

第六条 国家建立海域使用权登记制度,依法登记的海域使用权受法律保护。

国家建立海域使用统计制度,定期发布海域使用统计资料。

第七条 国务院海洋行政主管部门负责全国海域使用的监督管理。沿海县级以上地方人民政府海洋行政主管部门根据授权,负责本行政区毗邻海域使用的监督管理。

渔业行政主管部门依照《中华人民共和国渔业法》,对海洋渔业实施监督管理。

海事管理机构依照《中华人民共和国海上交通安全法》,对海上交通安全实施监督管理。

第八条　任何单位和个人都有遵守海域使用管理法律、法规的义务,并有权对违反海域使用管理法律、法规的行为提出检举和控告。

第九条　在保护和合理利用海域以及进行有关的科学研究等方面成绩显著的单位和个人,由人民政府给予奖励。

第二章　海洋功能区划

第十条　国务院海洋行政主管部门会同国务院有关部门和沿海省、自治区、直辖市人民政府,编制全国海洋功能区划。

沿海县级以上地方人民政府海洋行政主管部门会同本级人民政府有关部门,依据上一级海洋功能区划,编制地方海洋功能区划。

第十一条　海洋功能区划按照下列原则编制:

(一)按照海域的区位、自然资源和自然环境等自然属性,科学确定海域功能;

(二)根据经济和社会发展的需要,统筹安排各有关行业用海;

(三)保护和改善生态环境,保障海域可持续利用,促进海洋经济的发展;

(四)保障海上交通安全;

(五)保障国防安全,保证军事用海需要。

第十二条　海洋功能区划实行分级审批。

全国海洋功能区划,报国务院批准。

沿海省、自治区、直辖市海洋功能区划,经该省、自治区、直辖市人民政府审核同意后,报国务院批准。

沿海市、县海洋功能区划,经该市、县人民政府审核同意后,报所在的省、自治区、直辖市人民政府批准,报国务院海洋行政主管部门备案。

第十三条　海洋功能区划的修改,由原编制机关会同同级有关部门提出修改方案,报原批准机关批准;未经批准,不得改变海洋功能区划确定的海域功能。

经国务院批准,因公共利益、国防安全或者进行大型能源、交通等基础设施建设,需要改变海洋功能区划的,根据国务院的批准文件修改海洋功能区划。

第十四条　海洋功能区划经批准后，应当向社会公布；但是，涉及国家秘密的部分除外。

第十五条　养殖、盐业、交通、旅游等行业规划涉及海域使用的，应当符合海洋功能区划。

沿海土地利用总体规划、城市规划、港口规划涉及海域使用的，应当与海洋功能区划相衔接。

第三章　海域使用的申请与审批

第十六条　单位和个人可以向县级以上人民政府海洋行政主管部门申请使用海域。

申请使用海域的，申请人应当提交下列书面材料：

（一）海域使用申请书；

（二）海域使用论证材料；

（三）相关的资信证明材料；

（四）法律、法规规定的其他书面材料。

第十七条　县级以上人民政府海洋行政主管部门依据海洋功能区划，对海域使用申请进行审核，并依照本法和省、自治区、直辖市人民政府的规定，报有批准权的人民政府批准。

海洋行政主管部门审核海域使用申请，应当征求同级有关部门的意见。

第十八条　下列项目用海，应当报国务院审批：

（一）填海五十公顷以上的项目用海；

（二）围海一百公顷以上的项目用海；

（三）不改变海域自然属性的用海七百公顷以上的项目用海；

（四）国家重大建设项目用海；

（五）国务院规定的其他项目用海。

前款规定以外的项目用海的审批权限，由国务院授权省、自治区、直辖市人民政府规定。

第四章　海域使用权

第十九条　海域使用申请经依法批准后，国务院批准用海的，由国务院海洋行政主管部门登记造册，向海域使用申请人颁发海域使用权证书；地方人民政府批准用海的,由地方人民政府登记造册,向海域使用申请人颁发海域使用权证书。海域使用申请人自领取海域使用权证书之日起,取得海域使用权。

第二十条　海域使用权除依照本法第十九条规定的方式取得外,也可以通过招标或者拍卖的方式取得。招标或者拍卖方案由海洋行政主管部门制订,报有审批权的人民政府批准后组织实施。海洋行政主管部门制订招标或者拍卖方案,应当征求同级有关部门的意见。

招标或者拍卖工作完成后,依法向中标人或者买受人颁发海域使用权证书。中标人或者买受人自领取海域使用权证书之日起,取得海域使用权。

第二十一条　颁发海域使用权证书,应当向社会公告。

颁发海域使用权证书,除依法收取海域使用金外,不得收取其他费用。

海域使用权证书的发放和管理办法,由国务院规定。

第二十二条　本法施行前,已经由农村集体经济组织或者村民委员会经营、管理的养殖用海,符合海洋功能区划的,经当地县级人民政府核准,可以将海域使用权确定给该农村集体经济组织或者村民委员会,由本集体经济组织的成员承包,用于养殖生产。

第二十三条　海域使用权人依法使用海域并获得收益的权利受法律保护,任何单位和个人不得侵犯。

海域使用权人有依法保护和合理使用海域的义务;海域使用权人对不妨害其依法使用海域的非排他性用海活动,不得阻挠。

第二十四条　海域使用权人在使用海域期间,未经依法批准,不得从事海洋基础测绘。

海域使用权人发现所使用海域的自然资源和自然条件发生重大变化时,应当及时报告海洋行政主管部门。

第二十五条　海域使用权最高期限,按照下列用途确定:

(一)养殖用海十五年;

(二)拆船用海二十年;

(三)旅游、娱乐用海二十五年;

(四)盐业、矿业用海三十年;

(五)公益事业用海四十年;

(六)港口、修造船厂等建设工程用海五十年。

第二十六条　海域使用权期限届满,海域使用权人需要继续使用海域的,应当至迟于期限届满前二个月向原批准用海的人民政府申请续期。除根据公共利益或者国家安全需要收回海域使用权的外,原批准用海的人民政府应当批准续期。准予续期的,海域使用权人应当依法缴纳续期的海域使用金。

第二十七条 因企业合并、分立或者与他人合资、合作经营,变更海域使用权人的,需经原批准用海的人民政府批准。

海域使用权可以依法转让。海域使用权转让的具体办法,由国务院规定。

海域使用权可以依法继承。

第二十八条 海域使用权人不得擅自改变经批准的海域用途;确需改变的,应当在符合海洋功能区划的前提下,报原批准用海的人民政府批准。

第二十九条 海域使用权期满,未申请续期或者申请续期未获批准的,海域使用权终止。

海域使用权终止后,原海域使用权人应当拆除可能造成海洋环境污染或者影响其他用海项目的用海设施和构筑物。

第三十条 因公共利益或者国家安全的需要,原批准用海的人民政府可以依法收回海域使用权。

依照前款规定在海域使用权期满前提前收回海域使用权的,对海域使用权人应当给予相应的补偿。

第三十一条 因海域使用权发生争议,当事人协商解决不成的,由县级以上人民政府海洋行政主管部门调解;当事人也可以直接向人民法院提起诉讼。

在海域使用权争议解决前,任何一方不得改变海域使用现状。

第三十二条 填海项目竣工后形成的土地,属于国家所有。

海域使用权人应当自填海项目竣工之日起三个月内,凭海域使用权证书,向县级以上人民政府土地行政主管部门提出土地登记申请,由县级以上人民政府登记造册,换发国有土地使用权证书,确认土地使用权。

第五章　海域使用金

第三十三条 国家实行海域有偿使用制度。

单位和个人使用海域,应当按照国务院的规定缴纳海域使用金。海域使用金应当按照国务院的规定上缴财政。

对渔民使用海域从事养殖活动收取海域使用金的具体实施步骤和办法,由国务院另行规定。

第三十四条 根据不同的用海性质或者情形,海域使用金可以按照规定一次缴纳或者按年度逐年缴纳。

第三十五条 下列用海,免缴海域使用金:

(一)军事用海;

(二)公务船舶专用码头用海;

(三)非经营性的航道、锚地等交通基础设施用海;

(四)教学、科研、防灾减灾、海难搜救打捞等非经营性公益事业用海。

第三十六条 下列用海,按照国务院财政部门和国务院海洋行政主管部门的规定,经有批准权的人民政府财政部门和海洋行政主管部门审查批准,可以减缴或者免缴海域使用金:

(一)公用设施用海;

(二)国家重大建设项目用海;

(三)养殖用海。

第六章 监督检查

第三十七条 县级以上人民政府海洋行政主管部门应当加强对海域使用的监督检查。

县级以上人民政府财政部门应当加强对海域使用金缴纳情况的监督检查。

第三十八条 海洋行政主管部门应当加强队伍建设,提高海域使用管理监督检查人员的政治、业务素质。海域使用管理监督检查人员必须秉公执法,忠于职守,清正廉洁,文明服务,并依法接受监督。

海洋行政主管部门及其工作人员不得参与和从事与海域使用有关的生产经营活动。

第三十九条 县级以上人民政府海洋行政主管部门履行监督检查职责时,有权采取下列措施:

(一)要求被检查单位或者个人提供海域使用的有关文件和资料;

(二)要求被检查单位或者个人就海域使用的有关问题作出说明;

(三)进入被检查单位或者个人占用的海域现场进行勘查;

(四)责令当事人停止正在进行的违法行为。

第四十条 海域使用管理监督检查人员履行监督检查职责时,应当出示有效执法证件。

有关单位和个人对海洋行政主管部门的监督检查应当予以配合,不得拒绝、妨碍监督检查人员依法执行公务。

第四十一条 依照法律规定行使海洋监督管理权的有关部门在海上执法时应当密切配合，互相支持，共同维护国家海域所有权和海域使用权人的合法权益。

第七章 法律责任

第四十二条 未经批准或者骗取批准，非法占用海域的，责令退还非法占用的海域，恢复海域原状，没收违法所得，并处非法占用海域期间内该海域面积应缴纳的海域使用金五倍以上十五倍以下的罚款；对未经批准或者骗取批准，进行围海、填海活动的，并处非法占用海域期间内该海域面积应缴纳的海域使用金十倍以上二十倍以下的罚款。

第四十三条 无权批准使用海域的单位非法批准使用海域的，超越批准权限非法批准使用海域的，或者不按海洋功能区划批准使用海域的，批准文件无效，收回非法使用的海域；对非法批准使用海域的直接负责的主管人员和其他直接责任人员，依法给予行政处分。

第四十四条 违反本法第二十三条规定，阻挠、妨害海域使用权人依法使用海域的，海域使用权人可以请求海洋行政主管部门排除妨害，也可以依法向人民法院提起诉讼；造成损失的，可以依法请求损害赔偿。

第四十五条 违反本法第二十六条规定，海域使用权期满，未办理有关手续仍继续使用海域的，责令限期办理，可以并处一万元以下的罚款；拒不办理的，以非法占用海域论处。

第四十六条 违反本法第二十八条规定，擅自改变海域用途的，责令限期改正，没收违法所得，并处非法改变海域用途的期间内该海域面积应缴纳的海域使用金五倍以上十五倍以下的罚款；对拒不改正的，由颁发海域使用权证书的人民政府注销海域使用权证书，收回海域使用权。

第四十七条 违反本法第二十九条第二款规定，海域使用权终止，原海域使用权人不按规定拆除用海设施和构筑物的，责令限期拆除；逾期拒不拆除的，处五万元以下的罚款，并由县级以上人民政府海洋行政主管部门委托有关单位代为拆除，所需费用由原海域使用权人承担。

第四十八条 违反本法规定，按年度逐年缴纳海域使用金的海域使用权人不按期缴纳海域使用金的，限期缴纳；在限期内仍拒不缴纳的，由颁发海域使权证书的人民政府注销海域使用权证书,收回海域使用权。

第四十九条 违反本法规定,拒不接受海洋行政主管部门监督检查、不如实反映情况或者不提供有关资料的,责令限期改正,给予警告,可以并处二万元以下的罚款。

第五十条 本法规定的行政处罚,由县级以上人民政府海洋行政主管部门依据职权决定。但是,本法已对处罚机关作出规定的除外。

第五十一条 国务院海洋行政主管部门和县级以上地方人民政府违反本法规定颁发海域使用权证书,或者颁发海域使用权证书后不进行监督管理,或者发现违法行为不予查处的,对直接负责的主管人员和其他直接责任人员,依法给予行政处分;徇私舞弊、滥用职权或者玩忽职守构成犯罪的,依法追究刑事责任。

第八章 附 则

第五十二条 在中华人民共和国内水、领海使用特定海域不足三个月,可能对国防安全、海上交通安全和其他用海活动造成重大影响的排他性用海活动,参照本法有关规定办理临时海域使用证。

第五十三条 军事用海的管理办法,由国务院、中央军事委员会依据本法制定。

第五十四条 本法自 2002 年 1 月 1 日起施行。

中华人民共和国深海海底区域资源勘探开发法

（2016年2月26日第十二届全国人民代表大会常务委员会第十九次会议通过）

第一章　总　则

第一条　为了规范深海海底区域资源勘探、开发活动，推进深海科学技术研究、资源调查，保护海洋环境，促进深海海底区域资源可持续利用，维护人类共同利益，制定本法。

第二条　中华人民共和国的公民、法人或者其他组织从事深海海底区域资源勘探、开发和相关环境保护、科学技术研究、资源调查活动，适用本法。

本法所称深海海底区域，是指中华人民共和国和其他国家管辖范围以外的海床、洋底及其底土。

第三条　深海海底区域资源勘探、开发活动应当坚持和平利用、合作共享、保护环境、维护人类共同利益的原则。

国家保护从事深海海底区域资源勘探、开发和资源调查活动的中华人民共和国公民、法人或者其他组织的正当权益。

第四条　国家制定有关深海海底区域资源勘探、开发规划，并采取经济、技术政策和措施，鼓励深海科学技术研究和资源调查，提升资源勘探、开发和海洋环境保护的能力。

第五条　国务院海洋主管部门负责对深海海底区域资源勘探、开发和资源调查活动的监督管理。国务院其他有关部门按照国务院规定的职责负责相关管理工作。

第六条　国家鼓励和支持在深海海底区域资源勘探、开发和相关环境保护、资源调查、科学技术研究和教育培训等方面，开展国际合作。

第二章　勘探、开发

第七条　中华人民共和国的公民、法人或者其他组织在向国际海底管理局申请从事深海海底区域资源勘探、开发活动前,应当向国务院海洋主管部门提出申请,并提交下列材料:

（一）申请者基本情况;

（二）拟勘探、开发区域位置、面积、矿产种类等说明;

（三）财务状况、投资能力证明和技术能力说明;

（四）勘探、开发工作计划,包括勘探、开发活动可能对海洋环境造成影响的相关资料,海洋环境严重损害等的应急预案;

（五）国务院海洋主管部门规定的其他材料。

第八条　国务院海洋主管部门应当对申请者提交的材料进行审查,对于符合国家利益并具备资金、技术、装备等能力条件的,应当在六十个工作日内予以许可,并出具相关文件。

获得许可的申请者在与国际海底管理局签订勘探、开发合同成为承包者后,方可从事勘探、开发活动。

承包者应当自勘探、开发合同签订之日起三十日内,将合同副本报国务院海洋主管部门备案。

国务院海洋主管部门应当将承包者及其勘探、开发的区域位置、面积等信息通报有关机关。

第九条　承包者对勘探、开发合同区域内特定资源享有相应的专属勘探、开发权。

承包者应当履行勘探、开发合同义务,保障从事勘探、开发作业人员的人身安全,保护海洋环境。

承包者从事勘探、开发作业应当保护作业区域内的文物、铺设物等。

承包者从事勘探、开发作业还应当遵守中华人民共和国有关安全生产、劳动保护方面的法律、行政法规。

第十条　承包者在转让勘探、开发合同的权利、义务前,或者在对勘探、开发合同作出重大变更前,应当报经国务院海洋主管部门同意。

承包者应当自勘探、开发合同转让、变更或者终止之日起三十日内,报国务院海洋主管部门备案。

国务院海洋主管部门应当及时将勘探、开发合同转让、变更或者终止的信息通报有关机关。

第十一条 发生或者可能发生严重损害海洋环境等事故，承包者应当立即启动应急预案，并采取下列措施：

（一）立即发出警报；

（二）立即报告国务院海洋主管部门，国务院海洋主管部门应当及时通报有关机关；

（三）采取一切实际可行与合理的措施，防止、减少、控制对人身、财产、海洋环境的损害。

第三章　环境保护

第十二条 承包者应当在合理、可行的范围内，利用可获得的先进技术，采取必要措施，防止、减少、控制勘探、开发区域内的活动对海洋环境造成的污染和其他危害。

第十三条 承包者应当按照勘探、开发合同的约定和要求、国务院海洋主管部门规定，调查研究勘探、开发区域的海洋状况，确定环境基线，评估勘探、开发活动可能对海洋环境的影响；制定和执行环境监测方案，监测勘探、开发活动对勘探、开发区域海洋环境的影响，并保证监测设备正常运行，保存原始监测记录。

第十四条 承包者从事勘探、开发活动应当采取必要措施，保护和保全稀有或者脆弱的生态系统，以及衰竭、受威胁或者有灭绝危险的物种和其他海洋生物的生存环境，保护海洋生物多样性，维护海洋资源的可持续利用。

第四章　科学技术研究与资源调查

第十五条 国家支持深海科学技术研究和专业人才培养，将深海科学技术列入科学技术发展的优先领域，鼓励与相关产业的合作研究。

国家支持企业进行深海科学技术研究与技术装备研发。

第十六条 国家支持深海公共平台的建设和运行，建立深海公共平台共享合作机制，为深海科学技术研究、资源调查活动提供专业服务，促进深海科学技术交流、合作及成果共享。

第十七条 国家鼓励单位和个人通过开放科学考察船舶、实验室、陈列室和其他场地、设施，举办讲座或者提供咨询等多种方式，开展深海科学普及活动。

第十八条 从事深海海底区域资源调查活动的公民、法人或者其他组织,应当按照有关规定将有关资料副本、实物样本或者目录汇交国务院海洋主管部门和其他相关部门。负责接受汇交的部门应当对汇交的资料和实物样本进行登记、保管,并按照有关规定向社会提供利用。

承包者从事深海海底区域资源勘探、开发活动取得的有关资料、实物样本等的汇交,适用前款规定。

第五章 监督检查

第十九条 国务院海洋主管部门应当对承包者勘探、开发活动进行监督检查。

第二十条 承包者应当定期向国务院海洋主管部门报告下列履行勘探、开发合同的事项:

(一)勘探、开发活动情况;

(二)环境监测情况;

(三)年度投资情况;

(四)国务院海洋主管部门要求的其他事项。

第二十一条 国务院海洋主管部门可以检查承包者用于勘探、开发活动的船舶、设施、设备以及航海日志、记录、数据等。

第二十二条 承包者应当对国务院海洋主管部门的监督检查予以协助、配合。

第六章 法律责任

第二十三条 违反本法第七条、第九条第二款、第十条第一款规定,有下列行为之一的,国务院海洋主管部门可以撤销许可并撤回相关文件:

(一)提交虚假材料取得许可的;

(二)不履行勘探、开发合同义务或者履行合同义务不符合约定的;

(三)未经同意,转让勘探、开发合同的权利、义务或者对勘探、开发合同作出重大变更的。

承包者有前款第二项行为的,还应当承担相应的赔偿责任。

第二十四条 违反本法第八条第三款、第十条第二款、第十八、第二十、第二十二条规定,有下列行为之一的,由国务院海洋主管部门责令改正,处二万元以上十万元以下的罚款：

（一）未按规定将勘探、开发合同副本报备案的；

（二）转让、变更或者终止勘探、开发合同，未按规定报备案的；

（三）未按规定汇交有关资料副本、实物样本或者目录的；

（四）未按规定报告履行勘探、开发合同事项的；

（五）不协助、配合监督检查的。

第二十五条 违反本法第八条第二款规定，未经许可或者未签订勘探、开发合同从事深海海底区域资源勘探、开发活动的，由国务院海洋主管部门责令停止违法行为，处十万元以上五十万元以下的罚款；有违法所得的，并处没收违法所得。

第二十六条 违反本法第九条第三款、第十一条、第十二条规定，造成海洋环境污染损害或者作业区域内文物、铺设物等损害的，由国务院海洋主管部门责令停止违法行为，处五十万元以上一百万元以下的罚款；构成犯罪的，依法追究刑事责任。

第七章 附 则

第二十七条 本法下列用语的含义：

（一）勘探，是指在深海海底区域探寻资源，分析资源，使用和测试资源采集系统和设备、加工设施及运输系统，以及对开发时应当考虑的环境、技术、经济、商业和其他有关因素的研究。

（二）开发，是指在深海海底区域为商业目的收回并选取资源，包括建造和操作为生产和销售资源服务的采集、加工和运输系统。

（三）资源调查，是指在深海海底区域搜寻资源，包括估计资源成分、多少和分布情况及经济价值。

第二十八条 深海海底区域资源开发活动涉税事项，依照中华人民共和国税收法律、行政法规的规定执行。

第二十九条 本法自 2016 年 5 月 1 日起施行。

中华人民共和国环境影响评价法

（2002年10月28日第九届全国人民代表大会常务委员会第三十次会议通过 根据2016年7月2日第十二届全国人民代表大会常务委员会第二十一次会议《关于修改〈中华人民共和国节约能源法〉等六部法律的决定》第一次修正 根据2018年12月29日第十三届全国人民代表大会常务委员会第七次会议《关于修改〈中华人民共和国劳动法〉等七部法律的决定》第二次修正）

第一章 总 则

第一条 为了实施可持续发展战略,预防因规划和建设项目实施后对环境造成不良影响,促进经济、社会和环境的协调发展,制定本法。

第二条 本法所称环境影响评价,是指对规划和建设项目实施后可能造成的环境影响进行分析、预测和评估,提出预防或者减轻不良环境影响的对策和措施,进行跟踪监测的方法与制度。

第三条 编制本法第九条所规定的范围内的规划,在中华人民共和国领域和中华人民共和国管辖的其他海域内建设对环境有影响的项目,应当依照本法进行环境影响评价。

第四条 环境影响评价必须客观、公开、公正,综合考虑规划或者建设项目实施后对各种环境因素及其所构成的生态系统可能造成的影响,为决策提供科学依据。

第五条 国家鼓励有关单位、专家和公众以适当方式参与环境影响评价。

第六条 国家加强环境影响评价的基础数据库和评价指标体系建设,鼓励和支持对环境影响评价的方法、技术规范进行科学研究,建立必要的环境影响评价信息共享制度,提高环境影响评价的科学性。

国务院生态环境主管部门应当会同国务院有关部门,组织建立和完善环境影响评价的基础数据库和评价指标体系。

第二章　规划的环境影响评价

第七条　国务院有关部门、设区的市级以上地方人民政府及其有关部门,对其组织编制的土地利用的有关规划,区域、流域、海域的建设、开发利用规划,应当在规划编制过程中组织进行环境影响评价,编写该规划有关环境影响的篇章或者说明。

规划有关环境影响的篇章或者说明,应当对规划实施后可能造成的环境影响作出分析、预测和评估,提出预防或者减轻不良环境影响的对策和措施,作为规划草案的组成部分一并报送规划审批机关。

未编写有关环境影响的篇章或者说明的规划草案,审批机关不予审批。

第八条　国务院有关部门、设区的市级以上地方人民政府及其有关部门,对其组织编制的工业、农业、畜牧业、林业、能源、水利、交通、城市建设、旅游、自然资源开发的有关专项规划(以下简称专项规划),应当在该专项规划草案上报审批前,组织进行环境影响评价,并向审批该专项规划的机关提出环境影响报告书。

前款所列专项规划中的指导性规划,按照本法第七条的规定进行环境影响评价。

第九条　依照本法第七条、第八条的规定进行环境影响评价的规划的具体范围,由国务院生态环境主管部门会同国务院有关部门规定,报国务院批准。

第十条　专项规划的环境影响报告书应当包括下列内容:

(一)实施该规划对环境可能造成影响的分析、预测和评估;

(二)预防或者减轻不良环境影响的对策和措施;

(三)环境影响评价的结论。

第十一条　专项规划的编制机关对可能造成不良环境影响并直接涉及公众环境权益的规划,应当在该规划草案报送审批前,举行论证会、听证会,或者采取其他形式,征求有关单位、专家和公众对环境影响报告书草案的意见。但是,国家规定需要保密的情形除外。

编制机关应当认真考虑有关单位、专家和公众对环境影响报告书草案的意见,并应当在报送审查的环境影响报告书中附具对意见采纳或者不采纳的说明。

第十二条　专项规划的编制机关在报批规划草案时,应当将环境影响报告书一并附送审批机关审查;未附送环境影响报告书的,审批机关不予审批。

第十三条 设区的市级以上人民政府在审批专项规划草案,作出决策前,应当先由人民政府指定的生态环境主管部门或者其他部门召集有关部门代表和专家组成审查小组,对环境影响报告书进行审查。审查小组应当提出书面审查意见。

参加前款规定的审查小组的专家,应当从按照国务院生态环境主管部门的规定设立的专家库内的相关专业的专家名单中,以随机抽取的方式确定。

由省级以上人民政府有关部门负责审批的专项规划,其环境影响报告书的审查办法,由国务院生态环境主管部门会同国务院有关部门制定。

第十四条 审查小组提出修改意见的,专项规划的编制机关应当根据环境影响报告书结论和审查意见对规划草案进行修改完善,并对环境影响报告书结论和审查意见的采纳情况作出说明;不采纳的,应当说明理由。

设区的市级以上人民政府或者省级以上人民政府有关部门在审批专项规划草案时,应当将环境影响报告书结论以及审查意见作为决策的重要依据。

在审批中未采纳环境影响报告书结论以及审查意见的,应当作出说明,并存档备查。

第十五条 对环境有重大影响的规划实施后,编制机关应当及时组织环境影响的跟踪评价,并将评价结果报告审批机关;发现有明显不良环境影响的,应当及时提出改进措施。

第三章 建设项目的环境影响评价

第十六条 国家根据建设项目对环境的影响程度,对建设项目的环境影响评价实行分类管理。

建设单位应当按照下列规定组织编制环境影响报告书、环境影响报告表或者填报环境影响登记表(以下统称环境影响评价文件):

(一)可能造成重大环境影响的,应当编制环境影响报告书,对产生的环境影响进行全面评价;

(二)可能造成轻度环境影响的,应当编制环境影响报告表,对产生的环境影响进行分析或者专项评价;

(三)对环境影响很小、不需要进行环境影响评价的,应当填报环境影响登记表。

建设项目的环境影响评价分类管理名录,由国务院生态环境主管部门制定并公布。

第十七条 建设项目的环境影响报告书应当包括下列内容：

（一）建设项目概况；

（二）建设项目周围环境现状；

（三）建设项目对环境可能造成影响的分析、预测和评估；

（四）建设项目环境保护措施及其技术、经济论证；

（五）建设项目对环境影响的经济损益分析；

（六）对建设项目实施环境监测的建议；

（七）环境影响评价的结论。

环境影响报告表和环境影响登记表的内容和格式，由国务院生态环境主管部门制定。

第十八条 建设项目的环境影响评价，应当避免与规划的环境影响评价相重复。

作为一项整体建设项目的规划，按照建设项目进行环境影响评价，不进行规划的环境影响评价。

已经进行了环境影响评价的规划包含具体建设项目的，规划的环境影响评价结论应当作为建设项目环境影响评价的重要依据，建设项目环境影响评价的内容应当根据规划的环境影响评价审查意见予以简化。

第十九条 建设单位可以委托技术单位对其建设项目开展环境影响评价，编制建设项目环境影响报告书、环境影响报告表；建设单位具备环境影响评价技术能力的，可以自行对其建设项目开展环境影响评价，编制建设项目环境影响报告书、环境影响报告表。

编制建设项目环境影响报告书、环境影响报告表应当遵守国家有关环境影响评价标准、技术规范等规定。

国务院生态环境主管部门应当制定建设项目环境影响报告书、环境影响报告表编制的能力建设指南和监管办法。

接受委托为建设单位编制建设项目环境影响报告书、环境影响报告表的技术单位，不得与负责审批建设项目环境影响报告书、环境影响报告表的生态环境主管部门或者其他有关审批部门存在任何利益关系。

第二十条 建设单位应当对建设项目环境影响报告书、环境影响报告表的内容和结论负责，接受委托编制建设项目环境影响报告书、环境影响报告表的技术单位对其编制的建设项目环境影响报告书、环境影响报告表承担相应责任。

设区的市级以上人民政府生态环境主管部门应当加强对建设项目环境影响报告书、环境影响报告表编制单位的监督管理和质量考核。

负责审批建设项目环境影响报告书、环境影响报告表的生态环境主管部门应当将编制单位、编制主持人和主要编制人员的相关违法信息记入社会诚信档案,并纳入全国信用信息共享平台和国家企业信用信息公示系统向社会公布。

任何单位和个人不得为建设单位指定编制建设项目环境影响报告书、环境影响报告表的技术单位。

第二十一条 除国家规定需要保密的情形外,对环境可能造成重大影响、应当编制环境影响报告书的建设项目,建设单位应当在报批建设项目环境影响报告书前,举行论证会、听证会,或者采取其他形式,征求有关单位、专家和公众的意见。

建设单位报批的环境影响报告书应当附具对有关单位、专家和公众的意见采纳或者不采纳的说明。

第二十二条 建设项目的环境影响报告书、报告表,由建设单位按照国务院的规定报有审批权的生态环境主管部门审批。

海洋工程建设项目的海洋环境影响报告书的审批,依照《中华人民共和国海洋环境保护法》的规定办理。

审批部门应当自收到环境影响报告书之日起六十日内,收到环境影响报告表之日起三十日内,分别作出审批决定并书面通知建设单位。

国家对环境影响登记表实行备案管理。

审核、审批建设项目环境影响报告书、报告表以及备案环境影响登记表,不得收取任何费用。

第二十三条 国务院生态环境主管部门负责审批下列建设项目的环境影响评价文件:

(一)核设施、绝密工程等特殊性质的建设项目;

(二)跨省、自治区、直辖市行政区域的建设项目;

(三)由国务院审批的或者由国务院授权有关部门审批的建设项目。

前款规定以外的建设项目的环境影响评价文件的审批权限,由省、自治区、直辖市人民政府规定。

建设项目可能造成跨行政区域的不良环境影响,有关生态环境主管部门对该项目的环境影响评价结论有争议的,其环境影响评价文件由共同的上一级生态环境主管部门审批。

第二十四条　建设项目的环境影响评价文件经批准后，建设项目的性质、规模、地点、采用的生产工艺或者防治污染、防止生态破坏的措施发生重大变动的，建设单位应当重新报批建设项目的环境影响评价文件。

建设项目的环境影响评价文件自批准之日起超过五年，方决定该项目开工建设的，其环境影响评价文件应当报原审批部门重新审核；原审批部门应当自收到建设项目环境影响评价文件之日起十日内，将审核意见书面通知建设单位。

第二十五条　建设项目的环境影响评价文件未依法经审批部门审查或者审查后未予批准的，建设单位不得开工建设。

第二十六条　建设项目建设过程中，建设单位应当同时实施环境影响报告书、环境影响报告表以及环境影响评价文件审批部门审批意见中提出的环境保护对策措施。

第二十七条　在项目建设、运行过程中产生不符合经审批的环境影响评价文件的情形的，建设单位应当组织环境影响的后评价，采取改进措施，并报原环境影响评价文件审批部门和建设项目审批部门备案；原环境影响评价文件审批部门也可以责成建设单位进行环境影响的后评价，采取改进措施。

第二十八条　生态环境主管部门应当对建设项目投入生产或者使用后所产生的环境影响进行跟踪检查，对造成严重环境污染或者生态破坏的，应当查清原因、查明责任。对属于建设项目环境影响报告书、环境影响报告表存在基础资料明显不实，内容存在重大缺陷、遗漏或者虚假，环境影响评价结论不正确或者不合理等严重质量问题的，依照本法第三十二条的规定追究建设单位及其相关责任人员和接受委托编制建设项目环境影响报告书、环境影响报告表的技术单位及其相关人员的法律责任；属于审批部门工作人员失职、渎职，对依法不应批准的建设项目环境影响报告书、环境影响报告表予以批准的，依照本法第三十四条的规定追究其法律责任。

第四章　法律责任

第二十九条　规划编制机关违反本法规定，未组织环境影响评价，或者组织环境影响评价时弄虚作假或者有失职行为，造成环境影响评价严重失实的，对直接负责的主管人员和其他直接责任人员，由上级机关或者监察机关依法给予行政处分。

第三十条　规划审批机关对依法应当编写有关环境影响的篇章或者说明而

未编写的规划草案,依法应当附送环境影响报告书而未附送的专项规划草案,违法予以批准的,对直接负责的主管人员和其他直接责任人员,由上级机关或者监察机关依法给予行政处分。

第三十一条 建设单位未依法报批建设项目环境影响报告书、报告表,或者未依照本法第二十四条的规定重新报批或者报请重新审核环境影响报告书、报告表,擅自开工建设的,由县级以上生态环境主管部门责令停止建设,根据违法情节和危害后果,处建设项目总投资额百分之一以上百分之五以下的罚款,并可以责令恢复原状;对建设单位直接负责的主管人员和其他直接责任人员,依法给予行政处分。

建设项目环境影响报告书、报告表未经批准或者未经原审批部门重新审核同意,建设单位擅自开工建设的,依照前款的规定处罚、处分。

建设单位未依法备案建设项目环境影响登记表的,由县级以上生态环境主管部门责令备案,处五万元以下的罚款。

海洋工程建设项目的建设单位有本条所列违法行为的,依照《中华人民共和国海洋环境保护法》的规定处罚。

第三十二条 建设项目环境影响报告书、环境影响报告表存在基础资料明显不实,内容存在重大缺陷、遗漏或者虚假,环境影响评价结论不正确或者不合理等严重质量问题的,由设区的市级以上人民政府生态环境主管部门对建设单位处五十万元以上二百万元以下的罚款,并对建设单位的法定代表人、主要负责人、直接负责的主管人员和其他直接责任人员,处五万元以上二十万元以下的罚款。

接受委托编制建设项目环境影响报告书、环境影响报告表的技术单位违反国家有关环境影响评价标准和技术规范等规定,致使其编制的建设项目环境影响报告书、环境影响报告表存在基础资料明显不实,内容存在重大缺陷、遗漏或者虚假,环境影响评价结论不正确或者不合理等严重质量问题的,由设区的市级以上人民政府生态环境主管部门对技术单位处所收费用三倍以上五倍以下的罚款;情节严重的,禁止从事环境影响报告书、环境影响报告表编制工作;有违法所得的,没收违法所得。

编制单位有本条第一款、第二款规定的违法行为的,编制主持人和主要编制人员五年内禁止从事环境影响报告书、环境影响报告表编制工作;构成犯罪的,依法追究刑事责任,并终身禁止从事环境影响报告书、环境影响报告表编制工作。

第三十三条 负责审核、审批、备案建设项目环境影响评价文件的部门在审批、备案中收取费用的,由其上级机关或者监察机关责令退还;情节严重的,对直接负责的主管人员和其他直接责任人员依法给予行政处分。

第三十四条 生态环境主管部门或者其他部门的工作人员徇私舞弊,滥用职权,玩忽职守,违法批准建设项目环境影响评价文件的,依法给予行政处分;构成犯罪的,依法追究刑事责任。

第五章　附　则

第三十五条 省、自治区、直辖市人民政府可以根据本地的实际情况,要求对本辖区的县级人民政府编制的规划进行环境影响评价。具体办法由省、自治区、直辖市参照本法第二章的规定制定。

第三十六条 军事设施建设项目的环境影响评价办法,由中央军事委员会依照本法的原则制定。

第三十七条 本法自 2003 年 9 月 1 日起施行。

中华人民共和国港口法

（2003 年 6 月 28 日第十届全国人民代表大会常务委员会第三次会议通过　根据 2015 年 4 月 24 日第十二届全国人民代表大会常务委员会第十四次会议《关于修改〈中华人民共和国港口法〉等七部法律的决定》第一次修正　根据 2017 年 11 月 4 日第十二届全国人民代表大会常务委员会第三十次会议《关于修改〈中华人民共和国会计法〉等十一部法律的决定》第二次修正　根据 2018 年 12 月 29 日第十三届全国人民代表大会常务委员会第七次会议《关于修改〈中华人民共和国电力法〉等四部法律的决定》第三次修正）

第一章　总　则

第一条　为了加强港口管理,维护港口的安全与经营秩序,保护当事人的合法权益,促进港口的建设与发展,制定本法。

第二条　从事港口规划、建设、维护、经营、管理及其相关活动,适用本法。

第三条　本法所称港口,是指具有船舶进出、停泊、靠泊,旅客上下,货物装卸、驳运、储存等功能,具有相应的码头设施,由一定范围的水域和陆域组成的区域。

港口可以由一个或者多个港区组成。

第四条　国务院和有关县级以上地方人民政府应当在国民经济和社会发展计划中体现港口的发展和规划要求,并依法保护和合理利用港口资源。

第五条　国家鼓励国内外经济组织和个人依法投资建设、经营港口,保护投资者的合法权益。

第六条　国务院交通主管部门主管全国的港口工作。

地方人民政府对本行政区域内港口的管理,按照国务院关于港口管理体制的规定确定。

依照前款确定的港口管理体制,由港口所在地的市、县人民政府管理的港口,由市、县人民政府确定一个部门具体实施对港口的行政管理;由省、自治区、直辖市人民政府管理的港口,由省、自治区、直辖市人民政府确定一个部门具体实施对港口的行政管理。

依照前款确定的对港口具体实施行政管理的部门,以下统称港口行政管理部门。

第二章　港口规划与建设

第七条　港口规划应当根据国民经济和社会发展的要求以及国防建设的需要编制,体现合理利用岸线资源的原则,符合城镇体系规划,并与土地利用总体规划、城市总体规划、江河流域规划、防洪规划、海洋功能区划、水路运输发展规划和其他运输方式发展规划以及法律、行政法规规定的其他有关规划相衔接、协调。

编制港口规划应当组织专家论证,并依法进行环境影响评价。

第八条　港口规划包括港口布局规划和港口总体规划。

港口布局规划,是指港口的分布规划,包括全国港口布局规划和省、自治区、直辖市港口布局规划。

港口总体规划,是指一个港口在一定时期的具体规划,包括港口的水域和陆域范围、港区划分、吞吐量和到港船型、港口的性质和功能、水域和陆域使用、港口设施建设岸线使用、建设用地配置以及分期建设序列等内容。

港口总体规划应当符合港口布局规划。

第九条　全国港口布局规划,由国务院交通主管部门征求国务院有关部门和有关军事机关的意见编制,报国务院批准后公布实施。

省、自治区、直辖市港口布局规划,由省、自治区、直辖市人民政府根据全国港口布局规划组织编制,并送国务院交通主管部门征求意见。国务院交通主管部门自收到征求意见的材料之日起满三十日未提出修改意见的,该港口布局规划由有关省、自治区、直辖市人民政府公布实施;国务院交通主管部门认为不符合全国港口布局规划的,应当自收到征求意见的材料之日起三十日内提出修改意见;有关省、自治区、直辖市人民政府对修改意见有异议的,报国务院决定。

第十条　港口总体规划由港口行政管理部门征求有关部门和有关军事机关的意见编制。

第十一条　地理位置重要、吞吐量较大、对经济发展影响较广的主要港口的总体规划,由国务院交通主管部门征求国务院有关部门和有关军事机关的意见后,会同有关省、自治区、直辖市人民政府批准,并公布实施。主要港口名录由国务院交通主管部门征求国务院有关部门意见后确定并公布。

省、自治区、直辖市人民政府征求国务院交通主管部门的意见后确定本地区的重要港口。重要港口的总体规划由省、自治区、直辖市人民政府征求国务院交通主管部门意见后批准,公布实施。

前两款规定以外的港口的总体规划,由港口所在地的市、县人民政府批准后公布实施,并报省、自治区、直辖市人民政府备案。

市、县人民政府港口行政管理部门编制的属于本条第一款、第二款规定范围的港口的总体规划,在报送审批前应当经本级人民政府审核同意。

第十二条 港口规划的修改,按照港口规划制定程序办理。

第十三条 在港口总体规划区内建设港口设施,使用港口深水岸线的,由国务院交通主管部门会同国务院经济综合宏观调控部门批准;建设港口设施,使用非深水岸线的,由港口行政管理部门批准。但是,由国务院或者国务院经济综合宏观调控部门批准建设的项目使用港口岸线,不再另行办理使用港口岸线的审批手续。

港口深水岸线的标准由国务院交通主管部门制定。

第十四条 港口建设应当符合港口规划。不得违反港口规划建设任何港口设施。

第十五条 按照国家规定须经有关机关批准的港口建设项目,应当按照国家有关规定办理审批手续,并符合国家有关标准和技术规范。

建设港口工程项目,应当依法进行环境影响评价。

港口建设项目的安全设施和环境保护设施,必须与主体工程同时设计、同时施工、同时投入使用。

第十六条 港口建设使用土地和水域,应当依照有关土地管理、海域使用管理、河道管理、航道管理、军事设施保护管理的法律、行政法规以及其他有关法律、行政法规的规定办理。

第十七条 港口的危险货物作业场所、实施卫生除害处理的专用场所,应当符合港口总体规划和国家有关安全生产、消防、检验检疫和环境保护的要求,其与人口密集区和港口客运设施的距离应当符合国务院有关部门的规定;经依法办理有关手续后,方可建设。

第十八条 航标设施以及其他辅助性设施,应当与港口同步建设,并保证按期投入使用。

港口内有关行政管理机构办公设施的建设应当符合港口总体规划,建设费用不得向港口经营人摊派。

第十九条　港口设施建设项目竣工后,应当按照国家有关规定经验收合格,方可投入使用。

港口设施的所有权,依照有关法律规定确定。

第二十条　县级以上有关人民政府应当保证必要的资金投入,用于港口公用的航道、防波堤、锚地等基础设施的建设和维护。具体办法由国务院规定。

第二十一条　县级以上有关人民政府应当采取措施,组织建设与港口相配套的航道、铁路、公路、给排水、供电、通信等设施。

第三章　港口经营

第二十二条　从事港口经营,应当向港口行政管理部门书面申请取得港口经营许可,并依法办理工商登记。

港口行政管理部门实施港口经营许可,应当遵循公开、公正、公平的原则。

港口经营包括码头和其他港口设施的经营,港口旅客运输服务经营,在港区内从事货物的装卸、驳运、仓储的经营和港口拖轮经营等。

第二十三条　取得港口经营许可,应当有固定的经营场所,有与经营业务相适应的设施、设备、专业技术人员和管理人员,并应当具备法律、法规规定的其他条件。

第二十四条　港口行政管理部门应当自收到本法第二十二条第一款规定的书面申请之日起三十日内依法作出许可或者不予许可的决定。予以许可的,颁发港口经营许可证;不予许可的,应当书面通知申请人并告知理由。

第二十五条　国务院交通主管部门应当制定港口理货服务标准和规范。

经营港口理货业务,应当按照规定报港口行政管理部门备案。

港口理货业务经营人应当公正、准确地办理理货业务;不得兼营本法第二十二条第三款规定的货物装卸经营业务和仓储经营业务。

第二十六条　港口经营人从事经营活动,必须遵守有关法律、法规,遵守国务院交通主管部门有关港口作业规则的规定,依法履行合同约定的义务,为客户提供公平、良好的服务。

从事港口旅客运输服务的经营人,应当采取保证旅客安全的有效措施,向旅客提供快捷、便利的服务,保持良好的候船环境。

港口经营人应当依照有关环境保护的法律、法规的规定,采取有效措施,防治对环境的污染和危害。

第二十七条　港口经营人应当优先安排抢险物资、救灾物资和国防建设急需物资的作业。

第二十八条　港口经营人应当在其经营场所公布经营服务的收费项目和收费标准;未公布的,不得实施。

港口经营性收费依法实行政府指导价或者政府定价的,港口经营人应当按照规定执行。

第二十九条　国家鼓励和保护港口经营活动的公平竞争。

港口经营人不得实施垄断行为和不正当竞争行为,不得以任何手段强迫他人接受其提供的港口服务。

第三十条　港口行政管理部门依照《中华人民共和国统计法》和有关行政法规的规定要求港口经营人提供的统计资料,港口经营人应当如实提供。

港口行政管理部门应当按照国家有关规定将港口经营人报送的统计资料及时上报,并为港口经营人保守商业秘密。

第三十一条　港口经营人的合法权益受法律保护。任何单位和个人不得向港口经营人摊派或者违法收取费用,不得违法干预港口经营人的经营自主权。

第四章　港口安全与监督管理

第三十二条　港口经营人必须依照《中华人民共和国安全生产法》等有关法律、法规和国务院交通主管部门有关港口安全作业规则的规定,加强安全生产管理,建立健全安全生产责任制等规章制度,完善安全生产条件,采取保障安全生产的有效措施,确保安全生产。

港口经营人应当依法制定本单位的危险货物事故应急预案、重大生产安全事故的旅客紧急疏散和救援预案以及预防自然灾害预案,保障组织实施。

第三十三条　港口行政管理部门应当依法制定可能危及社会公共利益的港口危险货物事故应急预案、重大生产安全事故的旅客紧急疏散和救援预案以及预防自然灾害预案,建立健全港口重大生产安全事故的应急救援体系。

第三十四条　船舶进出港口,应当依照有关水上交通安全的法律、行政法规的规定向海事管理机构报告。海事管理机构接到报告后,应当及时通报港口行政管理部门。

船舶载运危险货物进出港口,应当按照国务院交通主管部门的规定将危险货物的名称、特性、包装和进出港口的时间报告海事管理机构。海事管理机构接到报告后,应当在国务院交通主管部门规定的时间内作出是否同意的决定,通知报告人,并通报港口行政管理部门。但是,定船舶、定航线、定货种的船舶可以定期报告。

第三十五条　在港口内进行危险货物的装卸、过驳作业,应当按照国务院交通主管部门的规定将危险货物的名称、特性、包装和作业的时间、地点报告港口行政管理部门。港口行政管理部门接到报告后,应当在国务院交通主管部门规定的时间内作出是否同意的决定,通知报告人,并通报海事管理机构。

第三十六条　港口行政管理部门应当依法对港口安全生产情况实施监督检查,对旅客上下集中、货物装卸量较大或者有特殊用途的码头进行重点巡查;检查中发现安全隐患的,应当责令被检查人立即排除或者限期排除。

负责安全生产监督管理的部门和其他有关部门依照法律、法规的规定,在各自职责范围内对港口安全生产实施监督检查。

第三十七条　禁止在港口水域内从事养殖、种植活动。

不得在港口进行可能危及港口安全的采掘、爆破等活动;因工程建设等确需进行的,必须采取相应的安全保护措施,并报经港口行政管理部门批准。港口行政管理部门应当将审批情况及时通报海事管理机构,海事管理机构不再依照有关水上交通安全的法律、行政法规的规定进行审批。

禁止向港口水域倾倒泥土、砂石以及违反有关环境保护的法律、法规的规定排放超过规定标准的有毒、有害物质。

第三十八条　建设桥梁、水底隧道、水电站等可能影响港口水文条件变化的工程项目,负责审批该项目的部门在审批前应当征求港口行政管理部门的意见。

第三十九条　依照有关水上交通安全的法律、行政法规的规定,进出港口须经引航的船舶,应当向引航机构申请引航。引航的具体办法由国务院交通主管部门规定。

第四十条　遇有旅客滞留、货物积压阻塞港口的情况,港口行政管理部门应当及时采取有效措施,进行疏港;港口所在地的市、县人民政府认为必要时,可以直接采取措施,进行疏港。

第四十一条　港口行政管理部门应当组织制定所管理的港口的章程,并向社会公布。

港口章程的内容应当包括对港口的地理位置、航道条件、港池水深、机械设施和装卸能力等情况的说明,以及本港口贯彻执行有关港口管理的法律、法规和国务院交通主管部门有关规定的具体措施。

第四十二条 港口行政管理部门依据职责对本法执行情况实施监督检查。

港口行政管理部门的监督检查人员依法实施监督检查时,有权向被检查单位和有关人员了解有关情况,并可查阅、复制有关资料。

监督检查人员对检查中知悉的商业秘密,应当保密。

监督检查人员实施监督检查时,应当出示执法证件。

第四十三条 监督检查人员应当将监督检查的时间、地点、内容、发现的问题及处理情况作出书面记录,并由监督检查人员和被检查单位的负责人签字;被检查单位的负责人拒绝签字的,监督检查人员应当将情况记录在案,并向港口行政管理部门报告。

第四十四条 被检查单位和有关人员应当接受港口行政管理部门依法实施的监督检查,如实提供有关情况和资料,不得拒绝检查或者隐匿、谎报有关情况和资料。

第五章 法律责任

第四十五条 港口经营人、港口理货业务经营人有本法规定的违法行为的,依照有关法律、行政法规的规定纳入信用记录,并予以公示。

第四十六条 有下列行为之一的,由县级以上地方人民政府或者港口行政管理部门责令限期改正;逾期不改正的,由作出限期改正决定的机关申请人民法院强制拆除违法建设的设施;可以处五万元以下罚款:

(一)违反港口规划建设港口、码头或者其他港口设施的;

(二)未经依法批准,建设港口设施使用港口岸线的。

建设项目的审批部门对违反港口规划的建设项目予以批准的,对其直接负责的主管人员和其他直接责任人员,依法给予行政处分。

第四十七条 在港口建设的危险货物作业场所、实施卫生除害处理的专用场所与人口密集区或者港口客运设施的距离不符合国务院有关部门的规定的,由港口行政管理部门责令停止建设或者使用,限期改正,可以处五万元以下罚款。

第四十八条 码头或者港口装卸设施、客运设施未经验收合格,擅自投入使用的,由港口行政管理部门责令停止使用,限期改正,可以处五万元以下罚款。

第四十九条 未依法取得港口经营许可证从事港口经营，或者港口理货业务经营人兼营货物装卸经营业务、仓储经营业务的，由港口行政管理部门责令停止违法经营，没收违法所得；违法所得十万元以上的，并处违法所得二倍以上五倍以下罚款；违法所得不足十万元的，处五万元以上二十万元以下罚款。

第五十条 港口经营人不优先安排抢险物资、救灾物资、国防建设急需物资的作业的，由港口行政管理部门责令改正；造成严重后果的，吊销港口经营许可证。

第五十一条 港口经营人违反有关法律、行政法规的规定，在经营活动中实施垄断行为或者不正当竞争行为的，依照有关法律、行政法规的规定承担法律责任。

第五十二条 港口经营人违反本法第三十二条关于安全生产的规定的，由港口行政管理部门或者其他依法负有安全生产监督管理职责的部门依法给予处罚；情节严重的，由港口行政管理部门吊销港口经营许可证，并对其主要负责人依法给予处分；构成犯罪的，依法追究刑事责任。

第五十三条 船舶进出港口，未依照本法第三十四条的规定向海事管理机构报告的，由海事管理机构依照有关水上交通安全的法律、行政法规的规定处罚。

第五十四条 未依法向港口行政管理部门报告并经其同意，在港口内进行危险货物的装卸、过驳作业的，由港口行政管理部门责令停止作业，处五千元以上五万元以下罚款。

第五十五条 在港口水域内从事养殖、种植活动的，由海事管理机构责令限期改正；逾期不改正的，强制拆除养殖、种植设施，拆除费用由违法行为人承担；可以处一万元以下罚款。

第五十六条 未经依法批准在港口进行可能危及港口安全的采掘、爆破等活动的，向港口水域倾倒泥土、砂石的，由港口行政管理部门责令停止违法行为，限期消除因此造成的安全隐患；逾期不消除的，强制消除，因此发生的费用由违法行为人承担；处五千元以上五万元以下罚款；依照有关水上交通安全的法律、行政法规的规定由海事管理机构处罚的，依照其规定；构成犯罪的，依法追究刑事责任。

第五十七条 交通主管部门、港口行政管理部门、海事管理机构等不依法履行职责，有下列行为之一的，对直接负责的主管人员和其他直接责任人员依法给予行政处分；构成犯罪的，依法追究刑事责任：

（一）违法批准建设港口设施使用港口岸线,或者违法批准船舶载运危险货物进出港口、违法批准在港口内进行危险货物的装卸、过驳作业的;

（二）对不符合法定条件的申请人给予港口经营许可的;

（三）发现取得经营许可的港口经营人不再具备法定许可条件而不及时吊销许可证的;

（四）不依法履行监督检查职责,对违反港口规划建设港口、码头或者其他港口设施的行为,未经依法许可从事港口经营业务的行为,不遵守安全生产管理规定的行为,危及港口作业安全的行为,以及其他违反本法规定的行为,不依法予以查处的。

第五十八条 行政机关违法干预港口经营人的经营自主权的,由其上级行政机关或者监察机关责令改正;向港口经营人摊派财物或者违法收取费用的,责令退回;情节严重的,对直接负责的主管人员和其他直接责任人员依法给予行政处分。

第六章 附 则

第五十九条 对航行国际航线的船舶开放的港口,由有关省、自治区、直辖市人民政府按照国家有关规定商国务院有关部门和有关军事机关同意后,报国务院批准。

第六十条 渔业港口的管理工作由县级以上人民政府渔业行政主管部门负责。具体管理办法由国务院规定。

前款所称渔业港口,是指专门为渔业生产服务,供渔业船舶停泊、避风、装卸渔获物、补充渔需物资的人工港口或者自然港湾,包括综合性港口中渔业专用的码头、渔业专用的水域和渔船专用的锚地。

第六十一条 军事港口的建设和管理办法由国务院、中央军事委员会规定。

第六十二条 本法自 2004 年 1 月 1 日起施行。

中华人民共和国可再生能源法

（2005 年 2 月 28 日第十届全国人民代表大会常务委员会第十四次会议通过 根据 2009 年 12 月 26 日第十一届全国人民代表大会常务委员会第十二次会议《关于修改〈中华人民共和国可再生能源法〉的决定》修正）

第一章 总 则

第一条 为了促进可再生能源的开发利用，增加能源供应，改善能源结构，保障能源安全，保护环境，实现经济社会的可持续发展，制定本法。

第二条 本法所称可再生能源，是指风能、太阳能、水能、生物质能、地热能、海洋能等非化石能源。

水力发电对本法的适用，由国务院能源主管部门规定，报国务院批准。

通过低效率炉灶直接燃烧方式利用秸秆、薪柴、粪便等，不适用本法。

第三条 本法适用于中华人民共和国领域和管辖的其他海域。

第四条 国家将可再生能源的开发利用列为能源发展的优先领域，通过制定可再生能源开发利用总量目标和采取相应措施，推动可再生能源市场的建立和发展。

国家鼓励各种所有制经济主体参与可再生能源的开发利用，依法保护可再生能源开发利用者的合法权益。

第五条 国务院能源主管部门对全国可再生能源的开发利用实施统一管理。国务院有关部门在各自的职责范围内负责有关的可再生能源开发利用管理工作。

县级以上地方人民政府管理能源工作的部门负责本行政区域内可再生能源开发利用的管理工作。县级以上地方人民政府有关部门在各自的职责范围内负责有关的可再生能源开发利用管理工作。

第二章　资源调查与发展规划

第六条　国务院能源主管部门负责组织和协调全国可再生能源资源的调查,并会同国务院有关部门组织制定资源调查的技术规范。

国务院有关部门在各自的职责范围内负责相关可再生能源资源的调查,调查结果报国务院能源主管部门汇总。

可再生能源资源的调查结果应当公布;但是,国家规定需要保密的内容除外。

第七条　国务院能源主管部门根据全国能源需求与可再生能源资源实际状况,制定全国可再生能源开发利用中长期总量目标,报国务院批准后执行,并予公布。

国务院能源主管部门根据前款规定的总量目标和省、自治区、直辖市经济发展与可再生能源资源实际状况,会同省、自治区、直辖市人民政府确定各行政区域可再生能源开发利用中长期目标,并予公布。

第八条　国务院能源主管部门会同国务院有关部门,根据全国可再生能源开发利用中长期总量目标和可再生能源技术发展状况,编制全国可再生能源开发利用规划,报国务院批准后实施。

国务院有关部门应当制定有利于促进全国可再生能源开发利用中长期总量目标实现的相关规划。

省、自治区、直辖市人民政府管理能源工作的部门会同本级人民政府有关部门,依据全国可再生能源开发利用规划和本行政区域可再生能源开发利用中长期目标,编制本行政区域可再生能源开发利用规划,经本级人民政府批准后,报国务院能源主管部门和国家电力监管机构备案,并组织实施。

经批准的规划应当公布;但是,国家规定需要保密的内容除外。

经批准的规划需要修改的,须经原批准机关批准。

第九条　编制可再生能源开发利用规划,应当遵循因地制宜、统筹兼顾、合理布局、有序发展的原则,对风能、太阳能、水能、生物质能、地热能、海洋能等可再生能源的开发利用作出统筹安排。规划内容应当包括发展目标、主要任务、区域布局、重点项目、实施进度、配套电网建设、服务体系和保障措施等。

组织编制机关应当征求有关单位、专家和公众的意见,进行科学论证。

第三章　产业指导与技术支持

第十条　国务院能源主管部门根据全国可再生能源开发利用规划,制定、公布可再生能源产业发展指导目录。

第十一条　国务院标准化行政主管部门应当制定、公布国家可再生能源电力的并网技术标准和其他需要在全国范围内统一技术要求的有关可再生能源技术和产品的国家标准。

对前款规定的国家标准中未作规定的技术要求,国务院有关部门可以制定相关的行业标准,并报国务院标准化行政主管部门备案。

国务院教育行政部门应当将可再生能源知识和技术纳入普通教育、职业教育课程。

第四章　推广与应用

第十三条　国家鼓励和支持可再生能源并网发电。

建设可再生能源并网发电项目,应当依照法律和国务院的规定取得行政许可或者报送备案。

建设应当取得行政许可的可再生能源并网发电项目,有多人申请同一项目许可的,应当依法通过招标确定被许可人。

第十四条　国家实行可再生能源发电全额保障性收购制度。

国务院能源主管部门会同国家电力监管机构和国务院财政部门,按照全国可再生能源开发利用规划,确定在规划期内应当达到的可再生能源发电量占全部发电量的比重,制定电网企业优先调度和全额收购可再生能源发电的具体办法,并由国务院能源主管部门会同国家电力监管机构在年度中督促落实。

电网企业应当与按照可再生能源开发利用规划建设,依法取得行政许可或者报送备案的可再生能源发电企业签订并网协议,全额收购其电网覆盖范围内符合并网技术标准的可再生能源并网发电项目的上网电量。发电企业有义务配合电网企业保障电网安全。

电网企业应当加强电网建设,扩大可再生能源电力配置范围,发展和应用智能电网、储能等技术,完善电网运行管理,提高吸纳可再生能源电力的能力,为可再生能源发电提供上网服务。

第十五条　国家扶持在电网未覆盖的地区建设可再生能源独立电力系统,

为当地生产和生活提供电力服务。

第十六条 国家鼓励清洁、高效地开发利用生物质燃料,鼓励发展能源作物。

利用生物质资源生产的燃气和热力,符合城市燃气管网、热力管网的入网技术标准的,经营燃气管网、热力管网的企业应当接收其入网。

国家鼓励生产和利用生物液体燃料。石油销售企业应当按照国务院能源主管部门或者省级人民政府的规定,将符合国家标准的生物液体燃料纳入其燃料销售体系。

第十七条 国家鼓励单位和个人安装和使用太阳能热水系统、太阳能供热采暖和制冷系统、太阳能光伏发电系统等太阳能利用系统。

国务院建设行政主管部门会同国务院有关部门制定太阳能利用系统与建筑结合的技术经济政策和技术规范。

房地产开发企业应当根据前款规定的技术规范,在建筑物的设计和施工中,为太阳能利用提供必备条件。

对已建成的建筑物,住户可以在不影响其质量与安全的前提下安装符合技术规范和产品标准的太阳能利用系统;但是,当事人另有约定的除外。

第十八条 国家鼓励和支持农村地区的可再生能源开发利用。

县级以上地方人民政府管理能源工作的部门会同有关部门,根据当地经济社会发展、生态保护和卫生综合治理需要等实际情况,制定农村地区可再生能源发展规划,因地制宜地推广应用沼气等生物质资源转化、户用太阳能、小型风能、小型水能等技术。

县级以上人民政府应当对农村地区的可再生能源利用项目提供财政支持。

第五章 价格管理与费用补偿

第十九条 可再生能源发电项目的上网电价,由国务院价格主管部门根据不同类型可再生能源发电的特点和不同地区的情况,按照有利于促进可再生能源开发利用和经济合理的原则确定,并根据可再生能源开发利用技术的发展适时调整。上网电价应当公布。

依照本法第十三条第三款规定实行招标的可再生能源发电项目的上网电价,按照中标确定的价格执行;但是,不得高于依照前款规定确定的同类可再生能源发电项目的上网电价水平。

第二十条　电网企业依照本法第十九条规定确定的上网电价收购可再生能源电量所发生的费用,高于按照常规能源发电平均上网电价计算所发生费用之间的差额,由在全国范围对销售电量征收可再生能源电价附加补偿。

第二十一条　电网企业为收购可再生能源电量而支付的合理的接网费用以及其他合理的相关费用,可以计入电网企业输电成本,并从销售电价中回收。

第二十二条　国家投资或者补贴建设的公共可再生能源独立电力系统的销售电价,执行同一地区分类销售电价,其合理的运行和管理费用超出销售电价的部分,依照本法第二十条的规定补偿。

第二十三条　进入城市管网的可再生能源热力和燃气的价格,按照有利于促进可再生能源开发利用和经济合理的原则,根据价格管理权限确定。

第六章　经济激励与监督措施

第二十四条　国家财政设立可再生能源发展基金,资金来源包括国家财政年度安排的专项资金和依法征收的可再生能源电价附加收入等。

可再生能源发展基金用于补偿本法第二十条、第二十二条规定的差额费用,并用于支持以下事项:

（一）可再生能源开发利用的科学技术研究、标准制定和示范工程;

（二）农村、牧区的可再生能源利用项目;

（三）偏远地区和海岛可再生能源独立电力系统建设;

（四）可再生能源的资源勘查、评价和相关信息系统建设;

（五）促进可再生能源开发利用设备的本地化生产。

本法第二十一条规定的接网费用以及其他相关费用,电网企业不能通过销售电价回收的,可以申请可再生能源发展基金补助。

可再生能源发展基金征收使用管理的具体办法,由国务院财政部门会同国务院能源、价格主管部门制定。

第二十五条　对列入国家可再生能源产业发展指导目录、符合信贷条件的可再生能源开发利用项目,金融机构可以提供有财政贴息的优惠贷款。

第二十六条　国家对列入可再生能源产业发展指导目录的项目给予税收优惠。具体办法由国务院规定。

第二十七条　电力企业应当真实、完整地记载和保存可再生能源发电的有关资料,并接受电力监管机构的检查和监督。

电力监管机构进行检查时,应当依照规定的程序进行,并为被检查单位保守商业秘密和其他秘密。

第七章 法律责任

第二十八条 国务院能源主管部门和县级以上地方人民政府管理能源工作的部门和其他有关部门在可再生能源开发利用监督管理工作中,违反本法规定,有下列行为之一的,由本级人民政府或者上级人民政府有关部门责令改正,对负有责任的主管人员和其他直接责任人员依法给予行政处分;构成犯罪的,依法追究刑事责任:

(一)不依法作出行政许可决定的;

(二)发现违法行为不予查处的;

(三)有不依法履行监督管理职责的其他行为的。

第二十九条 违反本法第十四条规定,电网企业未按照规定完成收购可再生能源电量,造成可再生能源发电企业经济损失的,应当承担赔偿责任,并由国家电力监管机构责令限期改正;拒不改正的,处以可再生能源发电企业经济损失额一倍以下的罚款。

第三十条 违反本法第十六条第二款规定,经营燃气管网、热力管网的企业不准许符合入网技术标准的燃气、热力入网,造成燃气、热力生产企业经济损失的,应当承担赔偿责任,并由省级人民政府管理能源工作的部门责令限期改正;拒不改正的,处以燃气、热力生产企业经济损失额一倍以下的罚款。

第三十一条 违反本法第十六条第三款规定,石油销售企业未按照规定将符合国家标准的生物液体燃料纳入其燃料销售体系,造成生物液体燃料生产企业经济损失的,应当承担赔偿责任,并由国务院能源主管部门或者省级人民政府管理能源工作的部门责令限期改正;拒不改正的,处以生物液体燃料生产企业经济损失额一倍以下的罚款。

第八章 附 则

第三十二条 本法中下列用语的含义:

(一)生物质能,是指利用自然界的植物、粪便以及城乡有机废物转化成的能源。

(二)可再生能源独立电力系统,是指不与电网连接的单独运行的可再生能源电力系统。

（三）能源作物，是指经专门种植，用以提供能源原料的草本和木本植物。

（四）生物液体燃料，是指利用生物质资源生产的甲醇、乙醇和生物柴油等液体燃料。

第三十三条 本法自 2006 年 1 月 1 日起施行。

中华人民共和国海岛保护法

（2009 年 12 月 26 日第十一届全国人民代表大会常务委员会第十二次会议通过）

第一章 总 则

第一条 为了保护海岛及其周边海域生态系统,合理开发利用海岛自然资源,维护国家海洋权益,促进经济社会可持续发展,制定本法。

第二条 从事中华人民共和国所属海岛的保护、开发利用及相关管理活动,适用本法。

本法所称海岛,是指四面环海水并在高潮时高于水面的自然形成的陆地区域,包括有居民海岛和无居民海岛。

本法所称海岛保护,是指海岛及其周边海域生态系统保护,无居民海岛自然资源保护和特殊用途海岛保护。

第三条 国家对海岛实行科学规划、保护优先、合理开发、永续利用的原则。

国务院和沿海地方各级人民政府应当将海岛保护和合理开发利用纳入国民经济和社会发展规划,采取有效措施,加强对海岛的保护和管理,防止海岛及其周边海域生态系统遭受破坏。

第四条 无居民海岛属于国家所有,国务院代表国家行使无居民海岛所有权。

第五条 国务院海洋主管部门和国务院其他有关部门依照法律和国务院规定的职责分工,负责全国有居民海岛及其周边海域生态保护工作。沿海县级以上地方人民政府海洋主管部门和其他有关部门按照各自的职责,负责本行政区域内有居民海岛及其周边海域生态保护工作。

国务院海洋主管部门负责全国无居民海岛保护和开发利用的管理工作。沿海县级以上地方人民政府海洋主管部门负责本行政区域内无居民海岛保护和开发利用管理的有关工作。

第六条　海岛的名称,由国家地名管理机构和国务院海洋主管部门按照国务院有关规定确定和发布。

沿海县级以上地方人民政府应当按照国家规定,在需要设置海岛名称标志的海岛设置海岛名称标志。

禁止损毁或者擅自移动海岛名称标志。

第七条　国务院和沿海地方各级人民政府应当加强对海岛保护的宣传教育工作,增强公民的海岛保护意识,并对在海岛保护以及有关科学研究工作中做出显著成绩的单位和个人予以奖励。

任何单位和个人都有遵守海岛保护法律的义务,并有权向海洋主管部门或者其他有关部门举报违反海岛保护法律、破坏海岛生态的行为。

第二章　海岛保护规划

第八条　国家实行海岛保护规划制度。海岛保护规划是从事海岛保护、利用活动的依据。

制定海岛保护规划应当遵循有利于保护和改善海岛及其周边海域生态系统,促进海岛经济社会可持续发展的原则。

海岛保护规划报送审批前,应当征求有关专家和公众的意见,经批准后应当及时向社会公布。但是,涉及国家秘密的除外。

第九条　国务院海洋主管部门会同本级人民政府有关部门、军事机关,依据国民经济和社会发展规划、全国海洋功能区划,组织编制全国海岛保护规划,报国务院审批。

全国海岛保护规划应当按照海岛的区位、自然资源、环境等自然属性及保护、利用状况,确定海岛分类保护的原则和可利用的无居民海岛,以及需要重点修复的海岛等。

全国海岛保护规划应当与全国城镇体系规划和全国土地利用总体规划相衔接。

第十条　沿海省、自治区人民政府海洋主管部门会同本级人民政府有关部门、军事机关,依据全国海岛保护规划、省域城镇体系规划和省、自治区土地利用总体规划,组织编制省域海岛保护规划,报省、自治区人民政府审批,并报国务院备案。

沿海直辖市人民政府组织编制的城市总体规划,应当包括本行政区域内海岛保护专项规划。

省域海岛保护规划和直辖市海岛保护专项规划,应当规定海岛分类保护的具体措施。

第十一条 省、自治区人民政府根据实际情况,可以要求本行政区域内的沿海城市、县、镇人民政府组织编制海岛保护专项规划,并纳入城市总体规划、镇总体规划;可以要求沿海县人民政府组织编制县域海岛保护规划。

沿海城市、镇海岛保护专项规划和县域海岛保护规划,应当符合全国海岛保护规划和省域海岛保护规划。

编制沿海城市、镇海岛保护专项规划,应当征求上一级人民政府海洋主管部门的意见。

县域海岛保护规划报省、自治区人民政府审批,并报国务院海洋主管部门备案。

第十二条 沿海县级人民政府可以组织编制全国海岛保护规划确定的可利用无居民海岛的保护和利用规划。

第十三条 修改海岛保护规划,应当依照本法第九条、第十条、第十一条规定的审批程序报经批准。

第十四条 国家建立完善海岛统计调查制度。国务院海洋主管部门会同有关部门拟定海岛综合统计调查计划,依法经批准后组织实施,并发布海岛统计调查公报。

第十五条 国家建立海岛管理信息系统,开展海岛自然资源的调查评估,对海岛的保护与利用等状况实施监视、监测。

第三章 海岛的保护

第一节 一般规定

第十六条 国务院和沿海地方各级人民政府应当采取措施,保护海岛的自然资源、自然景观以及历史、人文遗迹。

禁止改变自然保护区内海岛的海岸线。禁止采挖、破坏珊瑚和珊瑚礁。禁止砍伐海岛周边海域的红树林。

第十七条 国家保护海岛植被,促进海岛淡水资源的涵养;支持有居民海岛淡水储存、海水淡化和岛外淡水引入工程设施的建设。

第十八条 国家支持利用海岛开展科学研究活动。在海岛从事科学研究活动不得造成海岛及其周边海域生态系统破坏。

第十九条 国家开展海岛物种登记，依法保护和管理海岛生物物种。

第二十条 国家支持在海岛建立可再生能源开发利用、生态建设等实验基地。

第二十一条 国家安排海岛保护专项资金，用于海岛的保护、生态修复和科学研究活动。

第二十二条 国家保护设置在海岛的军事设施，禁止破坏、危害军事设施的行为。

国家保护依法设置在海岛的助航导航、测量、气象观测、海洋监测和地震监测等公益设施，禁止损毁或者擅自移动，妨碍其正常使用。

第二节　有居民海岛生态系统的保护

第二十三条 有居民海岛的开发、建设应当遵守有关城乡规划、环境保护、土地管理、海域使用管理、水资源和森林保护等法律、法规的规定，保护海岛及其周边海域生态系统。

第二十四条 有居民海岛的开发、建设应当对海岛土地资源、水资源及能源状况进行调查评估，依法进行环境影响评价。海岛的开发、建设不得超出海岛的环境容量。新建、改建、扩建建设项目，必须符合海岛主要污染物排放、建设用地和用水总量控制指标的要求。

有居民海岛的开发、建设应当优先采用风能、海洋能、太阳能等可再生能源和雨水集蓄、海水淡化、污水再生利用等技术。

有居民海岛及其周边海域应当划定禁止开发、限制开发区域，并采取措施保护海岛生物栖息地，防止海岛植被退化和生物多样性降低。

第二十五条 在有居民海岛进行工程建设，应当坚持先规划后建设、生态保护设施优先建设或者与工程项目同步建设的原则。

进行工程建设造成生态破坏的，应当负责修复；无力修复的，由县级以上人民政府责令停止建设，并可以指定有关部门组织修复，修复费用由造成生态破坏的单位、个人承担。

第二十六条 严格限制在有居民海岛沙滩建造建筑物或者设施；确需建造的，应当依照有关城乡规划、土地管理、环境保护等法律、法规的规定执行。未经依法批准在有居民海岛沙滩建造的建筑物或者设施，对海岛及其周边海域生态系统造成严重破坏的，应当依法拆除。

严格限制在有居民海岛沙滩采挖海砂；确需采挖的，应当依照有关海域使用管理、矿产资源的法律、法规的规定执行。

第二十七条 严格限制填海、围海等改变有居民海岛海岸线的行为，严格限制填海连岛工程建设；确需填海、围海改变海岛海岸线，或者填海连岛的，项目申请人应当提交项目论证报告、经批准的环境影响评价报告等申请文件，依照《中华人民共和国海域使用管理法》的规定报经批准。

本法施行前在有居民海岛建设的填海连岛工程，对海岛及其周边海域生态系统造成严重破坏的，由海岛所在省、自治区、直辖市人民政府海洋主管部门会同本级人民政府有关部门制定生态修复方案，报本级人民政府批准后组织实施。

第三节 无居民海岛的保护

第二十八条 未经批准利用的无居民海岛，应当维持现状；禁止采石、挖海砂、采伐林木以及进行生产、建设、旅游等活动。

第二十九条 严格限制在无居民海岛采集生物和非生物样本；因教学、科学研究确需采集的，应当报经海岛所在县级以上地方人民政府海洋主管部门批准。

第三十条 从事全国海岛保护规划确定的可利用无居民海岛的开发利用活动，应当遵守可利用无居民海岛保护和利用规划，采取严格的生态保护措施，避免造成海岛及其周边海域生态系统破坏。

开发利用前款规定的可利用无居民海岛，应当向省、自治区、直辖市人民政府海洋主管部门提出申请，并提交项目论证报告、开发利用具体方案等申请文件，由海洋主管部门组织有关部门和专家审查，提出审查意见，报省、自治区、直辖市人民政府审批。

无居民海岛的开发利用涉及利用特殊用途海岛，或者确需填海连岛以及其他严重改变海岛自然地形、地貌的，由国务院审批。

无居民海岛开发利用审查批准的具体办法，由国务院规定。

第三十一条 经批准开发利用无居民海岛的，应当依法缴纳使用金。但是，因国防、公务、教学、防灾减灾、非经营性公用基础设施建设和基础测绘、气象观测等公益事业使用无居民海岛的除外。

无居民海岛使用金征收使用管理办法，由国务院财政部门会同国务院海洋主管部门规定。

第三十二条 经批准在可利用无居民海岛建造建筑物或者设施，应当按照可利用无居民海岛保护和利用规划限制建筑物、设施的建设总量、高度以及与海岸线的距离,使其与周围植被和景观相协调。

第三十三条 无居民海岛利用过程中产生的废水,应当按照规定进行处理和排放。

无居民海岛利用过程中产生的固体废物,应当按照规定进行无害化处理、处置,禁止在无居民海岛弃置或者向其周边海域倾倒。

第三十四条 临时性利用无居民海岛的,不得在所利用的海岛建造永久性建筑物或者设施。

第三十五条 在依法确定为开展旅游活动的可利用无居民海岛及其周边海域,不得建造居民定居场所,不得从事生产性养殖活动;已经存在生产性养殖活动的,应当在编制可利用无居民海岛保护和利用规划中确定相应的污染防治措施。

第四节　特殊用途海岛的保护

第三十六条 国家对领海基点所在海岛、国防用途海岛、海洋自然保护区内的海岛等具有特殊用途或者特殊保护价值的海岛,实行特别保护。

第三十七条 领海基点所在的海岛,应当由海岛所在省、自治区、直辖市人民政府划定保护范围,报国务院海洋主管部门备案。领海基点及其保护范围周边应当设置明显标志。

禁止在领海基点保护范围内进行工程建设以及其他可能改变该区域地形、地貌的活动。确需进行以保护领海基点为目的的工程建设的,应当经过科学论证,报国务院海洋主管部门同意后依法办理审批手续。

禁止损毁或者擅自移动领海基点标志。

县级以上人民政府海洋主管部门应当按照国家规定,对领海基点所在海岛及其周边海域生态系统实施监视、监测。

任何单位和个人都有保护海岛领海基点的义务。发现领海基点以及领海基点保护范围内的地形、地貌受到破坏的,应当及时向当地人民政府或者海洋主管部门报告。

第三十八条 禁止破坏国防用途无居民海岛的自然地形、地貌和有居民海岛国防用途区域及其周边的地形、地貌。

禁止将国防用途无居民海岛用于与国防无关的目的。国防用途终止时,经军事机关批准后,应当将海岛及其有关生态保护的资料等一并移交该海岛所在省、自治区、直辖市人民政府。

第三十九条　国务院、国务院有关部门和沿海省、自治区、直辖市人民政府，根据海岛自然资源、自然景观以及历史、人文遗迹保护的需要，对具有特殊保护价值的海岛及其周边海域，依法批准设立海洋自然保护区或者海洋特别保护区。

第四章　监督检查

第四十条　县级以上人民政府有关部门应当依法对有居民海岛保护和开发、建设进行监督检查。

第四十一条　海洋主管部门应当依法对无居民海岛保护和合理利用情况进行监督检查。

海洋主管部门及其海监机构依法对海岛周边海域生态系统保护情况进行监督检查。

第四十二条　海洋主管部门依法履行监督检查职责，有权要求被检查单位和个人就海岛利用的有关问题作出说明，提供海岛利用的有关文件和资料；有权进入被检查单位和个人所利用的海岛实施现场检查。

检查人员在履行检查职责时，应当出示有效的执法证件。有关单位和个人对检查工作应当予以配合，如实反映情况，提供有关文件和资料等；不得拒绝或者阻碍检查工作。

第四十三条　检查人员必须忠于职守、秉公执法、清正廉洁、文明服务，并依法接受监督。在依法查处违反本法规定的行为时，发现国家机关工作人员有违法行为应当给予处分的，应当向其任免机关或者监察机关提出处分建议。

第五章　法律责任

第四十四条　海洋主管部门或者其他对海岛保护负有监督管理职责的部门，发现违法行为或者接到对违法行为的举报后不依法予以查处，或者有其他未依照本法规定履行职责的行为的，由本级人民政府或者上一级人民政府有关主管部门责令改正，对直接负责的主管人员和其他直接责任人员依法给予处分。

第四十五条　违反本法规定，改变自然保护区内海岛的海岸线，填海、围海改变海岛海岸线，或者进行填海连岛的，依照《中华人民共和国海域使用管理法》的规定处罚。

第四十六条　违反本法规定，采挖、破坏珊瑚、珊瑚礁，或者砍伐海岛周边海域红树林的，依照《中华人民共和国海洋环境保护法》的规定处罚。

第四十七条　违反本法规定，在无居民海岛采石、挖海砂、采伐林木或者采集生物、非生物样本的，由县级以上人民政府海洋主管部门责令停止违法行为，没收违法所得，可以并处二万元以下的罚款。

违反本法规定，在无居民海岛进行生产、建设活动或者组织开展旅游活动的，由县级以上人民政府海洋主管部门责令停止违法行为，没收违法所得，并处二万元以上二十万元以下的罚款。

第四十八条　违反本法规定，进行严重改变无居民海岛自然地形、地貌的活动的，由县级以上人民政府海洋主管部门责令停止违法行为，处以五万元以上五十万元以下的罚款。

第四十九条　在海岛及其周边海域违法排放污染物的，依照有关环境保护法律的规定处罚。

第五十条　违反本法规定，在领海基点保护范围内进行工程建设或者其他可能改变该区域地形、地貌活动，在临时性利用的无居民海岛建造永久性建筑物或者设施，或者在依法确定为开展旅游活动的可利用无居民海岛建造居民定居场所的，由县级以上人民政府海洋主管部门责令停止违法行为，处以二万元以上二十万元以下的罚款。

第五十一条　损毁或者擅自移动领海基点标志的，依法给予治安管理处罚。

第五十二条　破坏、危害设置在海岛的军事设施，或者损毁、擅自移动设置在海岛的助航导航、测量、气象观测、海洋监测和地震监测等公益设施的，依照有关法律、行政法规的规定处罚。

第五十三条　无权批准开发利用无居民海岛而批准，超越批准权限批准开发利用无居民海岛，或者违反海岛保护规划批准开发利用无居民海岛的，批准文件无效；对直接负责的主管人员和其他直接责任人员依法给予处分。

第五十四条　违反本法规定，拒绝海洋主管部门监督检查，在接受监督检查时弄虚作假，或者不提供有关文件和资料的，由县级以上人民政府海洋主管部门责令改正，可以处二万元以下的罚款。

第五十五条　违反本法规定，构成犯罪的，依法追究刑事责任。

造成海岛及其周边海域生态系统破坏的，依法承担民事责任。

第六章　附　则

第五十六条　低潮高地的保护及相关管理活动，比照本法有关规定执行。

第五十七条 本法中下列用语的含义：

（一）海岛及其周边海域生态系统，是指由维持海岛存在的岛体、海岸线、沙滩、植被、淡水和周边海域等生物群落和非生物环境组成的有机复合体。

（二）无居民海岛，是指不属于居民户籍管理的住址登记地的海岛。

（三）低潮高地，是指在低潮时四面环海水并高于水面但在高潮时没入水中的自然形成的陆地区域。

（四）填海连岛，是指通过填海造地等方式将海岛与陆地或者海岛与海岛连接起来的行为。

（五）临时性利用无居民海岛，是指因公务、教学、科学调查、救灾、避险等需要而短期登临、停靠无居民海岛的行为。

第五十八条 本法自 2010 年 3 月 1 日起施行。

涉海行政法规

中华人民共和国船舶和海上设施检验条例

（1993 年 2 月 14 日中华人民共和国国务院令第 109 号发布　根据 2019 年 3 月 2 日《国务院关于修改部分行政法规的决定》修订）

第一章　总　　则

第一条　为了保证船舶、海上设施和船运货物集装箱具备安全航行、安全作业的技术条件,保障人民生命财产的安全和防止水域环境污染,制定本条例。

第二条　本条例适用于:

（一）在中华人民共和国登记或者将在中华人民共和国登记的船舶（以下简称中国籍船舶）;

（二）根据本条例或者国家有关规定申请检验的外国籍船舶;

（三）在中华人民共和国沿海水域内设置或者将在中华人民共和国沿海水域内设置的海上设施（以下简称海上设施）;

（四）在中华人民共和国登记的企业法人所拥有的船运货物集装箱（以下简称集装箱）。

第三条　中华人民共和国船舶检验局（以下简称船检局）是依照本条例规定实施各项检验工作的主管机构。

经国务院交通主管部门批准,船检局可以在主要港口和工业区设置船舶检验机构。

经国务院交通主管部门和省、自治区、直辖市人民政府批准,省、自治区、直辖市人民政府交通主管部门可以在所辖港口设置地方船舶检验机构。

第四条　中国船级社是社会团体性质的船舶检验机构,承办国内外船舶、海上设施和集装箱的入级检验、鉴证检验和公证检验业务;经船检局授权,可以代行法定检验。

第五条　实施本条例规定的各项检验,应当贯彻安全第一、质量第一的原则,鼓励新技术的开发和应用。

第二章　船舶检验

第六条　船舶检验分别由下列机构实施：

（一）船检局设置的船舶检验机构；

（二）省、自治区、直辖市人民政府交通主管部门设置的地方船舶检验机构；

（三）船检局委托、指定或者认可的检验机构。

前款所列机构，以下统称船舶检验机构。

第七条　中国籍船舶的所有人或者经营人，必须向船舶检验机构申请下列检验：

（一）建造或者改建船舶时，申请建造检验；

（二）营运中的船舶，申请定期检验；

（三）由外国籍船舶改为中国籍船舶的，申请初次检验。

第八条　中国籍船舶所使用的有关海上交通安全的和防止水域环境污染的重要设备、部件和材料，须经船舶检验机构按照有关规定检验。

第九条　中国籍船舶须由船舶检验机构测定总吨位和净吨位，核定载重线和乘客定额。

第十条　在中国沿海水域从事钻探、开发作业的外国籍钻井船、移动式平台的所有人或者经营人，必须向船检局设置或者指定的船舶检验机构申请下列检验：

（一）作业前检验；

（二）作业期间的定期检验。

第十一条　中国沿海水域内的移动式平台、浮船坞和其他大型设施进行拖带航行，起拖前必须向船检局设置的或者指定的船舶检验机构申请拖航检验。

第十二条　中国籍船舶有下列情形之一的，船舶所有人或者经营人必须向船舶检验机构申请临时检验：

（一）因发生事故，影响船舶适航性能的；

（二）改变船舶证书所限定的用途或者航区的；

（三）船舶检验机构签发的证书失效的；

（四）海上交通安全或者环境保护主管机关责成检验的。

在中国港口内的外国籍船舶，有前款（一）、（四）项所列情形之一的，必须向船检局设置或者指定的船舶检验机构申请临时检验。

第十三条 下列中国籍船舶,必须向中国船级社申请入级检验:

(一)从事国际航行的船舶;

(二)在海上航行的乘客定额一百人以上的客船;

(三)载重量一千吨以上的油船;

(四)滚装船、液化气体运输船和散装化学品运输船;

(五)船舶所有人或者经营人要求入级的其他船舶。

第十四条 船舶经检验合格后,船舶检验机构应当按照规定签发相应的检验证书。

第三章 海上设施检验

第十五条 海上设施的所有人或者经营人,必须向船检局设置或者指定的船舶检验机构申请下列检验,但是本条例第三十一条规定的除外:

(一)建造或者改建海上设施时,申请建造检验;

(二)使用中的海上设施,申请定期检验;

(三)因发生事故影响海上设施安全性能的,申请临时检验;

(四)海上交通安全或者环境保护主管机关责成检验的,申请临时检验。

第十六条 海上设施经检验合格后,船舶检验机构应当按照规定签发相应的检验证书。

第四章 集装箱检验

第十七条 集装箱的所有人或者经营人,必须向船检局设置或者指定的船舶检验机构申请下列检验:

(一)制造集装箱时,申请制造检验;

(二)使用中的集装箱,申请定期检验。

第十八条 集装箱经检验合格后,船舶检验机构应当按照规定签发相应的检验证书。

第五章 检验管理

第十九条 船舶、海上设施、集装箱的检验制度和技术规范,除本条例第三十一条规定的外,由船检局制订,经国务院交通主管部门批准后公布施行。

第二十条 船舶检验机构的检验人员,必须具备相应的专业知识和检验技能,并经考核合格。

第二十一条 检验人员执行检验任务或者对事故进行技术分析调查时,有关单位应当提供必要的条件。

第二十二条 船舶检验机构实施检验,按照规定收取费用。收费办法由国务院交通主管部门会同国务院物价主管部门、国务院财政主管部门制定。

第二十三条 当事人对船舶检验机构的检验结论有异议的,可以向上一级检验机构申请复验;对复验结论仍有异议的,可以向船检局提出再复验,由船检局组织技术专家组进行检验、评议,作出最终结论。

第二十四条 任何单位和个人不得涂改、伪造检验证书,不得擅自更改船舶检验机构勘划的船舶载重线。

第二十五条 关于外国船舶检验机构在中国境内设置常驻代表机构或者派驻检验人员的管理办法,由国务院交通主管部门制定。

第六章 罚 则

第二十六条 涂改检验证书、擅自更改船舶载重线或者以欺骗行为获取检验证书的,船检局或者其委托的检验机构有权撤销已签发的相应证书,并可以责令改正或者补办有关手续。

第二十七条 伪造船舶检验证书或者擅自更改船舶载重线的,由有关行政主管机关给予通报批评,并可以处以相当于相应的检验费一倍至五倍的罚款;构成犯罪的,由司法机关依法追究刑事责任。

第二十八条 船舶检验机构的检验人员滥用职权、徇私舞弊、玩忽职守、严重失职的,由所在单位或者上级机关给予行政处分或者撤销其检验资格;情节严重,构成犯罪的,由司法机关依法追究刑事责任。

第七章 附 则

第二十九条 本条例下列用语的定义:

（一）船舶,是指各类排水或者非排水船、艇、水上飞机、潜水器和移动式平台。

（二）海上设施,是指水上水下各种固定或者浮动建筑、装置和固定平台。

（三）沿海水域,是指中华人民共和国沿海的港口、内水和领海以及国家管辖的一切其他海域。

第三十条 除从事国际航行的渔业辅助船舶依照本条例进行检验外,其他渔业船舶的检验,由国务院交通运输主管部门按照相关渔业船舶检验的行政法规执行。

第三十一条 海上设施中的海上石油天然气生产设施的检验,由国务院石油主管部门会同国务院交通主管部门另行规定。

第三十二条 下列船舶不适用本条例:

(一)军用舰艇、公安船艇和体育运动船艇;

(二)按照船舶登记规定,不需要登记的船舶。

第三十三条 本条例自发布之日起施行。

中华人民共和国自然保护区条例

（1994 年 10 月 9 日中华人民共和国国务院令第 167 号发布　根据 2011 年 1 月 8 日《国务院关于废止和修改部分行政法规的决定》第一次修订　根据 2017 年 10 月 7 日《国务院关于修改部分行政法规的决定》第二次修订）

第一章　总　　则

第一条　为了加强自然保护区的建设和管理，保护自然环境和自然资源，制定本条例。

第二条　本条例所称自然保护区，是指对有代表性的自然生态系统、珍稀濒危野生动植物物种的天然集中分布区、有特殊意义的自然遗迹等保护对象所在的陆地、陆地水体或者海域，依法划出一定面积予以特殊保护和管理的区域。

第三条　凡在中华人民共和国领域和中华人民共和国管辖的其他海域内建设和管理自然保护区，必须遵守本条例。

第四条　国家采取有利于发展自然保护区的经济、技术政策和措施，将自然保护区的发展规划纳入国民经济和社会发展计划。

第五条　建设和管理自然保护区，应当妥善处理与当地经济建设和居民生产、生活的关系。

第六条　自然保护区管理机构或者其行政主管部门可以接受国内外组织和个人的捐赠，用于自然保护区的建设和管理。

第七条　县级以上人民政府应当加强对自然保护区工作的领导。

一切单位和个人都有保护自然保护区内自然环境和自然资源的义务，并有权对破坏、侵占自然保护区的单位和个人进行检举、控告。

第八条　国家对自然保护区实行综合管理与分部门管理相结合的管理体制。

国务院环境保护行政主管部门负责全国自然保护区的综合管理。

国务院林业、农业、地质矿产、水利、海洋等有关行政主管部门在各自的职责范围内,主管有关的自然保护区。

县级以上地方人民政府负责自然保护区管理的部门的设置和职责,由省、自治区、直辖市人民政府根据当地具体情况确定。

第九条 对建设、管理自然保护区以及在有关的科学研究中做出显著成绩的单位和个人,由人民政府给予奖励。

第二章　自然保护区的建设

第十条 凡具有下列条件之一的,应当建立自然保护区:

(一)典型的自然地理区域、有代表性的自然生态系统区域以及已经遭受破坏但经保护能够恢复的同类自然生态系统区域;

(二)珍稀、濒危野生动植物物种的天然集中分布区域;

(三)具有特殊保护价值的海域、海岸、岛屿、湿地、内陆水域、森林、草原和荒漠;

(四)具有重大科学文化价值的地质构造、著名溶洞、化石分布区、冰川、火山、温泉等自然遗迹;

(五)经国务院或者省、自治区、直辖市人民政府批准,需要予以特殊保护的其他自然区域。

第十一条 自然保护区分为国家级自然保护区和地方级自然保护区。

在国内外有典型意义、在科学上有重大国际影响或者有特殊科学研究价值的自然保护区,列为国家级自然保护区。

除列为国家级自然保护区的外,其他具有典型意义或者重要科学研究价值的自然保护区列为地方级自然保护区。地方级自然保护区可以分级管理,具体办法由国务院有关自然保护区行政主管部门或者省、自治区、直辖市人民政府根据实际情况规定,报国务院环境保护行政主管部门备案。

第十二条 国家级自然保护区的建立,由自然保护区所在的省、自治区、直辖市人民政府或者国务院有关自然保护区行政主管部门提出申请,经国家级自然保护区评审委员会评审后,由国务院环境保护行政主管部门进行协调并提出审批建议,报国务院批准。

地方级自然保护区的建立,由自然保护区所在的县、自治县、市、自治州人民政府或者省、自治区、直辖市人民政府有关自然保护区行政主管部门提出申请,经地方级自然保护区评审委员会评审后,由省、自治区、直辖市人民政府环境保护行政主管部门进行协调并提出审批建议,报省、自治区、直辖市人民政府批准,并报国务院环境保护行政主管部门和国务院有关自然保护区行政主管部门备案。

跨两个以上行政区域的自然保护区的建立,由有关行政区域的人民政府协商一致后提出中请,并按照前两款规定的程序审批。

建立海上自然保护区,须经国务院批准。

第十三条　申请建立自然保护区,应当按照国家有关规定填报建立自然保护区申报书。

第十四条　自然保护区的范围和界线由批准建立自然保护区的人民政府确定,并标明区界,予以公告。

确定自然保护区的范围和界线,应当兼顾保护对象的完整性和适度性,以及当地经济建设和居民生产、生活的需要。

第十五条　自然保护区的撤销及其性质、范围、界线的调整或者改变,应当经原批准建立自然保护区的人民政府批准。

任何单位和个人,不得擅自移动自然保护区的界标。

第十六条　自然保护区按照下列方法命名:

国家级自然保护区:自然保护区所在地地名加"国家级自然保护区"。

地方级自然保护区:自然保护区所在地地名加"地方级自然保护区"。

有特殊保护对象的自然保护区,可以在自然保护区所在地地名后加特殊保护对象的名称。

第十七条　国务院环境保护行政主管部门应当会同国务院有关自然保护区行政主管部门,在对全国自然环境和自然资源状况进行调查和评价的基础上,拟订国家自然保护区发展规划,经国务院计划部门综合平衡后,报国务院批准实施。

自然保护区管理机构或者该自然保护区行政主管部门应当组织编制自然保护区的建设规划,按照规定的程序纳入国家的、地方的或者部门的投资计划,并组织实施。

第十八条　自然保护区可以分为核心区、缓冲区和实验区。

自然保护区内保存完好的天然状态的生态系统以及珍稀、濒危动植物的集中分布地,应当划为核心区,禁止任何单位和个人进入;除依照本条例第二十七条的规定经批准外,也不允许进入从事科学研究活动。

核心区外围可以划定一定面积的缓冲区,只准进入从事科学研究观测活动。

缓冲区外围划为实验区,可以进入从事科学试验、教学实习、参观考察、旅游以及驯化、繁殖珍稀、濒危野生动植物等活动。

原批准建立自然保护区的人民政府认为必要时,可以在自然保护区的外围划定一定面积的外围保护地带。

第三章　自然保护区的管理

第十九条　全国自然保护区管理的技术规范和标准,由国务院环境保护行政主管部门组织国务院有关自然保护区行政主管部门制定。

国务院有关自然保护区行政主管部门可以按照职责分工,制定有关类型自然保护区管理的技术规范,报国务院环境保护行政主管部门备案。

第二十条　县级以上人民政府环境保护行政主管部门有权对本行政区域内各类自然保护区的管理进行监督检查;县级以上人民政府有关自然保护区行政主管部门有权对其主管的自然保护区的管理进行监督检查。被检查的单位应当如实反映情况,提供必要的资料。检查者应当为被检查的单位保守技术秘密和业务秘密。

第二十一条　国家级自然保护区,由其所在地的省、自治区、直辖市人民政府有关自然保护区行政主管部门或者国务院有关自然保护区行政主管部门管理。地方级自然保护区,由其所在地的县级以上地方人民政府有关自然保护区行政主管部门管理。

有关自然保护区行政主管部门应当在自然保护区内设立专门的管理机构,配备专业技术人员,负责自然保护区的具体管理工作。

第二十二条　自然保护区管理机构的主要职责是:

(一)贯彻执行国家有关自然保护的法律、法规和方针、政策;

(二)制定自然保护区的各项管理制度,统一管理自然保护区;

(三)调查自然资源并建立档案,组织环境监测,保护自然保护区内的自然环境和自然资源;

(四)组织或者协助有关部门开展自然保护区的科学研究工作;

(五)进行自然保护的宣传教育;

(六)在不影响保护自然保护区的自然环境和自然资源的前提下,组织开展参观、旅游等活动。

第二十三条　管理自然保护区所需经费,由自然保护区所在地的县级以上地方人民政府安排。国家对国家级自然保护区的管理,给予适当的资金补助。

第二十四条 自然保护区所在地的公安机关,可以根据需要在自然保护区设置公安派出机构,维护自然保护区内的治安秩序。

第二十五条 在自然保护区内的单位、居民和经批准进入自然保护区的人员,必须遵守自然保护区的各项管理制度,接受自然保护区管理机构的管理。

第二十六条 禁止在自然保护区内进行砍伐、放牧、狩猎、捕捞、采药、开垦、烧荒、开矿、采石、挖沙等活动;但是,法律、行政法规另有规定的除外。

第二十七条 禁止任何人进入自然保护区的核心区。因科学研究的需要,必须进入核心区从事科学研究观测、调查活动的,应当事先向自然保护区管理机构提交申请和活动计划,并经自然保护区管理机构批准;其中,进入国家级自然保护区核心区的,应当经省、自治区、直辖市人民政府有关自然保护区行政主管部门批准。

自然保护区核心区内原有居民确有必要迁出的,由自然保护区所在地的地方人民政府予以妥善安置。

第二十八条 禁止在自然保护区的缓冲区开展旅游和生产经营活动。因教学科研的目的,需要进入自然保护区的缓冲区从事非破坏性的科学研究、教学实习和标本采集活动的,应当事先向自然保护区管理机构提交申请和活动计划,经自然保护区管理机构批准。

从事前款活动的单位和个人,应当将其活动成果的副本提交自然保护区管理机构。

第二十九条 在自然保护区的实验区内开展参观、旅游活动的,由自然保护区管理机构编制方案,方案应当符合自然保护区管理目标。

在自然保护区组织参观、旅游活动的,应当严格按照前款规定的方案进行,并加强管理;进入自然保护区参观、旅游的单位和个人,应当服从自然保护区管理机构的管理。

严禁开设与自然保护区保护方向不一致的参观、旅游项目。

第三十条 自然保护区的内部未分区的,依照本条例有关核心区和缓冲区的规定管理。

第三十一条 外国人进入自然保护区,应当事先向自然保护区管理机构提交活动计划,并经自然保护区管理机构批准;其中,进入国家级自然保护区的,应当经省、自治区、直辖市环境保护、海洋、渔业等有关自然保护区行政主管部门按照各自职责批准。

进入自然保护区的外国人,应当遵守有关自然保护区的法律、法规和规定,未经批准,不得在自然保护区内从事采集标本等活动。

第三十二条 在自然保护区的核心区和缓冲区内,不得建设任何生产设施。在自然保护区的实验区内,不得建设污染环境、破坏资源或者景观的生产设施;建设其他项目,其污染物排放不得超过国家和地方规定的污染物排放标准。在自然保护区的实验区内已经建成的设施,其污染物排放超过国家和地方规定的排放标准的,应当限期治理;造成损害的,必须采取补救措施。

在自然保护区的外围保护地带建设的项目,不得损害自然保护区内的环境质量;已造成损害的,应当限期治理。

限期治理决定由法律、法规规定的机关作出,被限期治理的企业事业单位必须按期完成治理任务。

第三十三条 因发生事故或者其他突然性事件,造成或者可能造成自然保护区污染或者破坏的单位和个人,必须立即采取措施处理,及时通报可能受到危害的单位和居民,并向自然保护区管理机构、当地环境保护行政主管部门和自然保护区行政主管部门报告,接受调查处理。

第四章　法律责任

第三十四条 违反本条例规定,有下列行为之一的单位和个人,由自然保护区管理机构责令其改正,并可以根据不同情节处以 100 元以上 5 000 元以下的罚款:

(一)擅自移动或者破坏自然保护区界标的;

(二)未经批准进入自然保护区或者在自然保护区内不服从管理机构管理的;

(三)经批准在自然保护区的缓冲区内从事科学研究、教学实习和标本采集的单位和个人,不向自然保护区管理机构提交活动成果副本的。

第三十五条 违反本条例规定,在自然保护区进行砍伐、放牧、狩猎、捕捞、采药、开垦、烧荒、开矿、采石、挖沙等活动的单位和个人,除可以依照有关法律、行政法规规定给予处罚的以外,由县级以上人民政府有关自然保护区行政主管部门或者其授权的自然保护区管理机构没收违法所得,责令停止违法行为,限期恢复原状或者采取其他补救措施;对自然保护区造成破坏的,可以处以 300 元以上 1 万元以下的罚款。

第三十六条　自然保护区管理机构违反本条例规定，拒绝环境保护行政主管部门或者有关自然保护区行政主管部门监督检查，或者在被检查时弄虚作假的，由县级以上人民政府环境保护行政主管部门或者有关自然保护区行政主管部门给予 300 元以上 3 000 元以下的罚款。

第三十七条　自然保护区管理机构违反本条例规定，有下列行为之一的，由县级以上人民政府有关自然保护区行政主管部门责令限期改正；对直接责任人员，由其所在单位或者上级机关给予行政处分：

（一）开展参观、旅游活动未编制方案或者编制的方案不符合自然保护区管理目标的；

（二）开设与自然保护区保护方向不一致的参观、旅游项目的；

（三）不按照编制的方案开展参观、旅游活动的；

（四）违法批准人员进入自然保护区的核心区，或者违法批准外国人进入自然保护区的；

（五）有其他滥用职权、玩忽职守、徇私舞弊行为的。

第三十八条　违反本条例规定，给自然保护区造成损失的，由县级以上人民政府有关自然保护区行政主管部门责令赔偿损失。

第三十九条　妨碍自然保护区管理人员执行公务的，由公安机关依照《中华人民共和国治安管理处罚法》的规定给予处罚；情节严重，构成犯罪的，依法追究刑事责任。

第四十条　违反本条例规定，造成自然保护区重大污染或者破坏事故，导致公私财产重大损失或者人身伤亡的严重后果，构成犯罪的，对直接负责的主管人员和其他直接责任人员依法追究刑事责任。

第四十一条　自然保护区管理人员滥用职权、玩忽职守、徇私舞弊，构成犯罪的，依法追究刑事责任；情节轻微，尚不构成犯罪的，由其所在单位或者上级机关给予行政处分。

第五章　附　则

第四十二条　国务院有关自然保护区行政主管部门可以根据本条例，制定有关类型自然保护区的管理办法。

第四十三条　各省、自治区、直辖市人民政府可以根据本条例，制定实施办法。

第四十四条　本条例自 1994 年 12 月 1 日起施行。

中华人民共和国涉外海洋科学研究管理规定

（1996年6月18日中华人民共和国国务院令第199号发布　自1996年10月1日起施行）

第一条　为了加强对在中华人民共和国管辖海域内进行涉外海洋科学研究活动的管理，促进海洋科学研究的国际交流与合作，维护国家安全和海洋权益，制定本规定。

第二条　本规定适用于国际组织、外国的组织和个人（以下简称外方）为和平目的，单独或者与中华人民共和国的组织（以下简称中方）合作，使用船舶或者其他运载工具、设施，在中华人民共和国内海、领海以及中华人民共和国管辖的其他海域内进行的对海洋环境和海洋资源等的调查研究活动。但是，海洋矿产资源（包括海洋石油资源）勘查、海洋渔业资源调查和国家重点保护的海洋野生动物考察等活动，适用中华人民共和国有关法律、行政法规的规定。

第三条　中华人民共和国国家海洋行政主管部门（以下简称国家海洋行政主管部门）及其派出机构或者其委托的机构，对在中华人民共和国管辖海域内进行的涉外海洋科学研究活动，依照本规定实施管理。

国务院其他有关部门根据国务院规定的职责，协同国家海洋行政主管部门对在中华人民共和国管辖海域内进行的涉外海洋科学研究活动实施管理。

第四条　在中华人民共和国内海、领海内，外方进行海洋科学研究活动，应当采用与中方合作的方式。在中华人民共和国管辖的其他海域内，外方可以单独或者与中方合作进行海洋科学研究活动。

外方单独或者与中方合作进行海洋科学研究活动，须经国家海洋行政主管部门批准或者由国家海洋行政主管部门报请国务院批准，并遵守中华人民共和国的有关法律、法规。

第五条　外方与中方合作进行海洋科学研究活动的，中方应当在海洋科学研究计划预定开始日期6个月前，向国家海洋行政主管部门提出书面申请，并按照规定提交海洋科学研究计划和其他有关说明材料。

国家海洋行政主管部门收到海洋科学研究申请后，应当会同外交部、军事主管部门以及国务院其他有关部门进行审查，在4个月内作出批准或者不批准的决定，或者提出审查意见报请国务院决定。

第六条　经批准进行涉外海洋科学研究活动的，申请人应当在各航次开始之日2个月前，将海上船只活动计划报国家海洋行政主管部门审批。国家海洋行政主管部门应当自收到海上船只活动计划之日起1个月内作出批准或者不批准的决定，并书面通知申请人，同时通报国务院有关部门。

第七条　有关中外双方或者外方应当按照经批准的海洋科学研究计划和海上船只活动计划进行海洋科学研究活动；海洋科学研究计划或者海上船只活动计划在执行过程中需要作重大修改的，应当征得国家海洋行政主管部门同意。

因不可抗力不能执行批准的海洋科学研究计划或者海上船只活动计划的，有关中外双方或者外方应当及时报告国家海洋行政主管部门；在不可抗力消失后，可以恢复执行、修改计划或者中止执行计划。

第八条　进行涉外海洋科学研究活动的，不得将有害物质引入海洋环境，不得擅自钻探或者使用炸药作业。

第九条　中外合作使用外国籍调查船在中华人民共和国内海、领海内进行海洋科学研究活动的，作业船舶应当于格林威治时间每天00时和08时，向国家海洋行政主管部门报告船位及船舶活动情况。外方单独或者中外合作使用外国籍调查船在中华人民共和国管辖的其他海域内进行海洋科学研究活动的，作业船舶应当于格林威治时间每天02时，向海洋行政主管部门报告船位及船舶活动情况。

国家海洋行政主管部门或者其派出机构、其委托的机构可以对前款外国籍调查船进行海上监视或者登船检查。

第十条　中外合作在中华人民共和国内海、领海内进行海洋科学研究活动所获得的原始资料和样品，归中华人民共和国所有，参加合作研究的外方可以依照合同约定无偿使用。

中外合作在中华人民共和国管辖的其他海域内进行海洋科学研究活动所获得的原始资料和样品，在不违反中华人民共和国有关法律、法规和有关规定的前提下，由中外双方按照协议分享，都可以无偿使用。

外方单独进行海洋科学研究活动所获得的原始资料和样品，中华人民共和国的有关组织可以无偿使用；外方应当向国家海洋行政主管部门无偿提供所获得的资料的复制件和可分样品。

未经国家海洋行政主管部门以及国务院其他有关部门同意,有关中外双方或者外方不得公开发表或者转让在中华人民共和国管辖海域内进行海洋科学研究活动所获得的原始资料和样品。

第十一条 中外合作进行的海洋科学研究活动结束后,所使用的外国籍调查船应当接受国家海洋行政主管部门或者其派出机构、其委托的机构检查。

第十二条 中外合作进行的海洋科学研究活动结束后,中方应当将研究成果和资料目录抄报国家海洋行政主管部门和国务院有关部门,并及时提供有关阶段性研究成果以及最后研究成果和结论。

第十三条 违反本规定进行涉外海洋科学研究活动的,由国家海洋行政主管部门或者其派出机构、其委托的机构责令停止该项活动,可以没收违法活动器具、没收违法获得的资料和样品,可以单处或者并处 5 万元人民币以下的罚款。

第十四条 中华人民共和国缔结或者参加的国际条约与本规定有不同规定的,适用该国际条约的规定;但是,中华人民共和国声明保留的条款除外。

第十五条 本规定自 1996 年 10 月 1 日起施行。

中华人民共和国防治海洋工程建设项目
污染损害海洋环境管理条例

（2006 年 9 月 19 日中华人民共和国国务院令第 475 号公布　根据 2017 年 3 月 1 日《国务院关于修改和废止部分行政法规的决定》第一次修订　根据 2018 年 3 月 19 日《国务院关于修改和废止部分行政法规的决定》第二次修订）

第一章　总　　则

第一条　为了防治和减轻海洋工程建设项目（以下简称海洋工程）污染损害海洋环境，维护海洋生态平衡，保护海洋资源，根据《中华人民共和国海洋环境保护法》，制定本条例。

第二条　在中华人民共和国管辖海域内从事海洋工程污染损害海洋环境防治活动，适用本条例。

第三条　本条例所称海洋工程，是指以开发、利用、保护、恢复海洋资源为目的，并且工程主体位于海岸线向海一侧的新建、改建、扩建工程。具体包括：

（一）围填海、海上堤坝工程；

（二）人工岛、海上和海底物资储藏设施、跨海桥梁、海底隧道工程；

（三）海底管道、海底电（光）缆工程；

（四）海洋矿产资源勘探开发及其附属工程；

（五）海上潮汐电站、波浪电站、温差电站等海洋能源开发利用工程；

（六）大型海水养殖场、人工鱼礁工程；

（七）盐田、海水淡化等海水综合利用工程；

（八）海上娱乐及运动、景观开发工程；

（九）国家海洋主管部门会同国务院环境保护主管部门规定的其他海洋工程。

第四条　国家海洋主管部门负责全国海洋工程环境保护工作的监督管理，

并接受国务院环境保护主管部门的指导、协调和监督。沿海县级以上地方人民政府海洋主管部门负责本行政区域毗邻海域海洋工程环境保护工作的监督管理。

第五条 海洋工程的选址和建设应当符合海洋功能区划、海洋环境保护规划和国家有关环境保护标准，不得影响海洋功能区的环境质量或者损害相邻海域的功能。

第六条 国家海洋主管部门根据国家重点海域污染物排海总量控制指标，分配重点海域海洋工程污染物排海控制数量。

第七条 任何单位和个人对海洋工程污染损害海洋环境、破坏海洋生态等违法行为，都有权向海洋主管部门进行举报。

接到举报的海洋主管部门应当依法进行调查处理，并为举报人保密。

第二章　环境影响评价

第八条 国家实行海洋工程环境影响评价制度。

海洋工程的环境影响评价，应当以工程对海洋环境和海洋资源的影响为重点进行综合分析、预测和评估，并提出相应的生态保护措施，预防、控制或者减轻工程对海洋环境和海洋资源造成的影响和破坏。

海洋工程环境影响报告书应当依据海洋工程环境影响评价技术标准及其他相关环境保护标准编制。编制环境影响报告书应当使用符合国家海洋主管部门要求的调查、监测资料。

第九条 海洋工程环境影响报告书应当包括下列内容：

（一）工程概况；

（二）工程所在海域环境现状和相邻海域开发利用情况；

（三）工程对海洋环境和海洋资源可能造成影响的分析、预测和评估；

（四）工程对相邻海域功能和其他开发利用活动影响的分析及预测；

（五）工程对海洋环境影响的经济损益分析和环境风险分析；

（六）拟采取的环境保护措施及其经济、技术论证；

（七）公众参与情况；

（八）环境影响评价结论。

海洋工程可能对海岸生态环境产生破坏的，其环境影响报告书中应当增加工程对近岸自然保护区等陆地生态系统影响的分析和评价。

第十条　新建、改建、扩建海洋工程的建设单位,应当编制环境影响报告书,报有核准权的海洋主管部门核准。

海洋主管部门在核准海洋工程环境影响报告书前,应当征求海事、渔业主管部门和军队环境保护部门的意见;必要时,可以举行听证会。其中,围填海工程必须举行听证会。

第十一条　下列海洋工程的环境影响报告书,由国家海洋主管部门核准:

(一)涉及国家海洋权益、国防安全等特殊性质的工程;

(二)海洋矿产资源勘探开发及其附属工程;

(三)50公顷以上的填海工程,100公顷以上的围海工程;

(四)潮汐电站、波浪电站、温差电站等海洋能源开发利用工程;

(五)由国务院或者国务院有关部门审批的海洋工程。

前款规定以外的海洋工程的环境影响报告书,由沿海县级以上地方人民政府海洋主管部门根据沿海省、自治区、直辖市人民政府规定的权限核准。

海洋工程可能造成跨区域环境影响并且有关海洋主管部门对环境影响评价结论有争议的,该工程的环境影响报告书由其共同的上一级海洋主管部门核准。

第十二条　海洋主管部门应当自收到海洋工程环境影响报告书之日起60个工作日内,作出是否核准的决定,书面通知建设单位。

需要补充材料的,应当及时通知建设单位,核准期限从材料补齐之日起重新计算。

第十三条　海洋工程环境影响报告书核准后,工程的性质、规模、地点、生产工艺或者拟采取的环境保护措施等发生重大改变的,建设单位应当重新编制环境影响报告书,报原核准该工程环境影响报告书的海洋主管部门核准;海洋工程自环境影响报告书核准之日起超过5年方开工建设的,应当在工程开工建设前,将该工程的环境影响报告书报原核准该工程环境影响报告书的海洋主管部门重新核准。

第十四条　建设单位可以采取招标方式确定海洋工程的环境影响评价单位。其他任何单位和个人不得为海洋工程指定环境影响评价单位。

第三章　海洋工程的污染防治

第十五条　海洋工程的环境保护设施应当与主体工程同时设计、同时施工、同时投产使用。

第十六条　海洋工程的初步设计,应当按照环境保护设计规范和经核准的环境影响报告书的要求,编制环境保护篇章,落实环境保护措施和环境保护投资概算。

第十七条　建设单位应当在海洋工程投入运行之日30个工作日前,向原核准该工程环境影响报告书的海洋主管部门申请环境保护设施的验收;海洋工程投入试运行的,应当自该工程投入试运行之日起60个工作日内,向原核准该工程环境影响报告书的海洋主管部门申请环境保护设施的验收。

分期建设、分期投入运行的海洋工程,其相应的环境保护设施应当分期验收。

第十八条　海洋主管部门应当自收到环境保护设施验收申请之日起30个工作日内完成验收;验收不合格的,应当限期整改。

海洋工程需要配套建设的环境保护设施未经海洋主管部门验收或者经验收不合格的,该工程不得投入运行。

建设单位不得擅自拆除或者闲置海洋工程的环境保护设施。

第十九条　海洋工程在建设、运行过程中产生不符合经核准的环境影响报告书的情形的,建设单位应当自该情形出现之日起20个工作日内组织环境影响的后评价,根据后评价结论采取改进措施,并将后评价结论和采取的改进措施报原核准该工程环境影响报告书的海洋主管部门备案;原核准该工程环境影响报告书的海洋主管部门也可以责成建设单位进行环境影响的后评价,采取改进措施。

第二十条　严格控制围填海工程。禁止在经济生物的自然产卵场、繁殖场、索饵场和鸟类栖息地进行围填海活动。

围填海工程使用的填充材料应当符合有关环境保护标准。

第二十一条　建设海洋工程,不得造成领海基点及其周围环境的侵蚀、淤积和损害,危及领海基点的稳定。

进行海上堤坝、跨海桥梁、海上娱乐及运动、景观开发工程建设的,应当采取有效措施防止对海岸的侵蚀或者淤积。

第二十二条　污水离岸排放工程排污口的设置应当符合海洋功能区划和海洋环境保护规划,不得损害相邻海域的功能。

污水离岸排放不得超过国家或者地方规定的排放标准。在实行污染物排海总量控制的海域,不得超过污染物排海总量控制指标。

第二十三条　从事海水养殖的养殖者,应当采取科学的养殖方式,减少养殖饵料对海洋环境的污染。因养殖污染海域或者严重破坏海洋景观的,养殖者应当予以恢复和整治。

第二十四条 建设单位在海洋固体矿产资源勘探开发工程的建设、运行过程中,应当采取有效措施,防止污染物大范围悬浮扩散,破坏海洋环境。

第二十五条 海洋油气矿产资源勘探开发作业中应当配备油水分离设施、含油污水处理设备、排油监控装置、残油和废油回收设施、垃圾粉碎设备。

海洋油气矿产资源勘探开发作业中所使用的固定式平台、移动式平台、浮式储油装置、输油管线及其他辅助设施,应当符合防渗、防漏、防腐蚀的要求;作业单位应当经常检查,防止发生漏油事故。

前款所称固定式平台和移动式平台,是指海洋油气矿产资源勘探开发作业中所使用的钻井船、钻井平台、采油平台和其他平台。

第二十六条 海洋油气矿产资源勘探开发单位应当办理有关污染损害民事责任保险。

第二十七条 海洋工程建设过程中需要进行海上爆破作业的,建设单位应当在爆破作业前报告海洋主管部门,海洋主管部门应当及时通报海事、渔业等有关部门。

进行海上爆破作业,应当设置明显的标志、信号,并采取有效措施保护海洋资源。在重要渔业水域进行炸药爆破作业或者进行其他可能对渔业资源造成损害的作业活动的,应当避开主要经济类鱼虾的产卵期。

第二十八条 海洋工程需要拆除或者改作他用的,应当在作业前报原核准该工程环境影响报告书的海洋主管部门备案。拆除或者改变用途后可能产生重大环境影响的,应当进行环境影响评价。

海洋工程需要在海上弃置的,应当拆除可能造成海洋环境污染损害或者影响海洋资源开发利用的部分,并按照有关海洋倾倒废弃物管理的规定进行。

海洋工程拆除时,施工单位应当编制拆除的环境保护方案,采取必要的措施,防止对海洋环境造成污染和损害。

第四章 污染物排放管理

第二十九条 海洋油气矿产资源勘探开发作业中产生的污染物的处置,应当遵守下列规定:

(一)含油污水不得直接或者经稀释排放入海,应当经处理符合国家有关排

放标准后再排放;

(二)塑料制品、残油、废油、油基泥浆、含油垃圾和其他有毒有害残液残渣,不得直接排放或者弃置入海,应当集中储存在专门容器中,运回陆地处理。

第三十条　严格控制向水基泥浆中添加油类,确需添加的,应当如实记录并向原核准该工程环境影响报告书的海洋主管部门报告添加油的种类和数量。禁止向海域排放含油量超过国家规定标准的水基泥浆和钻屑。

第三十一条　建设单位在海洋工程试运行或者正式投入运行后,应当如实记录污染物排放设施、处理设备的运转情况及其污染物的排放、处置情况,并按照国家海洋主管部门的规定,定期向原核准该工程环境影响报告书的海洋主管部门报告。

第三十二条　县级以上人民政府海洋主管部门,应当按照各自的权限核定海洋工程排放污染物的种类、数量,根据国务院价格主管部门和财政部门制定的收费标准确定排污者应当缴纳的排污费数额。

排污者应当到指定的商业银行缴纳排污费。

第三十三条　海洋油气矿产资源勘探开发作业中应当安装污染物流量自动监控仪器,对生产污水、机舱污水和生活污水的排放进行计量。

第三十四条　禁止向海域排放油类、酸液、碱液、剧毒废液和高、中水平放射性废水;严格限制向海域排放低水平放射性废水,确需排放的,应当符合国家放射性污染防治标准。

严格限制向大气排放含有毒物质的气体,确需排放的,应当经过净化处理,并不得超过国家或者地方规定的排放标准;向大气排放含放射性物质的气体,应当符合国家放射性污染防治标准。

严格控制向海域排放含有不易降解的有机物和重金属的废水;其他污染物的排放应当符合国家或者地方标准。

第三十五条　海洋工程排污费全额纳入财政预算,实行"收支两条线"管理,并全部专项用于海洋环境污染防治。具体办法由国务院财政部门会同国家海洋主管部门制定。

第五章　污染事故的预防和处理

第三十六条　建设单位应当在海洋工程正式投入运行前制定防治海洋工程污染损害海洋环境的应急预案,报原核准该工程环境影响报告书的海洋主管部门和有关主管部门备案。

第三十七条 防治海洋工程污染损害海洋环境的应急预案应当包括以下内容：

（一）工程及其相邻海域的环境、资源状况；

（二）污染事故风险分析；

（三）应急设施的配备；

（四）污染事故的处理方案。

第三十八条 海洋工程在建设、运行期间，由于发生事故或者其他突发性事件，造成或者可能造成海洋环境污染事故时，建设单位应当立即向可能受到污染的沿海县级以上地方人民政府海洋主管部门或者其他有关主管部门报告，并采取有效措施，减轻或者消除污染，同时通报可能受到危害的单位和个人。

沿海县级以上地方人民政府海洋主管部门或者其他有关主管部门接到报告后，应当按照污染事故分级规定及时向县级以上人民政府和上级有关主管部门报告。县级以上人民政府和有关主管部门应当按照各自的职责，立即派人赶赴现场，采取有效措施，消除或者减轻危害，对污染事故进行调查处理。

第三十九条 在海洋自然保护区内进行海洋工程建设活动，应当按照国家有关海洋自然保护区的规定执行。

第六章 监督检查

第四十条 县级以上人民政府海洋主管部门负责海洋工程污染损害海洋环境防治的监督检查，对违反海洋污染防治法律、法规的行为进行查处。

县级以上人民政府海洋主管部门的监督检查人员应当严格按照法律、法规规定的程序和权限进行监督检查。

第四十一条 县级以上人民政府海洋主管部门依法对海洋工程进行现场检查时，有权采取下列措施：

（一）要求被检查单位或者个人提供与环境保护有关的文件、证件、数据以及技术资料等，进行查阅或者复制；

（二）要求被检查单位负责人或者相关人员就有关问题作出说明；

（三）进入被检查单位的工作现场进行监测、勘查、取样检验、拍照、摄像；

（四）检查各项环境保护设施、设备和器材的安装、运行情况；

（五）责令违者停止违法活动，接受调查处理；

（六）要求违法者采取有效措施,防止污染事态扩大。

第四十二条　县级以上人民政府海洋主管部门的监督检查人员进行现场执法检查时,应当出示规定的执法证件。用于执法检查、巡航监视的公务飞机、船舶和车辆应当有明显的执法标志。

第四十三条　被检查单位和个人应当如实提供材料,不得拒绝或者阻碍监督检查人员依法执行公务。

有关单位和个人对海洋主管部门的监督检查工作应当予以配合。

第四十四条　县级以上人民政府海洋主管部门对违反海洋污染防治法律、法规的行为,应当依法作出行政处理决定;有关海洋主管部门不依法作出行政处理决定的,上级海洋主管部门有权责令其依法作出行政处理决定或者直接作出行政处理决定。

第七章　法律责任

第四十五条　建设单位违反本条例规定,有下列行为之一的,由负责核准该工程环境影响报告书的海洋主管部门责令停止建设、运行,限期补办手续,并处 5 万元以上 20 万元以下的罚款:

（一）环境影响报告书未经核准,擅自开工建设的;

（二）海洋工程环境保护设施未申请验收或者经验收不合格即投入运行的。

第四十六条　建设单位违反本条例规定,有下列行为之一的,由原核准该工程环境影响报告书的海洋主管部门责令停止建设、运行,限期补办手续,并处 5 万元以上 20 万元以下的罚款:

（一）海洋工程的性质、规模、地点、生产工艺或者拟采取的环境保护措施发生重大改变,未重新编制环境影响报告书报原核准该工程环境影响报告书的海洋主管部门核准的;

（二）自环境影响报告书核准之日起超过 5 年,海洋工程方开工建设,其环境影响报告书未重新报原核准该工程环境影响报告书的海洋主管部门核准的;

（三）海洋工程需要拆除或者改作他用时,未报原核准该工程环境影响报告书的海洋主管部门备案或者未按要求进行环境影响评价的。

第四十七条　建设单位违反本条例规定,有下列行为之一的,由原核准该工程环境影响报告书的海洋主管部门责令限期改正;逾期不改正的,责令停止运行,并处 1 万元以上 10 万元以下的罚款:

（一）擅自拆除或者闲置环境保护设施的；

（二）未在规定时间内进行环境影响后评价或者未按要求采取整改措施的。

第四十八条　建设单位违反本条例规定,有下列行为之一的,由县级以上人民政府海洋主管部门责令停止建设、运行,限期恢复原状;逾期未恢复原状的,海洋主管部门可以指定具有相应资质的单位代为恢复原状,所需费用由建设单位承担,并处恢复原状所需费用1倍以上2倍以下的罚款:

（一）造成领海基点及其周围环境被侵蚀、淤积或者损害的；

（二）违反规定在海洋自然保护区内进行海洋工程建设活动的。

第四十九条　建设单位违反本条例规定,在围填海工程中使用的填充材料不符合有关环境保护标准的,由县级以上人民政府海洋主管部门责令限期改正;逾期不改正的,责令停止建设、运行,并处5万元以上20万元以下的罚款;造成海洋环境污染事故,直接负责的主管人员和其他直接责任人员构成犯罪的,依法追究刑事责任。

第五十条　建设单位违反本条例规定,有下列行为之一的,由原核准该工程环境影响报告书的海洋主管部门责令限期改正;逾期不改正的,处1万元以上5万元以下的罚款:

（一）未按规定报告污染物排放设施、处理设备的运转情况或者污染物的排放、处置情况的；

（二）未按规定报告其向水基泥浆中添加油的种类和数量的；

（三）未按规定将防治海洋工程污染损害海洋环境的应急预案备案的；

（四）在海上爆破作业前未按规定报告海洋主管部门的；

（五）进行海上爆破作业时,未按规定设置明显标志、信号的。

第五十一条　建设单位违反本条例规定,进行海上爆破作业时未采取有效措施保护海洋资源的,由县级以上人民政府海洋主管部门责令限期改正;逾期未改正的,处1万元以上10万元以下的罚款。

建设单位违反本条例规定,在重要渔业水域进行炸药爆破或者进行其他可能对渔业资源造成损害的作业,未避开主要经济类鱼虾产卵期的,由县级以上人民政府海洋主管部门予以警告、责令停止作业,并处5万元以上20万元以下的罚款。

第五十二条　海洋油气矿产资源勘探开发单位违反本条例规定向海洋排放含油污水,或者将塑料制品、残油、废油、油基泥浆、含油垃圾和其他有毒有害残液残渣直接排放或者弃置入海的,由国家海洋主管部门或者其派出机构责令限期清理,并处 2 万元以上 20 万元以下的罚款;逾期未清理的,国家海洋主管部门或者其派出机构可以指定有相应资质的单位代为清理,所需费用由海洋油气矿产资源勘探开发单位承担;造成海洋环境污染事故,直接负责的主管人员和其他直接责任人员构成犯罪的,依法追究刑事责任。

第五十三条 海水养殖者未按规定采取科学的养殖方式,对海洋环境造成污染或者严重影响海洋景观的,由县级以上人民政府海洋主管部门责令限期改正;逾期不改正的,责令停止养殖活动,并处清理污染或者恢复海洋景观所需费用 1 倍以上 2 倍以下的罚款。

第五十四条 建设单位未按本条例规定缴纳排污费的,由县级以上人民政府海洋主管部门责令限期缴纳;逾期拒不缴纳的,处应缴纳排污费数额 2 倍以上 3 倍以下的罚款。

第五十五条 违反本条例规定,造成海洋环境污染损害的,责任者应当排除危害,赔偿损失。完全由于第三者的故意或者过失造成海洋环境污染损害的,由第三者排除危害,承担赔偿责任。

违反本条例规定,造成海洋环境污染事故,直接负责的主管人员和其他直接责任人员构成犯罪的,依法追究刑事责任。

第五十六条 海洋主管部门的工作人员违反本条例规定,有下列情形之一的,依法给予行政处分;构成犯罪的,依法追究刑事责任:

(一)未按规定核准海洋工程环境影响报告书的;

(二)未按规定验收环境保护设施的;

(三)未按规定对海洋环境污染事故进行报告和调查处理的;

(四)未按规定征收排污费的;

(五)未按规定进行监督检查的。

第八章　附　则

第五十七条 船舶污染的防治按照国家有关法律、行政法规的规定执行。

第五十八条 本条例自 2006 年 11 月 1 日起施行。

中华人民共和国防治海岸工程建设项目
污染损害海洋环境管理条例

（1990 年 6 月 25 日中华人民共和国国务院令第 62 号公布　根据 2007 年 9 月 25 日《国务院关于修改〈中华人民共和国防治海岸工程建设项目污染损害海洋环境管理条例〉的决定》第一次修订　根据 2017 年 3 月 1 日《国务院关于修改和废止部分行政法规的决定》第二次修订　根据 2018 年 3 月 19 日《国务院关于修改和废止部分行政法规的决定》第三次修订）

第一条　为加强海岸工程建设项目的环境保护管理，严格控制新的污染，保护和改善海洋环境，根据《中华人民共和国海洋环境保护法》，制定本条例。

第二条　本条例所称海岸工程建设项目，是指位于海岸或者与海岸连接，工程主体位于海岸线向陆一侧，对海洋环境产生影响的新建、改建、扩建工程项目。具体包括：

（一）港口、码头、航道、滨海机场工程项目；

（二）造船厂、修船厂；

（三）滨海火电站、核电站、风电站；

（四）滨海物资存储设施工程项目；

（五）滨海矿山、化工、轻工、冶金等工业工程项目；

（六）固体废弃物、污水等污染物处理处置排海工程项目；

（七）滨海大型养殖场；

（八）海岸防护工程、砂石场和入海河口处的水利设施；

（九）滨海石油勘探开发工程项目；

（十）国务院环境保护主管部门会同国家海洋主管部门规定的其他海岸工程项目。

第三条　本条例适用于在中华人民共和国境内兴建海岸工程建设项目的一

切单位和个人。

拆船厂建设项目的环境保护管理,依照《防止拆船污染环境管理条例》执行。

第四条 建设海岸工程建设项目,应当符合所在经济区的区域环境保护规划的要求。

第五条 国务院环境保护主管部门,主管全国海岸工程建设项目的环境保护工作。

沿海县级以上地方人民政府环境保护主管部门,主管本行政区域内的海岸工程建设项目的环境保护工作。

第六条 新建、改建、扩建海岸工程建设项目,应当遵守国家有关建设项目环境保护管理的规定。

第七条 海岸工程建设项目的建设单位,应当依法编制环境影响报告书(表),报环境保护主管部门审批。

环境保护主管部门在批准海岸工程建设项目的环境影响报告书(表)之前,应当征求海洋、海事、渔业主管部门和军队环境保护部门的意见。

禁止在天然港湾有航运价值的区域、重要苗种基地和养殖场所及水面、滩涂中的鱼、虾、蟹、贝、藻类的自然产卵场、繁殖场、索饵场及重要的洄游通道围海造地。

第八条 海岸工程建设项目环境影响报告书的内容,除按有关规定编制外,还应当包括:

(一)所在地及其附近海域的环境状况;

(二)建设过程中和建成后可能对海洋环境造成的影响;

(三)海洋环境保护措施及其技术、经济可行性论证结论;

(四)建设项目海洋环境影响评价结论。

海岸工程建设项目环境影响报告表,应当参照前款规定填报。

第九条 禁止兴建向中华人民共和国海域及海岸转嫁污染的中外合资经营企业、中外合作经营企业和外资企业;海岸工程建设项目引进技术和设备,应当有相应的防治污染措施,防止转嫁污染。

第十条 在海洋特别保护区、海上自然保护区、海滨风景游览区、盐场保护区、海水浴场、重要渔业水域和其他需要特殊保护的区域内不得建设污染环境、破坏景观的海岸工程建设项目;在其区域外建设海岸工程建设项目的,不得损害上述区域的环境质量。法律法规另有规定的除外。

第十一条　海岸工程建设项目竣工验收时,建设项目的环境保护设施经验收合格后,该建设项目方可正式投入生产或者使用。

第十二条　县级以上人民政府环境保护主管部门,按照项目管理权限,可以会同有关部门对海岸工程建设项目进行现场检查,被检查者应当如实反映情况、提供资料。检查者有责任为被检查者保守技术秘密和业务秘密。法律法规另有规定的除外。

第十三条　设置向海域排放废水设施的,应当合理利用海水自净能力,选择好排污口的位置。采用暗沟或者管道方式排放的,出水管口位置应当在低潮线以下。

第十四条　建设港口、码头,应当设置与其吞吐能力和货物种类相适应的防污设施。

港口、油码头、化学危险品码头,应当配备海上重大污染损害事故应急设备和器材。

现有港口、码头未达到前两款规定要求的,由环境保护主管部门会同港口、码头主管部门责令其限期设置或者配备。

第十五条　建设岸边造船厂、修船厂,应当设置与其性质、规模相适应的残油、废油接收处理设施,含油废水接收处理设施,拦油、收油、消油设施,工业废水接收处理设施,工业和船舶垃圾接收处理设施等。

第十六条　建设滨海核电站和其他核设施,应当严格遵守国家有关核环境保护和放射防护的规定及标准。

第十七条　建设岸边油库,应当设置含油废水接收处理设施,库场地面冲刷废水的集接、处理设施和事故应急设施;输油管线和储油设施应当符合国家关于防渗漏、防腐蚀的规定。

第十八条　建设滨海矿山,在开采、选矿、运输、贮存、冶炼和尾矿处理等过程中,应当按照有关规定采取防止污染损害海洋环境的措施。

第十九条　建设滨海垃圾场或者工业废渣填埋场,应当建造防护堤坝和场底封闭层,设置渗液收集、导出、处理系统和可燃性气体防爆装置。

第二十条　修筑海岸防护工程,在入海河口处兴建水利设施、航道或者综合整治工程,应当采取措施,不得损害生态环境及水产资源。

第二十一条　兴建海岸工程建设项目,不得改变、破坏国家和地方重点保护的野生动植物的生存环境。不得兴建可能导致重点保护的野生动植物生存环境污染和破坏的海岸工程建设项目;确需兴建的,应当征得野生动植物行政主管部门同意,并由建设单位负责组织采取易地繁育等措施,保证物种延续。

在鱼、虾、蟹、贝类的洄游通道建闸、筑坝,对渔业资源有严重影响的,建设单位应当建造过鱼设施或者采取其他补救措施。

第二十二条 集体所有制单位或者个人在全民所有的水域、海涂建设构不成基本建设项目的养殖工程的,应当在县级以上地方人民政府规划的区域内进行。

集体所有制单位或者个人零星经营性采挖砂石,应当在县级以上地方人民政府指定的区域内采挖。

第二十三条 禁止在红树林和珊瑚礁生长的地区建设毁坏红树林和珊瑚礁生态系统的海岸工程建设项目。

第二十四条 兴建海岸工程建设项目,应当防止导致海岸非正常侵蚀。

禁止在海岸保护设施管理部门规定的海岸保护设施的保护范围内从事爆破、采挖砂石、取土等危害海岸保护设施安全的活动。非经国务院授权的有关主管部门批准,不得占用或者拆除海岸保护设施。

第二十五条 未持有经审核和批准的环境影响报告书(表),兴建海岸工程建设项目的,依照《中华人民共和国海洋环境保护法》第七十九条的规定予以处罚。

第二十六条 拒绝、阻挠环境保护主管部门进行现场检查,或者在被检查时弄虚作假的,由县级以上人民政府环境保护主管部门依照《中华人民共和国海洋环境保护法》第七十五条的规定予以处罚。

第二十七条 海岸工程建设项目的环境保护设施未建成或者未达到规定要求,该项目即投入生产、使用的,依照《中华人民共和国海洋环境保护法》第八十条的规定予以处罚。

第二十八条 环境保护主管部门工作人员滥用职权、玩忽职守、徇私舞弊的,由其所在单位或者上级主管机关给予行政处分;构成犯罪的,依法追究刑事责任。

第二十九条 本条例自 1990 年 8 月 1 日起施行。

中华人民共和国基础测绘条例

（2009 年 5 月 6 日国务院第 62 次常务会议通过　2009 年 5 月 12 日中华人民共和国国务院令第 556 号公布　自 2009 年 8 月 1 日起施行）

第一章　总　则

第一条　为了加强基础测绘管理，规范基础测绘活动，保障基础测绘事业为国家经济建设、国防建设和社会发展服务，根据《中华人民共和国测绘法》，制定本条例。

第二条　在中华人民共和国领域和中华人民共和国管辖的其他海域从事基础测绘活动，适用本条例。

本条例所称基础测绘，是指建立全国统一的测绘基准和测绘系统，进行基础航空摄影，获取基础地理信息的遥感资料，测制和更新国家基本比例尺地图、影像图和数字化产品，建立、更新基础地理信息系统。

在中华人民共和国领海、中华人民共和国领海基线向陆地一侧至海岸线的海域和中华人民共和国管辖的其他海域从事海洋基础测绘活动，按照国务院、中央军事委员会的有关规定执行。

第三条　基础测绘是公益性事业。

县级以上人民政府应当加强对基础测绘工作的领导，将基础测绘纳入本级国民经济和社会发展规划及年度计划，所需经费列入本级财政预算。

国家对边远地区和少数民族地区的基础测绘给予财政支持。具体办法由财政部门会同同级测绘行政主管部门制定。

第四条　基础测绘工作应当遵循统筹规划、分级管理、定期更新、保障安全的原则。

第五条　国务院测绘行政主管部门负责全国基础测绘工作的统一监督管理。

县级以上地方人民政府负责管理测绘工作的行政部门（以下简称测绘行政

主管部门)负责本行政区域基础测绘工作的统一监督管理。

第六条 国家鼓励在基础测绘活动中采用先进科学技术和先进设备,加强基础研究和信息化测绘体系建设,建立统一的基础地理信息公共服务平台,实现基础地理信息资源共享,提高基础测绘保障服务能力。

第二章 基础测绘规划

第七条 国务院测绘行政主管部门会同国务院其他有关部门、军队测绘主管部门,组织编制全国基础测绘规划,报国务院批准后组织实施。

县级以上地方人民政府测绘行政主管部门会同本级人民政府其他有关部门,根据国家和上一级人民政府的基础测绘规划和本行政区域的实际情况,组织编制本行政区域的基础测绘规划,报本级人民政府批准,并报上一级测绘行政主管部门备案后组织实施。

第八条 基础测绘规划报送审批前,组织编制机关应当组织专家进行论证,并征求有关部门和单位的意见。其中,地方的基础测绘规划,涉及军事禁区、军事管理区或者作战工程的,还应当征求军事机关的意见。

基础测绘规划报送审批文件中应当附具意见采纳情况及理由。

第九条 组织编制机关应当依法公布经批准的基础测绘规划。

经批准的基础测绘规划是开展基础测绘工作的依据,未经法定程序不得修改;确需修改的,应当按照本条例规定的原审批程序报送审批。

第十条 国务院发展改革部门会同国务院测绘行政主管部门,编制全国基础测绘年度计划。

县级以上地方人民政府发展改革部门会同同级测绘行政主管部门,编制本行政区域的基础测绘年度计划,并分别报上一级主管部门备案。

第十一条 县级以上人民政府测绘行政主管部门应当根据应对自然灾害等突发事件的需要,制定相应的基础测绘应急保障预案。

基础测绘应急保障预案的内容应当包括:应急保障组织体系,应急装备和器材配备,应急响应,基础地理信息数据的应急测制和更新等应急保障措施。

第三章 基础测绘项目的组织实施

第十二条 下列基础测绘项目,由国务院测绘行政主管部门组织实施:

(一)建立全国统一的测绘基准和测绘系统;

（二）建立和更新国家基础地理信息系统；

（三）组织实施国家基础航空摄影；

（四）获取国家基础地理信息遥感资料；

（五）测制和更新全国1∶100万至1∶2.5万国家基本比例尺地图、影像图和数字化产品；

（六）国家急需的其他基础测绘项目。

第十三条 下列基础测绘项目，由省、自治区、直辖市人民政府测绘行政主管部门组织实施：

（一）建立本行政区域内与国家测绘系统相统一的大地控制网和高程控制网；

（二）建立和更新地方基础地理信息系统；

（三）组织实施地方基础航空摄影；

（四）获取地方基础地理信息遥感资料；

（五）测制和更新本行政区域1∶1万至1∶5 000国家基本比例尺地图、影像图和数字化产品。

第十四条 设区的市、县级人民政府依法组织实施1∶2 000至1∶500比例尺地图、影像图和数字化产品的测制和更新以及地方性法规、地方政府规章确定由其组织实施的基础测绘项目。

第十五条 组织实施基础测绘项目，应当依据基础测绘规划和基础测绘年度计划，依法确定基础测绘项目承担单位。

第十六条 基础测绘项目承担单位应当具有与所承担的基础测绘项目相应等级的测绘资质，并不得超越其资质等级许可的范围从事基础测绘活动。

基础测绘项目承担单位应当具备健全的保密制度和完善的保密设施，严格执行有关保守国家秘密法律、法规的规定。

第十七条 从事基础测绘活动，应当使用全国统一的大地基准、高程基准、深度基准、重力基准，以及全国统一的大地坐标系统、平面坐标系统、高程系统、地心坐标系统、重力测量系统，执行国家规定的测绘技术规范和标准。

因建设、城市规划和科学研究的需要，确需建立相对独立的平面坐标系统的，应当与国家坐标系统相联系。

第十八条 县级以上人民政府及其有关部门应当遵循科学规划、合理布局、有效利用、兼顾当前与长远需要的原则，加强基础测绘设施建设，避免重复投资。

国家安排基础测绘设施建设资金，应当优先考虑航空摄影测量、卫星遥感、数据传输以及基础测绘应急保障的需要。

第十九条 国家依法保护基础测绘设施。

任何单位和个人不得侵占、损毁、拆除或者擅自移动基础测绘设施。基础测绘设施遭受破坏的,县级以上地方人民政府测绘行政主管部门应当及时采取措施,组织力量修复,确保基础测绘活动正常进行。

第二十条 县级以上人民政府测绘行政主管部门应当加强基础航空摄影和用于测绘的高分辨率卫星影像获取与分发的统筹协调,做好基础测绘应急保障工作,配备相应的装备和器材,组织开展培训和演练,不断提高基础测绘应急保障服务能力。

自然灾害等突发事件发生后,县级以上人民政府测绘行政主管部门应当立即启动基础测绘应急保障预案,采取有效措施,开展基础地理信息数据的应急测制和更新工作。

第四章 基础测绘成果的更新与利用

第二十一条 国家实行基础测绘成果定期更新制度。

基础测绘成果更新周期应当根据不同地区国民经济和社会发展的需要、测绘科学技术水平和测绘生产能力、基础地理信息变化情况等因素确定。其中,1∶100万至1∶5 000国家基本比例尺地图、影像图和数字化产品至少5年更新一次;自然灾害多发地区以及国民经济、国防建设和社会发展急需的基础测绘成果应当及时更新。

基础测绘成果更新周期确定的具体办法,由国务院测绘行政主管部门会同军队测绘主管部门和国务院其他有关部门制定。

第二十二条 县级以上人民政府测绘行政主管部门应当及时收集有关行政区域界线、地名、水系、交通、居民点、植被等地理信息的变化情况,定期更新基础测绘成果。

县级以上人民政府其他有关部门和单位应当对测绘行政主管部门的信息收集工作予以支持和配合。

第二十三条 按照国家规定需要有关部门批准或者核准的测绘项目,有关部门在批准或者核准前应当书面征求同级测绘行政主管部门的意见,有适宜基础测绘成果的,应当充分利用已有的基础测绘成果,避免重复测绘。

第二十四条 县级以上人民政府测绘行政主管部门应当采取措施,加强对基础地理信息测制、加工、处理、提供的监督管理,确保基础测绘成果质量。

第二十五条　基础测绘项目承担单位应当建立健全基础测绘成果质量管理制度,严格执行国家规定的测绘技术规范和标准,对其完成的基础测绘成果质量负责。

第二十六条　基础测绘成果的利用,按照国务院有关规定执行。

第五章　法律责任

第二十七条　违反本条例规定,县级以上人民政府测绘行政主管部门和其他有关主管部门将基础测绘项目确定由不具有测绘资质或者不具有相应等级测绘资质的单位承担的,责令限期改正,对负有直接责任的主管人员和其他直接责任人员,依法给予处分。

第二十八条　违反本条例规定,县级以上人民政府测绘行政主管部门和其他有关主管部门的工作人员利用职务上的便利收受他人财物、其他好处,或者玩忽职守,不依法履行监督管理职责,或者发现违法行为不予查处,造成严重后果,构成犯罪的,依法追究刑事责任;尚不构成犯罪的,依法给予处分。

第二十九条　违反本条例规定,未取得测绘资质证书从事基础测绘活动的,责令停止违法行为,没收违法所得和测绘成果,并处测绘约定报酬1倍以上2倍以下的罚款。

第三十条　违反本条例规定,基础测绘项目承担单位超越资质等级许可的范围从事基础测绘活动的,责令停止违法行为,没收违法所得和测绘成果,处测绘约定报酬1倍以上2倍以下的罚款,并可以责令停业整顿或者降低资质等级;情节严重的,吊销测绘资质证书。

第三十一条　违反本条例规定,实施基础测绘项目,不使用全国统一的测绘基准和测绘系统或者不执行国家规定的测绘技术规范和标准的,责令限期改正,给予警告,可以并处10万元以下罚款;对负有直接责任的主管人员和其他直接责任人员,依法给予处分。

第三十二条　违反本条例规定,侵占、损毁、拆除或者擅自移动基础测绘设施的,责令限期改正,给予警告,可以并处5万元以下罚款;造成损失的,依法承担赔偿责任;构成犯罪的,依法追究刑事责任;尚不构成犯罪的,对负有直接责任的主管人员和其他直接责任人员,依法给予处分。

第三十三条　违反本条例规定,基础测绘成果质量不合格的,责令基础测绘项目承担单位补测或者重测;情节严重的,责令停业整顿,降低资质等级直至吊销测绘资质证书;给用户造成损失的,依法承担赔偿责任。

第三十四条 本条例规定的降低资质等级、吊销测绘资质证书的行政处罚,由颁发资质证书的部门决定;其他行政处罚由县级以上人民政府测绘行政主管部门决定。

第六章 附 则

第三十五条 本条例自 2009 年 8 月 1 日起施行。

中华人民共和国防治船舶污染海洋环境管理条例

（2009年9月9日中华人民共和国国务院令第561号公布　根据2013年7月18日《国务院关于废止和修改部分行政法规的决定》第一次修订　根据2013年12月7日《国务院关于修改部分行政法规的决定》第二次修订　根据2014年7月29日《国务院关于修改部分行政法规的决定》第三次修订　根据2016年2月6日《国务院关于修改部分行政法规的决定》第四次修订　根据2017年3月1日《国务院关于修改和废止部分行政法规的决定》第五次修订　根据2018年3月19日《国务院关于修改和废止部分行政法规的决定》第六次修订）

第一章　总　则

第一条　为了防治船舶及其有关作业活动污染海洋环境,根据《中华人民共和国海洋环境保护法》,制定本条例。

第二条　防治船舶及其有关作业活动污染中华人民共和国管辖海域适用本条例。

第三条　防治船舶及其有关作业活动污染海洋环境,实行预防为主、防治结合的原则。

第四条　国务院交通运输主管部门主管所辖港区水域内非军事船舶和港区水域外非渔业、非军事船舶污染海洋环境的防治工作。

海事管理机构依照本条例规定具体负责防治船舶及其有关作业活动污染海洋环境的监督管理。

第五条　国务院交通运输主管部门应当根据防治船舶及其有关作业活动污染海洋环境的需要,组织编制防治船舶及其有关作业活动污染海洋环境应急能力建设规划,报国务院批准后公布实施。

沿海设区的市级以上地方人民政府应当按照国务院批准的防治船舶及其有关作业活动污染海洋环境应急能力建设规划,并根据本地区的实际情况,组织编制相应的防治船舶及其有关作业活动污染海洋环境应急能力建设规划。

第六条 国务院交通运输主管部门、沿海设区的市级以上地方人民政府应当建立健全防治船舶及其有关作业活动污染海洋环境应急反应机制,并制定防治船舶及其有关作业活动污染海洋环境应急预案。

第七条 海事管理机构应当根据防治船舶及其有关作业活动污染海洋环境的需要,会同海洋主管部门建立健全船舶及其有关作业活动污染海洋环境的监测、监视机制,加强对船舶及其有关作业活动污染海洋环境的监测、监视。

第八条 国务院交通运输主管部门、沿海设区的市级以上地方人民政府应当按照防治船舶及其有关作业活动污染海洋环境应急能力建设规划,建立专业应急队伍和应急设备库,配备专用的设施、设备和器材。

第九条 任何单位和个人发现船舶及其有关作业活动造成或者可能造成海洋环境污染的,应当立即就近向海事管理机构报告。

第二章 防治船舶及其有关作业活动污染海洋环境的一般规定

第十条 船舶的结构、设备、器材应当符合国家有关防治船舶污染海洋环境的技术规范以及中华人民共和国缔结或者参加的国际条约的要求。

船舶应当依照法律、行政法规、国务院交通运输主管部门的规定以及中华人民共和国缔结或者参加的国际条约的要求,取得并随船携带相应的防治船舶污染海洋环境的证书、文书。

第十一条 中国籍船舶的所有人、经营人或者管理人应当按照国务院交通运输主管部门的规定,建立健全安全营运和防治船舶污染管理体系。

海事管理机构应当对安全营运和防治船舶污染管理体系进行审核,审核合格的,发给符合证明和相应的船舶安全管理证书。

第十二条 港口、码头、装卸站以及从事船舶修造的单位应当配备与其装卸货物种类和吞吐能力或者修造船舶能力相适应的污染监视设施和污染物接收设施,并使其处于良好状态。

第十三条 港口、码头、装卸站以及从事船舶修造、打捞、拆解等作业活动的单位应当制定有关安全营运和防治污染的管理制度,按照国家有关防治船舶及其有关作业活动污染海洋环境的规范和标准,配备相应的防治污染设备和器材。

港口、码头、装卸站以及从事船舶修造、打捞、拆解等作业活动的单位,应当定期检查、维护配备的防治污染设备和器材,确保防治污染设备和器材符合防治船舶及其有关作业活动污染海洋环境的要求。

第十四条 船舶所有人、经营人或者管理人应当制定防治船舶及其有关作业活动污染海洋环境的应急预案，并报海事管理机构备案。

港口、码头、装卸站的经营人以及有关作业单位应当制定防治船舶及其有关作业活动污染海洋环境的应急预案，并报海事管理机构和环境保护主管部门备案。

船舶、港口、码头、装卸站以及其他有关作业单位应当按照应急预案，定期组织演练，并做好相应记录。

第三章　船舶污染物的排放和接收

第十五条 船舶在中华人民共和国管辖海域向海洋排放的船舶垃圾、生活污水、含油污水、含有毒有害物质污水、废气等污染物以及压载水，应当符合法律、行政法规、中华人民共和国缔结或者参加的国际条约以及相关标准的要求。

船舶应当将不符合前款规定的排放要求的污染物排入港口接收设施或者由船舶污染物接收单位接收。

船舶不得向依法划定的海洋自然保护区、海滨风景名胜区、重要渔业水域以及其他需要特别保护的海域排放船舶污染物。

第十六条 船舶处置污染物，应当在相应的记录簿内如实记录。

船舶应当将使用完毕的船舶垃圾记录簿在船舶上保留 2 年；将使用完毕的含油污水、含有毒有害物质污水记录簿在船舶上保留 3 年。

第十七条 船舶污染物接收单位从事船舶垃圾、残油、含油污水、含有毒有害物质污水接收作业，应当编制作业方案，遵守相关操作规程，并采取必要的防污染措施。船舶污染物接收单位应当将船舶污染物接收情况按照规定向海事管理机构报告。

第十八条 船舶污染物接收单位接收船舶污染物，应当向船舶出具污染物接收单证，经双方签字确认并留存至少 2 年。污染物接收单证应当注明作业双方名称，作业开始和结束的时间、地点，以及污染物种类、数量等内容。船舶应当将污染物接收单证保存在相应的记录簿中。

第十九条 船舶污染物接收单位应当按照国家有关污染物处理的规定处理接收的船舶污染物，并每月将船舶污染物的接收和处理情况报海事管理机构备案。

第四章　船舶有关作业活动的污染防治

第二十条　从事船舶清舱、洗舱、油料供受、装卸、过驳、修造、打捞、拆解,污染危害性货物装箱、充罐,污染清除作业以及利用船舶进行水上水下施工等作业活动的,应当遵守相关操作规程,并采取必要的安全和防治污染的措施。

从事前款规定的作业活动的人员,应当具备相关安全和防治污染的专业知识和技能。

第二十一条　船舶不符合污染危害性货物适载要求的,不得载运污染危害性货物,码头、装卸站不得为其进行装载作业。

污染危害性货物的名录由国家海事管理机构公布。

第二十二条　载运污染危害性货物进出港口的船舶,其承运人、货物所有人或者代理人,应当向海事管理机构提出申请,经批准方可进出港口或者过境停留。

第二十三条　载运污染危害性货物的船舶,应当在海事管理机构公布的具有相应安全装卸和污染物处理能力的码头、装卸站进行装卸作业。

第二十四条　货物所有人或者代理人交付船舶载运污染危害性货物,应当确保货物的包装与标志等符合有关安全和防治污染的规定,并在运输单证上准确注明货物的技术名称、编号、类别(性质)、数量、注意事项和应急措施等内容。

货物所有人或者代理人交付船舶载运污染危害性不明的货物,应当委托有关技术机构进行危害性评估,明确货物的危害性质以及有关安全和防治污染要求,方可交付船舶载运。

第二十五条　海事管理机构认为交付船舶载运的污染危害性货物应当申报而未申报,或者申报的内容不符合实际情况的,可以按照国务院交通运输主管部门的规定采取开箱等方式查验。

海事管理机构查验污染危害性货物,货物所有人或者代理人应当到场,并负责搬移货物,开拆和重封货物的包装。海事管理机构认为必要的,可以径行查验、复验或者提取货样,有关单位和个人应当配合。

第二十六条　进行散装液体污染危害性货物过驳作业的船舶,其承运人、货物所有人或者代理人应当向海事管理机构提出申请,告知作业地点,并附送过驳作业方案、作业程序、防治污染措施等材料。

海事管理机构应当自受理申请之日起2个工作日内作出许可或者不予许可

的决定。2 个工作日内无法作出决定的,经海事管理机构负责人批准,可以延长 5 个工作日。

第二十七条　依法获得船舶油料供受作业资质的单位,应当向海事管理机构备案。海事管理机构应当对船舶油料供受作业进行监督检查,发现不符合安全和防治污染要求的,应当予以制止。

第二十八条　船舶燃油供给单位应当如实填写燃油供受单证,并向船舶提供船舶燃油供受单证和燃油样品。

船舶和船舶燃油供给单位应当将燃油供受单证保存 3 年,并将燃油样品妥善保存 1 年。

第二十九条　船舶修造、水上拆解的地点应当符合环境功能区划和海洋功能区划。

第三十条　从事船舶拆解的单位在船舶拆解作业前,应当对船舶上的残余物和废弃物进行处置,将油舱(柜)中的存油驳出,进行船舶清舱、洗舱、测爆等工作。

从事船舶拆解的单位应当及时清理船舶拆解现场,并按照国家有关规定处理船舶拆解产生的污染物。

禁止采取冲滩方式进行船舶拆解作业。

第三十一条　禁止船舶经过中华人民共和国内水、领海转移危险废物。

经过中华人民共和国管辖的其他海域转移危险废物的,应当事先取得国务院环境保护主管部门的书面同意,并按照海事管理机构指定的航线航行,定时报告船舶所处的位置。

第三十二条　船舶向海洋倾倒废弃物,应当如实记录倾倒情况。返港后,应当向驶出港所在地的海事管理机构提交书面报告。

第三十三条　载运散装液体污染危害性货物的船舶和 1 万总吨以上的其他船舶,其经营人应当在作业前或者进出港口前与符合国家有关技术规范的污染清除作业单位签订污染清除作业协议,明确双方在发生船舶污染事故后污染清除的权利和义务。

与船舶经营人签订污染清除作业协议的污染清除作业单位应当在发生船舶污染事故后,按照污染清除作业协议及时进行污染清除作业。

第五章　船舶污染事故应急处置

第三十四条　本条例所称船舶污染事故,是指船舶及其有关作业活动发生油类、油性混合物和其他有毒有害物质泄漏造成的海洋环境污染事故。

第三十五条 船舶污染事故分为以下等级：

（一）特别重大船舶污染事故，是指船舶溢油 1 000 吨以上，或者造成直接经济损失 2 亿元以上的船舶污染事故；

（二）重大船舶污染事故，是指船舶溢油 500 吨以上不足 1 000 吨，或者造成直接经济损失 1 亿元以上不足 2 亿元的船舶污染事故；

（三）较大船舶污染事故，是指船舶溢油 100 吨以上不足 500 吨，或者造成直接经济损失 5 000 万元以上不足 1 亿元的船舶污染事故；

（四）一般船舶污染事故，是指船舶溢油不足 100 吨，或者造成直接经济损失不足 5 000 万元的船舶污染事故。

第三十六条 船舶在中华人民共和国管辖海域发生污染事故，或者在中华人民共和国管辖海域外发生污染事故造成或者可能造成中华人民共和国管辖海域污染的，应当立即启动相应的应急预案，采取措施控制和消除污染，并就近向有关海事管理机构报告。

发现船舶及其有关作业活动可能对海洋环境造成污染的，船舶、码头、装卸站应当立即采取相应的应急处置措施，并就近向有关海事管理机构报告。

接到报告的海事管理机构应当立即核实有关情况，并向上级海事管理机构或者国务院交通运输主管部门报告，同时报告有关沿海设区的市级以上地方人民政府。

第三十七条 船舶污染事故报告应当包括下列内容：

（一）船舶的名称、国籍、呼号或者编号；

（二）船舶所有人、经营人或者管理人的名称、地址；

（三）发生事故的时间、地点以及相关气象和水文情况；

（四）事故原因或者事故原因的初步判断；

（五）船舶上污染物的种类、数量、装载位置等概况；

（六）污染程度；

（七）已经采取或者准备采取的污染控制、清除措施和污染控制情况以及救助要求；

（八）国务院交通运输主管部门规定应当报告的其他事项。

作出船舶污染事故报告后出现新情况的，船舶、有关单位应当及时补报。

第三十八条 发生特别重大船舶污染事故，国务院或者国务院授权国务院交通运输主管部门成立事故应急指挥机构。

发生重大船舶污染事故，有关省、自治区、直辖市人民政府应当会同海事管理机构成立事故应急指挥机构。

发生较大船舶污染事故和一般船舶污染事故，有关设区的市级人民政府应当会同海事管理机构成立事故应急指挥机构。

有关部门、单位应当在事故应急指挥机构统一组织和指挥下，按照应急预案的分工，开展相应的应急处置工作。

第三十九条 船舶发生事故有沉没危险，船员离船前，应当尽可能关闭所有货舱（柜）、油舱（柜）管系的阀门，堵塞货舱（柜）、油舱（柜）通气孔。

船舶沉没的，船舶所有人、经营人或者管理人应当及时向海事管理机构报告船舶燃油、污染危害性货物以及其他污染物的性质、数量、种类、装载位置等情况，并及时采取措施予以清除。

第四十条 发生船舶污染事故或者船舶沉没，可能造成中华人民共和国管辖海域污染的，有关沿海设区的市级以上地方人民政府、海事管理机构根据应急处置的需要，可以征用有关单位或者个人的船舶和防治污染设施、设备、器材以及其他物资，有关单位和个人应当予以配合。

被征用的船舶和防治污染设施、设备、器材以及其他物资使用完毕或者应急处置工作结束，应当及时返还。船舶和防治污染设施、设备、器材以及其他物资被征用或者征用后毁损、灭失的，应当给予补偿。

第四十一条 发生船舶污染事故，海事管理机构可以采取清除、打捞、拖航、引航、过驳等必要措施，减轻污染损害。相关费用由造成海洋环境污染的船舶、有关作业单位承担。

需要承担前款规定费用的船舶，应当在开航前缴清相关费用或者提供相应的财务担保。

第四十二条 处置船舶污染事故使用的消油剂，应当符合国家有关标准。

第六章　船舶污染事故调查处理

第四十三条 船舶污染事故的调查处理依照下列规定进行：

（一）特别重大船舶污染事故由国务院或者国务院授权国务院交通运输主管部门等部门组织事故调查处理；

（二）重大船舶污染事故由国家海事管理机构组织事故调查处理；

（三）较大船舶污染事故和一般船舶污染事故由事故发生地的海事管理机构

组织事故调查处理。

船舶污染事故给渔业造成损害的,应当吸收渔业主管部门参与调查处理;给军事港口水域造成损害的,应当吸收军队有关主管部门参与调查处理。

第四十四条 发生船舶污染事故,组织事故调查处理的机关或者海事管理机构应当及时、客观、公正地开展事故调查,勘验事故现场,检查相关船舶,询问相关人员,收集证据,查明事故原因。

第四十五条 组织事故调查处理的机关或者海事管理机构根据事故调查处理的需要,可以暂扣相应的证书、文书、资料;必要时,可以禁止船舶驶离港口或者责令停航、改航、停止作业直至暂扣船舶。

第四十六条 组织事故调查处理的机关或者海事管理机构开展事故调查时,船舶污染事故的当事人和其他有关人员应当如实反映情况和提供资料,不得伪造、隐匿、毁灭证据或者以其他方式妨碍调查取证。

第四十七条 组织事故调查处理的机关或者海事管理机构应当自事故调查结束之日起 20 个工作日内制作事故认定书,并送达当事人。

事故认定书应当载明事故基本情况、事故原因和事故责任。

第七章 船舶污染事故损害赔偿

第四十八条 造成海洋环境污染损害的责任者,应当排除危害,并赔偿损失;完全由于第三者的故意或者过失,造成海洋环境污染损害的,由第三者排除危害,并承担赔偿责任。

第四十九条 完全属于下列情形之一,经过及时采取合理措施,仍然不能避免对海洋环境造成污染损害的,免予承担责任:

(一)战争;

(二)不可抗拒的自然灾害;

(三)负责灯塔或者其他助航设备的主管部门,在执行职责时的疏忽,或者其他过失行为。

第五十条 船舶污染事故的赔偿限额依照《中华人民共和国海商法》关于海事赔偿责任限制的规定执行。但是,船舶载运的散装持久性油类物质造成中华人民共和国管辖海域污染的,赔偿限额依照中华人民共和国缔结或者参加的有关国际条约的规定执行。

前款所称持久性油类物质,是指任何持久性烃类矿物油。

第五十一条　在中华人民共和国管辖海域内航行的船舶,其所有人应当按照国务院交通运输主管部门的规定,投保船舶油污损害民事责任保险或者取得相应的财务担保。但是,1 000总吨以下载运非油类物质的船舶除外。

船舶所有人投保船舶油污损害民事责任保险或者取得的财务担保的额度应当不低于《中华人民共和国海商法》、中华人民共和国缔结或者参加的有关国际条约规定的油污赔偿限额。

第五十二条　已依照本条例第五十一条的规定投保船舶油污损害民事责任保险或者取得财务担保的中国籍船舶,其所有人应当持船舶国籍证书、船舶油污损害民事责任保险合同或者财务担保证明,向船籍港的海事管理机构申请办理船舶油污损害民事责任保险证书或者财务保证证书。

第五十三条　发生船舶油污事故,国家组织有关单位进行应急处置、清除污染所发生的必要费用,应当在船舶油污损害赔偿中优先受偿。

第五十四条　在中华人民共和国管辖水域接收海上运输的持久性油类物质货物的货物所有人或者代理人应当缴纳船舶油污损害赔偿基金。

船舶油污损害赔偿基金征收、使用和管理的具体办法由国务院财政部门会同国务院交通运输主管部门制定。

国家设立船舶油污损害赔偿基金管理委员会,负责处理船舶油污损害赔偿基金的赔偿等事务。船舶油污损害赔偿基金管理委员会由有关行政机关和缴纳船舶油污损害赔偿基金的主要货主组成。

第五十五条　对船舶污染事故损害赔偿的争议,当事人可以请求海事管理机构调解,也可以向仲裁机构申请仲裁或者向人民法院提起民事诉讼。

第八章　法律责任

第五十六条　船舶、有关作业单位违反本条例规定的,海事管理机构应当责令改正;拒不改正的,海事管理机构可以责令停止作业、强制卸载,禁止船舶进出港口、靠泊、过境停留,或者责令停航、改航、离境、驶向指定地点。

第五十七条　违反本条例的规定,船舶的结构不符合国家有关防治船舶污染海洋环境的技术规范或者有关国际条约要求的,由海事管理机构处10万元以上30万元以下的罚款。

第五十八条　违反本条例的规定,有下列情形之一的,由海事管理机构依照《中华人民共和国海洋环境保护法》有关规定予以处罚:

（一）船舶未取得并随船携带防治船舶污染海洋环境的证书、文书的；

（二）船舶、港口、码头、装卸站未配备防治污染设备、器材的；

（三）船舶向海域排放本条例禁止排放的污染物的；

（四）船舶未如实记录污染物处置情况的；

（五）船舶超过标准向海域排放污染物的；

（六）从事船舶水上拆解作业，造成海洋环境污染损害的。

第五十九条　违反本条例的规定，船舶未按照规定在船舶上留存船舶污染物处置记录，或者船舶污染物处置记录与船舶运行过程中产生的污染物数量不符合的，由海事管理机构处 2 万元以上 10 万元以下的罚款。

第六十条　违反本条例的规定，船舶污染物接收单位从事船舶垃圾、残油、含油污水、含有毒有害物质污水接收作业，未编制作业方案、遵守相关操作规程、采取必要的防污染措施的，由海事管理机构处 1 万元以上 5 万元以下的罚款；造成海洋环境污染的，处 5 万元以上 25 万元以下的罚款。

第六十一条　违反本条例的规定，船舶污染物接收单位未按照规定向海事管理机构报告船舶污染物接收情况，或者未按照规定向船舶出具污染物接收单证，或者未按照规定将船舶污染物的接收和处理情况报海事管理机构备案的，由海事管理机构处 2 万元以下的罚款。

第六十二条　违反本条例的规定，有下列情形之一的，由海事管理机构处 2 000 元以上 1 万元以下的罚款：

（一）船舶未按照规定保存污染物接收单证的；

（二）船舶燃油供给单位未如实填写燃油供受单证的；

（三）船舶燃油供给单位未按照规定向船舶提供燃油供受单证和燃油样品的；

（四）船舶和船舶燃油供给单位未按照规定保存燃油供受单证和燃油样品的。

第六十三条　违反本条例的规定，有下列情形之一的，由海事管理机构处 2 万元以上 10 万元以下的罚款：

（一）载运污染危害性货物的船舶不符合污染危害性货物适载要求的；

（二）载运污染危害性货物的船舶未在具有相应安全装卸和污染物处理能力的码头、装卸站进行装卸作业的；

（三）货物所有人或者代理人未按照规定对污染危害性不明的货物进行危害性评估的。

第六十四条　违反本条例的规定，未经海事管理机构批准，船舶载运污染危害性货物进出港口、过境停留或者过驳作业的，由海事管理机构处 1 万元以上 5 万元以下的罚款。

第六十五条　违反本条例的规定，有下列情形之一的，由海事管理机构处 2 万元以上 10 万元以下的罚款：

（一）船舶发生事故沉没，船舶所有人或者经营人未及时向海事管理机构报告船舶燃油、污染危害性货物以及其他污染物的性质、数量、种类、装载位置等情况的；

（二）船舶发生事故沉没，船舶所有人或者经营人未及时采取措施清除船舶燃油、污染危害性货物以及其他污染物的。

第六十六条　违反本条例的规定，有下列情形之一的，由海事管理机构处 1 万元以上 5 万元以下的罚款：

（一）载运散装液体污染危害性货物的船舶和 1 万总吨以上的其他船舶，其经营人未按照规定签订污染清除作业协议的；

（二）污染清除作业单位不符合国家有关技术规范从事污染清除作业的。

第六十七条　违反本条例的规定，发生船舶污染事故，船舶、有关作业单位未立即启动应急预案的，对船舶、有关作业单位，由海事管理机构处 2 万元以上 10 万元以下的罚款；对直接负责的主管人员和其他直接责任人员，由海事管理机构处 1 万元以上 2 万元以下的罚款。直接负责的主管人员和其他直接责任人员属于船员的，并处给予暂扣适任证书或者其他有关证件 1 个月至 3 个月的处罚。

第六十八条　违反本条例的规定，发生船舶污染事故，船舶、有关作业单位迟报、漏报事故的，对船舶、有关作业单位，由海事管理机构处 5 万元以上 25 万元以下的罚款；对直接负责的主管人员和其他直接责任人员，由海事管理机构处 1 万元以上 5 万元以下的罚款。直接负责的主管人员和其他直接责任人员属于船员的，并处给予暂扣适任证书或者其他有关证件 3 个月至 6 个月的处罚。瞒报、谎报事故的，对船舶、有关作业单位，由海事管理机构处 25 万元以上 50 万元以下的罚款；对直接负责的主管人员和其他直接责任人员，由海事管理机构处 5 万元以上 10 万元以下的罚款。直接负责的主管人员和其他直接责任人员属于船员的，并处给予吊销适任证书或者其他有关证件的处罚。

第六十九条　违反本条例的规定，未按照国家规定的标准使用消油剂的，由海事管理机构对船舶或者使用单位处 1 万元以上 5 万元以下的罚款。

第七十条　违反本条例的规定，船舶污染事故的当事人和其他有关人员，未如实向组织事故调查处理的机关或者海事管理机构反映情况和提供资料,伪造、隐匿、毁灭证据或者以其他方式妨碍调查取证的,由海事管理机构处 1 万元以上 5 万元以下的罚款。

第七十一条 违反本条例的规定,船舶所有人有下列情形之一的,由海事管理机构责令改正,可以处 5 万元以下的罚款;拒不改正的,处 5 万元以上 25 万元以下的罚款:

(一)在中华人民共和国管辖海域内航行的船舶,其所有人未按照规定投保船舶油污损害民事责任保险或者取得相应的财务担保的;

(二)船舶所有人投保船舶油污损害民事责任保险或者取得的财务担保的额度低于《中华人民共和国海商法》、中华人民共和国缔结或者参加的有关国际条约规定的油污赔偿限额的。

第七十二条 违反本条例的规定,在中华人民共和国管辖水域接收海上运输的持久性油类物质货物的货物所有人或者代理人,未按照规定缴纳船舶油污损害赔偿基金的,由海事管理机构责令改正;拒不改正的,可以停止其接收的持久性油类物质货物在中华人民共和国管辖水域进行装卸、过驳作业。

货物所有人或者代理人逾期未缴纳船舶油污损害赔偿基金的,应当自应缴之日起按日加缴未缴额的万分之五的滞纳金。

第九章 附 则

第七十三条 中华人民共和国缔结或者参加的国际条约对防治船舶及其有关作业活动污染海洋环境有规定的,适用国际条约的规定。但是,中华人民共和国声明保留的条款除外。

第七十四条 县级以上人民政府渔业主管部门负责渔港水域内非军事船舶和渔港水域外渔业船舶污染海洋环境的监督管理,负责保护渔业水域生态环境工作,负责调查处理《中华人民共和国海洋环境保护法》第五条第四款规定的渔业污染事故。

第七十五条 军队环境保护部门负责军事船舶污染海洋环境的监督管理及污染事故的调查处理。

第七十六条 本条例自 2010 年 3 月 1 日起施行。1983 年 12 月 29 日国务院发布的《中华人民共和国防止船舶污染海域管理条例》同时废止。

中华人民共和国海洋倾废管理条例

（1985 年 3 月 6 日国务院发布　根据 2011 年 1 月 8 日《国务院关于废止和修改部分行政法规的决定》第一次修订　根据 2017 年 3 月 1 日《国务院关于修改和废止部分行政法规的决定》第二次修订）

第一条　为实施《中华人民共和国海洋环境保护法》，严格控制向海洋倾倒废弃物，防止对海洋环境的污染损害，保持生态平衡，保护海洋资源，促进海洋事业的发展，特制定本条例。

第二条　本条例中的"倾倒"，是指利用船舶、航空器、平台及其他载运工具，向海洋处置废弃物和其他物质；向海洋弃置船舶、航空器、平台和其他海上人工构造物，以及向海洋处置由于海底矿物资源的勘探开发及与勘探开发相关的海上加工所产生的废弃物和其他物质。

"倾倒"不包括船舶、航空器及其他载运工具和设施正常操作产生的废弃物的排放。

第三条　本条例适用于：

一、向中华人民共和国的内海、领海、大陆架和其他管辖海域倾倒废弃物和其他物质；

二、为倾倒的目的，在中华人民共和国陆地或港口装载废弃物和其他物质；

三、为倾倒的目的，经中华人民共和国的内海、领海及其他管辖海域运送废弃物和其他物质；

四、在中华人民共和国管辖海域焚烧处置废弃物和其他物质。

海洋石油勘探开发过程中产生的废弃物，按照《中华人民共和国海洋石油勘探开发环境保护管理条例》的规定处理。

第四条　海洋倾倒废弃物的主管部门是中华人民共和国国家海洋局及其派出机构（简称"主管部门"，下同）。

第五条　海洋倾倒区由主管部门商同有关部门，按科学、合理、安全和经济的原则划出,报国务院批准确定。

第六条 需要向海洋倾倒废弃物的单位,应事先向主管部门提出申请,按规定的格式填报倾倒废弃物申请书,并附报废弃物特性和成分检验单。

主管部门在接到申请书之日起两个月内予以审批。对同意倾倒者应发给废弃物倾倒许可证。

任何单位和船舶、航空器、平台及其他载运工具,未依法经主管部门批准,不得向海洋倾倒废弃物。

第七条 外国的废弃物不得运至中华人民共和国管辖海域进行倾倒,包括弃置船舶、航空器、平台和其他海上人工构造物。违者,主管部门可责令其限期治理,支付清除污染费,赔偿损失,并处以罚款。

在中华人民共和国管辖海域以外倾倒废弃物,造成中华人民共和国管辖海域污染损害的,按本条例第十七条规定处理。

第八条 为倾倒的目的,经过中华人民共和国管辖海域运送废弃物的任何船舶及其他载运工具,应当在进入中华人民共和国管辖海域15天之前,通报主管部门,同时报告进入中华人民共和国管辖海域的时间、航线以及废弃物的名称、数量及成分。

第九条 外国籍船舶、平台在中华人民共和国管辖海域,由于海底矿物资源的勘探开发及与勘探开发相关的海上加工所产生的废弃物和其他物质需要向海洋倾倒的,应按规定程序报经主管部门批准。

第十条 倾倒许可证应注明倾倒单位、有效期限和废弃物的数量、种类、倾倒方法等事项。

签发许可证应根据本条例的有关规定严格控制。主管部门根据海洋生态环境的变化和科学技术的发展,可以更换或撤销许可证。

第十一条 废弃物根据其毒性、有害物质含量和对海洋环境的影响等因素,分为三类。其分类标准,由主管部门制定。主管部门可根据海洋生态环境的变化,科学技术的发展,以及海洋环境保护的需要,对附件进行修订。

一、禁止倾倒附件一所列的废弃物及其他物质(见附件1)。当出现紧急情况,在陆地上处置会严重危及人民健康时,经国家海洋局批准,获得紧急许可证,可到指定的区域按规定的方法倾倒。

二、倾倒附件二所列的废弃物(见附件2),应当事先获得特别许可证。

三、倾倒未列入附件一和附件二的低毒或无毒的废弃物,应当事先获得普通许可证。

第十二条　获准向海洋倾倒废弃物的单位在废弃物装载时,应通知主管部门予以核实。

核实工作按许可证所载的事项进行。主管部门如发现实际装载与许可证所注明内容不符,应责令停止装运;情节严重的,应中止或吊销许可证。

第十三条　主管部门应对海洋倾倒活动进行监视和监督,必要时可派员随航。倾倒单位应为随航公务人员提供方便。

第十四条　获准向海洋倾倒废弃物的单位,应当按许可证注明的期限和条件,到指定的区域进行倾倒,如实地详细填写倾倒情况记录表,并按许可证注明的要求,将记录表报送主管部门。倾倒废弃物的船舶、航空器、平台和其他载运工具应有明显标志和信号,并在航行日志上详细记录倾倒情况。

第十五条　倾倒废弃物的船舶、航空器、平台和其他载运工具,凡属《中华人民共和国海洋环境保护法》第八十九条、第九十一条规定的情形,可免于承担赔偿责任。

为紧急避险或救助人命,未按许可证规定的条件和区域进行倾倒时,应尽力避免或减轻因倾倒而造成的污染损害,并在事后尽快向主管部门报告。倾倒单位和紧急避险或救助人命的受益者,应对由此所造成的污染损害进行补偿。

由于第三者的过失造成污染损害的,倾倒单位应向主管部门提出确凿证据,经主管部门确认后责令第三者承担赔偿责任。

在海上航行和作业的船舶、航空器、平台和其他载运工具,因不可抗拒的原因而弃置时,其所有人应向主管部门和就近的港务监督报告,并尽快打捞清理。

第十六条　主管部门对海洋倾倒区应定期进行监测,加强管理,避免对渔业资源和其他海上活动造成有害影响。当发现倾倒区不宜继续倾倒时,主管部门可决定予以封闭。

第十七条　对违反本条例,造成海洋环境污染损害的,主管部门可责令其限期治理,支付清除污染费,向受害方赔偿由此所造成的损失,并视情节轻重和污染损害的程度,处以警告或人民币 10 万元以下的罚款。

第十八条　要求赔偿损失的单位和个人,应尽快向主管部门提出污染损害索赔报告书。报告书应包括:受污染损害的时间、地点、范围、对象、损失清单,技术鉴定和公证证明,并尽可能提供有关原始单据和照片等。

第十九条　受托清除污染的单位在作业结束后,应尽快向主管部门提交索取清除污染费用报告书。报告书应包括:清除污染的时间、地点,投入的人力、机具、船只,清除材料的数量、单价、计算方法,组织清除的管理费、交通费及其他有关费用,清除效果及其情况,其他有关证据和证明材料。

第二十条 对违法行为的处罚标准如下:

一、凡有下列行为之一者,处以警告或人民币 2 000 元以下的罚款:

(一)伪造废弃物检验单的;

(二)不按本条例第十四条规定填报倾倒情况记录表的;

(三)在本条例第十五条规定的情况下,未及时向主管部门和港务监督报告的。

二、凡实际装载与许可证所注明内容不符,情节严重的,除中止或吊销许可证外,还可处以人民币 2 000 元以上 5 000 元以下的罚款。

三、凡未按本条例第十二条规定通知主管部门核实而擅自进行倾倒的,可处以人民币 5 000 元以上 2 万元以下的罚款。

四、凡有下列行为之一者,可处以人民币 2 万元以上 10 万元以下的罚款:

(一)未经批准向海洋倾倒废弃物的;

(二)不按批准的条件和区域进行倾倒的,但本条例第十五条规定的情况不在此限。

第二十一条 对违反本条例,造成或可能造成海洋环境污染损害的直接责任人,主管部门可处以警告或者罚款,也可以并处。

对于违反本条例,污染损害海洋环境造成重大财产损失或致人伤亡的直接责任人,由司法机关依法追究刑事责任。

第二十二条 当事人对主管部门的处罚决定不服的,可以在收到处罚通知书之日起 15 日内,向人民法院起诉;期满不起诉又不履行处罚决定的,由主管部门申请人民法院强制执行。

第二十三条 对违反本条例,造成海洋环境污染损害的行为,主动检举、揭发,积极提供证据,或采取有效措施减少污染损害有成绩的个人,应给予表扬或奖励。

第二十四条 本条例自 1985 年 4 月 1 日起施行。

附件 1 禁止倾倒的物质

一、含有机卤素化合物、汞及汞化合物、镉及镉化合物的废弃物,但微含量的或能在海水中迅速转化为无害物质的除外。

二、强放射性废弃物及其他强放射性物质。

三、原油及其废弃物、石油炼制品、残油，以及含这类物质的混合物。

四、渔网、绳索、塑料制品及其他能在海面漂浮或在水中悬浮，严重妨碍航行、捕鱼及其他活动或危害海洋生物的人工合成物质。

五、含有本附件第一、二项所列物质的阴沟污泥和疏浚物。

附件2　需要获得特别许可证才能倾倒的物质

一、含有下列大量物质的废弃物：

（一）砷及其化合物；

（二）铅及其化合物；

（三）铜及其化合物；

（四）锌及其化合物；

（五）有机硅化合物；

（六）氰化物；

（七）氟化物；

（八）铍、铬、镍、钒及其化合物；

（九）未列入附件1的杀虫剂及其副产品。

但无害的或能在海水中迅速转化为无害物质的除外。

二、含弱放射性物质的废弃物。

三、容易沉入海底，可能严重障碍捕鱼和航行的容器、废金属及其他笨重的废弃物。

四、含有本附件第一、二项所列物质的阴沟污泥和疏浚物。

中华人民共和国航标条例

（1995 年 12 月 3 日中华人民共和国国务院令第 187 号发布　根据 2011 年 1 月 8 日《国务院关于废止和修改部分行政法规的决定》修订）

第一条　为了加强对航标的管理和保护,保证航标处于良好的使用状态,保障船舶航行安全,制定本条例。

第二条　本条例适用于在中华人民共和国的领域及管辖的其他海域设置的航标。

本条例所称航标,是指供船舶定位、导航或者用于其他专用目的的助航设施,包括视觉航标、无线电导航设施和音响航标。

第三条　国务院交通行政主管部门负责管理和保护除军用航标和渔业航标以外的航标。国务院交通行政主管部门设立的流域航道管理机构、海区港务监督机构和县级以上地方人民政府交通行政主管部门,负责管理和保护本辖区内军用航标和渔业航标以外的航标。交通行政主管部门和国务院交通行政主管部门设立的流域航道管理机构、海区港务监督机构统称航标管理机关。

军队的航标管理机构、渔政渔港监督管理机构,在军用航标、渔业航标的管理和保护方面分别行使航标管理机关的职权。

第四条　航标的管理和保护,实行统一管理、分级负责和专业保护与群众保护相结合的原则。

第五条　任何单位和个人都有保护航标的义务。

禁止一切危害航标安全和损害航标工作效能的行为。

对于危害航标安全或者损害航标工作效能的行为,任何单位和个人都有权制止、检举和控告。

第六条　航标由航标管理机关统一设置;但是,本条第二款规定的航标除外。

专业单位可以自行设置自用的专用航标。专用航标的设置、撤除、位置移动和其他状况改变,应当经航标管理机关同意。

第七条 航标管理机关和专业单位设置航标,应当符合国家有关规定和技术标准。

第八条 航标管理机关设置、撤除航标或者移动航标位置以及改变航标的其他状况时,应当及时通报有关部门。

第九条 航标管理机关和专业单位分别负责各自设置的航标的维护保养,保证航标处于良好的使用状态。

第十条 任何单位或者个人发现航标损坏、失常、移位或者漂失时,应当立即向航标管理机关报告。

第十一条 任何单位和个人不得在航标附近设置可能被误认为航标或者影响航标工作效能的灯光或者音响装置。

第十二条 因施工作业需要搬迁、拆除航标的,应当征得航标管理机关同意,在采取替补措施后方可搬迁、拆除。搬迁、拆除航标所需的费用,由施工作业单位或者个人承担。

第十三条 在视觉航标的通视方向或者无线电导航设施的发射方向,不得构筑影响航标正常工作效能的建筑物、构筑物,不得种植影响航标正常工作效能的植物。

第十四条 船舶航行时,应当与航标保持适当距离,不得触碰航标。

船舶触碰航标,应当立即向航标管理机关报告。

第十五条 禁止下列危害航标的行为:

(一)盗窃、哄抢或者以其他方式非法侵占航标、航标器材;

(二)非法移动、攀登或者涂抹航标;

(三)向航标射击或者投掷物品;

(四)在航标上攀架物品,拴系牲畜、船只、渔业捕捞器具、爆炸物品等;

(五)损坏航标的其他行为。

第十六条 禁止破坏航标辅助设施的行为。

前款所称航标辅助设施,是指为航标及其管理人员提供能源、水和其他所需物资而设置的各类设施,包括航标场地、直升机平台、登陆点、码头、趸船、水塔、储水池、水井、油(水)泵房、电力设施、业务用房以及专用道路、仓库等。

第十七条 禁止下列影响航标工作效能的行为:

(一)在航标周围 20 米内或者在埋有航标地下管道、线路的地面钻孔、挖坑、采掘土石、堆放物品或者进行明火作业;

（二）在航标周围 150 米内进行爆破作业；

（三）在航标周围 500 米内烧荒；

（四）在无线电导航设施附近设置、使用影响导航设施工作效能的高频电磁辐射装置、设备；

（五）在航标架空线路上附挂其他电力、通信线路；

（六）在航标周围抛锚、拖锚、捕鱼或者养殖水生物；

（七）影响航标工作效能的其他行为。

第十八条 对有下列行为之一的单位和个人，由航标管理机关给予奖励：

（一）检举、控告危害航标的行为，对破案有功的；

（二）及时制止危害航标的行为，防止事故发生或者减少损失的；

（三）捞获水上漂流航标，主动送交航标管理机关的。

第十九条 违反本条例第六条第二款的规定，擅自设置、撤除、移动专用航标或者改变专用航标的其他状况的，由航标管理机关责令限期拆除、重新设置、调整专用航标。

第二十条 有下列行为之一的，由航标管理机关责令限期改正或者采取相应的补救措施：

（一）违反本条例第十一条的规定，在航标附近设置灯光或者音响装置的；

（二）违反本条例第十三条的规定，构筑建筑物、构筑物或者种植植物的。

第二十一条 船舶违反本条例第十四条第二款的规定，触碰航标不报告的，航标管理机关可以根据情节处以 2 万元以下的罚款；造成损失的，应当依法赔偿。

第二十二条 违反本条例第十五条、第十六条、第十七条的规定，危害航标及其辅助设施或者影响航标工作效能的，由航标管理机关责令其限期改正，给予警告，可以并处 2 000 元以下的罚款；造成损失的，应当依法赔偿。

第二十三条 违反本条例，危害军用航标及其辅助设施或者影响军用航标工作效能，应当处以罚款的，由军队的航标管理机构移交航标管理机关处罚。

第二十四条 违反本条例规定，构成违反治安管理行为的，由公安机关依照《中华人民共和国治安管理处罚法》予以处罚；构成犯罪的，依法追究刑事责任。

第二十五条 本条例自发布之日起施行。

中华人民共和国水下文物保护管理条例

（1989 年 10 月 20 日中华人民共和国国务院令第 42 号发布　根据 2011 年 1 月 8 日《国务院关于废止和修改部分行政法规的决定》第一次修订　2022 年 1 月 23 日中华人民共和国国务院令第 751 号第二次修订）

第一条　为了加强水下文物保护工作的管理，根据《中华人民共和国文物保护法》的有关规定，制定本条例。

第二条　本条例所称水下文物，是指遗存于下列水域的具有历史、艺术和科学价值的人类文化遗产：

（一）遗存于中国内水、领海内的一切起源于中国的、起源国不明的和起源于外国的文物；

（二）遗存于中国领海以外依照中国法律由中国管辖的其他海域内的起源于中国的和起源国不明的文物；

（三）遗存于外国领海以外的其他管辖海域以及公海区域内的起源于中国的文物。

前款规定内容不包括 1911 年以后的与重大历史事件、革命运动以及著名人物无关的水下遗存。

第三条　本条例第二条第一款第一项、第二项所规定的水下文物属于国家所有，国家对其行使管辖权；本条例第二条第一款第三项所规定的水下文物，遗存于外国领海以外的其他管辖海域以及公海区域内的起源国不明的文物，国家享有辨认器物物主的权利。

第四条　国务院文物主管部门负责全国水下文物保护工作。县级以上地方人民政府文物主管部门负责本行政区域内的水下文物保护工作。

县级以上人民政府其他有关部门在各自职责范围内，负责有关水下文物保护工作。

中国领海以外依照中国法律由中国管辖的其他海域内的水下文物，由国务院文物主管部门负责保护工作。

第五条 任何单位和个人都有依法保护水下文物的义务。

各级人民政府应当重视水下文物保护,正确处理经济社会发展与水下文物保护的关系,确保水下文物安全。

第六条 根据水下文物的价值,县级以上人民政府依照《中华人民共和国文物保护法》有关规定,核定公布文物保护单位,对未核定为文物保护单位的不可移动文物予以登记公布。

县级以上地方人民政府文物主管部门应当根据不同文物的保护需要,制定文物保护单位和未核定为文物保护单位的不可移动文物的具体保护措施,并公告施行。

第七条 省、自治区、直辖市人民政府可以将水下文物分布较为集中、需要整体保护的水域划定公布为水下文物保护区,并根据实际情况进行调整。水下文物保护区涉及两个以上省、自治区、直辖市或者涉及中国领海以外依照中国法律由中国管辖的其他海域的,由国务院文物主管部门划定和调整,报国务院核定公布。

划定和调整水下文物保护区,应当征求有关部门和水域使用权人的意见,听取专家和公众的意见,涉及军事管理区和军事用海的还应当征求有关军事机关的意见。

划定和调整水下文物保护区的单位应当制定保护规划。国务院文物主管部门或者省、自治区、直辖市人民政府文物主管部门应当根据保护规划明确标示水下文物保护区的范围和界线,制定具体保护措施并公告施行。

在水下文物保护区内,禁止进行危及水下文物安全的捕捞、爆破等活动。

第八条 严禁破坏、盗捞、哄抢、私分、藏匿、倒卖、走私水下文物等行为。

在中国管辖水域内开展科学考察、资源勘探开发、旅游、潜水、捕捞、养殖、采砂、排污、倾废等活动的,应当遵守有关法律、法规的规定,并不得危及水下文物的安全。

第九条 任何单位或者个人以任何方式发现疑似本条例第二条第一款第一项、第二项所规定的水下文物的,应当及时报告所在地或者就近的地方人民政府文物主管部门,并上交已经打捞出水的文物。

文物主管部门接到报告后,如无特殊情况,应当在24小时内赶赴现场,立即采取措施予以保护,并在7日内提出处理意见;发现水下文物已经移动位置或者遭受实际破坏的,应当进行抢救性保护,并作详细记录;对已经打捞出水的文物,应当及时登记造册、妥善保管。

文物主管部门应当保护水下文物发现现场,必要时可以会同公安机关或者海上执法机关开展保护工作,并将保护工作情况报本级人民政府和上一级人民政府文物主管部门;发现重要文物的,应当逐级报至国务院文物主管部门,国务院文物主管部门应当在接到报告后 15 日内提出处理意见。

第十条 任何单位或者个人以任何方式发现疑似本条例第二条第一款第三项所规定的水下文物的,应当及时报告就近的地方人民政府文物主管部门或者直接报告国务院文物主管部门。接到报告的地方人民政府文物主管部门应当逐级报至国务院文物主管部门。国务院文物主管部门应当及时提出处理意见并报国务院。

第十一条 在中国管辖水域内进行水下文物的考古调查、勘探、发掘活动,应当由具有考古发掘资质的单位向国务院文物主管部门提出申请。申请材料包括工作计划书和考古发掘资质证书。拟开展的考古调查、勘探、发掘活动在中国内水、领海内的,还应当提供活动所在地省、自治区、直辖市人民政府文物主管部门出具的意见。

国务院文物主管部门应当自收到申请材料之日起 30 日内,作出准予许可或者不予许可的决定。准予许可的,发给批准文件;不予许可的,应当书面告知申请人并说明理由。

国务院文物主管部门在作出决定前,应当征求有关科研机构和专家的意见,涉及军事管理区和军事用海的还应当征求有关军事机关的意见;涉及在中国领海以外依照中国法律由中国管辖的其他海域内进行水下文物的考古调查、勘探、发掘活动的,还应当报国务院同意。

第十二条 任何外国组织、国际组织在中国管辖水域内进行水下文物考古调查、勘探、发掘活动,都应当采取与中方单位合作的方式进行,并取得许可。中方单位应当具有考古发掘资质;外方单位应当是专业考古研究机构,有从事该课题方向或者相近方向研究的专家和一定的实际考古工作经历。

中外合作进行水下文物考古调查、勘探、发掘活动的,由中方单位向国务院文物主管部门提出申请。申请材料应当包括中外合作单位合作意向书、工作计划书,以及合作双方符合前款要求的有关材料。拟开展的考古调查、勘探、发掘活动在中国内水、领海内的,还应当提供活动所在地省、自治区、直辖市人民政府文物主管部门出具的意见。

国务院文物主管部门收到申请材料后,应当征求有关科研机构和专家的意见,涉及军事管理区和军事用海的还应当征求有关军事机关的意见,并按照国家有关规定送请有关部门审查。审查合格的,报请国务院特别许可;审查不合格的,应当书面告知申请人并说明理由。

中外合作考古调查、勘探、发掘活动所取得的水下文物、自然标本以及考古记录的原始资料,均归中国所有。

第十三条 在中国管辖水域内进行大型基本建设工程,建设单位应当事先报请国务院文物主管部门或者省、自治区、直辖市人民政府文物主管部门组织在工程范围内有可能埋藏文物的地方进行考古调查、勘探;需要进行考古发掘的,应当依照《中华人民共和国文物保护法》有关规定履行报批程序。

第十四条 在中国管辖水域内进行水下文物的考古调查、勘探、发掘活动,应当以文物保护和科学研究为目的,并遵守相关法律、法规,接受有关主管部门的管理。

考古调查、勘探、发掘活动结束后,从事考古调查、勘探、发掘活动的单位应当向国务院文物主管部门和省、自治区、直辖市人民政府文物主管部门提交结项报告、考古发掘报告和取得的实物图片、有关资料复制件等。

考古调查、勘探、发掘活动中取得的全部出水文物应当及时登记造册、妥善保管,按照国家有关规定移交给由国务院文物主管部门或者省、自治区、直辖市人民政府文物主管部门指定的国有博物馆、图书馆或者其他国有收藏文物的单位收藏。

中外合作进行考古调查、勘探、发掘活动的,由中方单位提交前两款规定的实物和资料。

第十五条 严禁未经批准进行水下文物考古调查、勘探、发掘等活动。

严禁任何个人以任何形式进行水下文物考古调查、勘探、发掘等活动。

第十六条 文物主管部门、文物收藏单位等应当通过举办展览、开放参观、科学研究等方式,充分发挥水下文物的作用,加强中华优秀传统文化、水下文物保护法律制度等的宣传教育,提高全社会水下文物保护意识和参与水下文物保护的积极性。

第十七条 文物主管部门、公安机关、海上执法机关按照职责分工开展水下文物保护执法工作,加强执法协作。

县级以上人民政府文物主管部门应当在水下文物保护工作中加强与有关部门的沟通协调,共享水下文物执法信息。

第十八条 任何单位和个人有权向文物主管部门举报违反本条例规定、危及水下文物安全的行为。文物主管部门应当建立举报渠道并向社会公开,依法及时处理有关举报。

第十九条 保护水下文物有突出贡献的,按照国家有关规定给予精神鼓励或者物质奖励。

第二十条 文物主管部门和其他有关部门的工作人员,在水下文物保护工作中滥用职权、玩忽职守、徇私舞弊的,对直接负责的主管人员和其他直接责任人员依法给予处分;构成犯罪的,依法追究刑事责任。

第二十一条 擅自在文物保护单位的保护范围内进行建设工程或者爆破、钻探、挖掘等作业的,依照《中华人民共和国文物保护法》追究法律责任。

第二十二条 违反本条例规定,有下列行为之一的,由县级以上人民政府文物主管部门或者海上执法机关按照职责分工责令改正,追缴有关文物,并给予警告;有违法所得的,没收违法所得,违法经营额10万元以上的,并处违法经营额5倍以上15倍以下的罚款,违法经营额不足10万元的,并处10万元以上100万元以下的罚款;情节严重的,由原发证机关吊销资质证书, 10年内不受理其相应申请:

（一）未经批准进行水下文物的考古调查、勘探、发掘活动;

（二）考古调查、勘探、发掘活动结束后,不按照规定移交有关实物或者提交有关资料;

（三）未事先报请有关主管部门组织进行考古调查、勘探,在中国管辖水域内进行大型基本建设工程;

（四）发现水下文物后未及时报告。

第二十三条 本条例自2022年4月1日起施行。

中华人民共和国国际海运条例

（2001 年 12 月 11 日中华人民共和国国务院令第 335 号公布 根据 2013 年 7 月 18 日《国务院关于废止和修改部分行政法规的决定》第一次修订 根据 2016 年 2 月 6 日《国务院关于修改部分行政法规的决定》第二次修订 根据 2019 年 3 月 2 日《国务院关于修改部分行政法规的决定》第三次修订）

第一章 总 则

第一条 为了规范国际海上运输活动，保护公平竞争，维护国际海上运输市场秩序，保障国际海上运输各方当事人的合法权益，制定本条例。

第二条 本条例适用于进出中华人民共和国港口的国际海上运输经营活动以及与国际海上运输相关的辅助性经营活动。

前款所称与国际海上运输相关的辅助性经营活动，包括本条例分别规定的国际船舶代理、国际船舶管理、国际海运货物装卸、国际海运货物仓储、国际海运集装箱站和堆场等业务。

第三条 从事国际海上运输经营活动以及与国际海上运输相关的辅助性经营活动，应当遵循诚实信用的原则，依法经营，公平竞争。

第四条 国务院交通主管部门和有关的地方人民政府交通主管部门依照本条例规定，对国际海上运输经营活动实施监督管理，并对与国际海上运输相关的辅助性经营活动实施有关的监督管理。

第二章 国际海上运输及其辅助性业务的经营者

第五条 经营国际船舶运输业务，应当具备下列条件：

（一）取得企业法人资格；

（二）有与经营国际海上运输业务相适应的船舶，其中必须有中国籍船舶；

（三）投入运营的船舶符合国家规定的海上交通安全技术标准；

（四）有提单、客票或者多式联运单证；

（五）有具备国务院交通主管部门规定的从业资格的高级业务管理人员。

第六条 经营国际船舶运输业务,应当向国务院交通主管部门提出申请,并附送符合本条例第五条规定条件的相关材料。国务院交通主管部门应当自受理申请之日起 30 日内审核完毕,作出许可或者不予许可的决定。予以许可的,向申请人颁发《国际船舶运输经营许可证》；不予许可的,应当书面通知申请人并告知理由。

国务院交通主管部门审核国际船舶运输业务申请时,应当考虑国家关于国际海上运输业发展的政策和国际海上运输市场竞争状况。

申请经营国际船舶运输业务,并同时申请经营国际班轮运输业务的,还应当附送本条例第十二条规定的相关材料,由国务院交通主管部门一并审核、登记。

第七条 经营无船承运业务,应当向国务院交通主管部门办理提单登记,并交纳保证金。

前款所称无船承运业务,是指无船承运业务经营者以承运人身份接受托运人的货载,签发自己的提单或者其他运输单证,向托运人收取运费,通过国际船舶运输经营者完成国际海上货物运输,承担承运人责任的国际海上运输经营活动。

在中国境内经营无船承运业务,应当在中国境内依法设立企业法人。

第八条 无船承运业务经营者应当在向国务院交通主管部门提出办理提单登记申请的同时,附送证明已经按照本条例的规定交纳保证金的相关材料。

前款保证金金额为 80 万元人民币；每设立一个分支机构,增加保证金 20 万元人民币。保证金应当向中国境内的银行开立专门账户交存。

保证金用于无船承运业务经营者清偿因其不履行承运人义务或者履行义务不当所产生的债务以及支付罚款。保证金及其利息,归无船承运业务经营者所有。专门账户由国务院交通主管部门实施监督。

国务院交通主管部门应当自收到无船承运业务经营者提单登记申请并交纳保证金的相关材料之日起 15 日内审核完毕。申请材料真实、齐备的,予以登记,并通知申请人；申请材料不真实或者不齐备的,不予登记,书面通知申请人并告知理由。已经办理提单登记的无船承运业务经营者,由国务院交通主管部门予以公布。

第九条 国际船舶运输经营者、无船承运业务经营者,不得将依法取得的经营资格提供给他人使用。

第十条 国际船舶运输经营者、无船承运业务经营者依照本条例的规定取得相应的经营资格后，不再具备本条例规定的条件的，国务院交通主管部门应当立即取消其经营资格。

第三章　国际海上运输及其辅助性业务经营活动

第十一条 国际船舶运输经营者经营进出中国港口的国际班轮运输业务，应当依照本条例的规定取得国际班轮运输经营资格。

未取得国际班轮运输经营资格的，不得从事国际班轮运输经营活动，不得对外公布班期、接受订舱。

以共同派船、舱位互换、联合经营等方式经营国际班轮运输的，适用本条第一款的规定。

第十二条 经营国际班轮运输业务，应当向国务院交通主管部门提出申请，并附送下列材料：

（一）国际船舶运输经营者的名称、注册地、营业执照副本、主要出资人；

（二）经营者的主要管理人员的姓名及其身份证明；

（三）运营船舶资料；

（四）拟开航的航线、班期及沿途停泊港口；

（五）运价本；

（六）提单、客票或者多式联运单证。

国务院交通主管部门应当自收到经营国际班轮运输业务申请之日起30日内审核完毕。申请材料真实、齐备的，予以登记，并通知申请人；申请材料不真实或者不齐备的，不予登记，书面通知申请人并告知理由。

第十三条 取得国际班轮运输经营资格的国际船舶运输经营者，应当自取得资格之日起180日内开航；因不可抗力并经国务院交通主管部门同意，可以延期90日。逾期未开航的，国际班轮运输经营资格自期满之日起丧失。

第十四条 新开、停开国际班轮运输航线，或者变更国际班轮运输船舶、班期的，应当提前15日予以公告，并应当自行为发生之日起15日内向国务院交通主管部门备案。

第十五条 经营国际班轮运输业务的国际船舶运输经营者的运价和无船承运业务经营者的运价，应当按照规定格式向国务院交通主管部门备案。国务院交通主管部门应当指定专门机构受理运价备案。

备案的运价包括公布运价和协议运价。公布运价，是指国际船舶运输经营者和无船承运业务经营者运价本上载明的运价；协议运价，是指国际船舶运输经营者与货主、无船承运业务经营者约定的运价。

公布运价自国务院交通主管部门受理备案之日起满 30 日生效；协议运价自国务院交通主管部门受理备案之时起满 24 小时生效。

国际船舶运输经营者和无船承运业务经营者应当执行生效的备案运价。

第十六条 国际船舶运输经营者在与无船承运业务经营者订立协议运价时，应当确认无船承运业务经营者已依照本条例规定办理提单登记并交纳保证金。

第十七条 从事国际班轮运输的国际船舶运输经营者之间订立涉及中国港口的班轮公会协议、运营协议、运价协议等，应当自协议订立之日起 15 日内将协议副本向国务院交通主管部门备案。

第十八条 国际船舶运输经营者有下列情形之一的，应当在情形发生之日起 15 日内，向国务院交通主管部门备案：

（一）终止经营；

（二）减少运营船舶；

（三）变更提单、客票或者多式联运单证；

（四）在境外设立分支机构或者子公司经营国际船舶运输业务；

（五）拥有的船舶在境外注册，悬挂外国旗。

国际船舶运输经营者增加运营船舶的，增加的运营船舶必须符合国家规定的安全技术标准，并应当于投入运营前 15 日内向国务院交通主管部门备案。国务院交通主管部门应当自收到备案材料之日起 3 日内出具备案证明文件。

其他中国企业有本条第一款第（四）项、第（五）项所列情形之一的，应当依照本条第一款规定办理备案手续。

第十九条 经营国际船舶运输业务、无船承运业务和国际船舶代理业务，在中国境内收取、代为收取运费以及其他相关费用，应当向付款人出具中国税务机关统一印制的发票。

第二十条 未依照本条例的规定办理提单登记并交纳保证金的，不得经营无船承运业务。

第二十一条 经营国际船舶运输业务和无船承运业务，不得有下列行为：

（一）以低于正常、合理水平的运价提供服务，妨碍公平竞争；

（二）在会计账簿之外暗中给予托运人回扣，承揽货物；

（三）滥用优势地位，以歧视性价格或者其他限制性条件给交易对方造成损害；

（四）其他损害交易对方或者国际海上运输市场秩序的行为。

第二十二条 外国国际船舶运输经营者从事本章规定的有关国际船舶运输活动，应当遵守本条例有关规定。

外国国际船舶运输经营者不得经营中国港口之间的船舶运输业务，也不得利用租用的中国籍船舶或者舱位，或者以互换舱位等方式变相经营中国港口之间的船舶运输业务。

第二十三条 国际船舶代理经营者接受船舶所有人或者船舶承租人、船舶经营人的委托，可以经营下列业务：

（一）办理船舶进出港口手续，联系安排引航、靠泊和装卸；

（二）代签提单、运输合同，代办接受订舱业务；

（三）办理船舶、集装箱以及货物的报关手续；

（四）承揽货物、组织货载，办理货物、集装箱的托运和中转；

（五）代收运费，代办结算；

（六）组织客源，办理有关海上旅客运输业务；

（七）其他相关业务。

国际船舶代理经营者应当按照国家有关规定代扣代缴其所代理的外国国际船舶运输经营者的税款。

第二十四条 国际船舶管理经营者接受船舶所有人或者船舶承租人、船舶经营人的委托，可以经营下列业务：

（一）船舶买卖、租赁以及其他船舶资产管理；

（二）机务、海务和安排维修；

（三）船员招聘、训练和配备；

（四）保证船舶技术状况和正常航行的其他服务。

第四章 外商投资经营国际海上运输及其辅助性业务的特别规定

第二十五条 外商在中国境内投资经营国际海上运输业务以及与国际海上运输相关的辅助性业务，适用本章规定；本章没有规定的，适用本条例其他有关规定。

第二十六条 外商可以依照有关法律、行政法规以及国家其他有关规定，投资经营国际船舶运输、国际船舶代理、国际船舶管理、国际海运货物装卸、国际海运货物仓储、国际海运集装箱站和堆场业务。

第二十七条 外国国际船舶运输经营者以及外国国际海运辅助企业在中国境内设立的常驻代表机构，不得从事经营活动。

第五章 调查与处理

第二十八条 国务院交通主管部门应利害关系人的请求或者自行决定，可以对下列情形实施调查：

（一）经营国际班轮运输业务的国际船舶运输经营者之间订立的涉及中国港口的班轮公会协议、运营协议、运价协议等，可能对公平竞争造成损害的；

（二）经营国际班轮运输业务的国际船舶运输经营者通过协议产生的各类联营体，其服务涉及中国港口某一航线的承运份额，持续 1 年超过该航线总运量的 30%，并可能对公平竞争造成损害的；

（三）有本条例第二十一条规定的行为之一的；

（四）可能损害国际海运市场公平竞争的其他行为。

第二十九条 国务院交通主管部门实施调查，应当会同国务院市场监督管理部门（以下统称调查机关）共同进行。

第三十条 调查机关实施调查，应当成立调查组。调查组成员不少于 3 人。调查组可以根据需要，聘请有关专家参加工作。

调查组进行调查前，应当将调查目的、调查原因、调查期限等事项通知被调查人。调查期限不得超过 1 年；必要时，经调查机关批准，可以延长半年。

第三十一条 调查人员进行调查，可以向被调查人以及与其有业务往来的单位和个人了解有关情况，并可查阅、复制有关单证、协议、合同文本、会计账簿、业务函电、电子数据等有关资料。

调查人员进行调查，应当保守被调查人以及与其有业务往来的单位和个人的商业秘密。

第三十二条 被调查人应当接受调查，如实提供有关情况和资料，不得拒绝调查或者隐匿真实情况、谎报情况。

第三十三条 调查结束，调查机关应当作出调查结论，书面通知被调查人、利害关系人。

对公平竞争造成损害的，调查机关可以采取责令修改有关协议、限制班轮航班数量、中止运价本或者暂停受理运价备案、责令定期报送有关资料等禁止性、限制性措施。

第三十四条　调查机关在作出采取禁止性、限制性措施的决定前,应当告知当事人有要求举行听证的权利;当事人要求听证的,应当举行听证。

第六章　法律责任

第三十五条　未取得《国际船舶运输经营许可证》,擅自经营国际船舶运输业务的,由国务院交通主管部门或者其授权的地方人民政府交通主管部门责令停止经营;有违法所得的,没收违法所得;违法所得50万元以上的,处违法所得2倍以上5倍以下的罚款;没有违法所得或者违法所得不足50万元的,处20万元以上100万元以下的罚款。

第三十六条　未办理提单登记、交纳保证金,擅自经营无船承运业务的,由国务院交通主管部门或者其授权的地方人民政府交通主管部门责令停止经营;有违法所得的,没收违法所得;违法所得10万元以上的,处违法所得2倍以上5倍以下的罚款;没有违法所得或者违法所得不足10万元的,处5万元以上20万元以下的罚款。

第三十七条　外国国际船舶运输经营者经营中国港口之间的船舶运输业务,或者利用租用的中国籍船舶和舱位以及用互换舱位等方式经营中国港口之间的船舶运输业务的,由国务院交通主管部门或者其授权的地方人民政府交通主管部门责令停止经营;有违法所得的,没收违法所得;违法所得50万元以上的,处违法所得2倍以上5倍以下的罚款;没有违法所得或者违法所得不足50万元的,处20万元以上100万元以下的罚款。拒不停止经营的,拒绝进港;情节严重的,撤销其国际班轮运输经营资格。

第三十八条　未取得国际班轮运输经营资格,擅自经营国际班轮运输的,由国务院交通主管部门或者其授权的地方人民政府交通主管部门责令停止经营;有违法所得的,没收违法所得;违法所得50万元以上的,处违法所得2倍以上5倍以下的罚款;没有违法所得或者违法所得不足50万元的,处20万元以上100万元以下的罚款。拒不停止经营的,拒绝进港。

第三十九条　国际船舶运输经营者、无船承运业务经营者将其依法取得的经营资格提供给他人使用的,由国务院交通主管部门或者其授权的地方人民政府交通主管部门责令限期改正;逾期不改正的,撤销其经营资格。

第四十条　未履行本条例规定的备案手续的,由国务院交通主管部门或者其授权的地方人民政府交通主管部门责令限期补办备案手续;逾期不补办的,处1万元以上5万元以下的罚款,并可以撤销其相应资格。

第四十一条　未履行本条例规定的运价备案手续或者未执行备案运价的,由国务院交通主管部门或者其授权的地方人民政府交通主管部门责令限期改正,并处2万元以上10万元以下的罚款。

第四十二条　依据调查结论应当给予行政处罚或者有本条例第二十一条所列违法情形的,由交通主管部门、市场监督管理部门依照有关法律、行政法规的规定给予处罚。

第四十三条　国际船舶运输经营者与未办理提单登记并交纳保证金的无船承运业务经营者订立协议运价的,由国务院交通主管部门或者其授权的地方人民政府交通主管部门给予警告,并处2万元以上10万元以下的罚款。

第四十四条　外国国际船舶运输经营者以及外国国际海运辅助企业常驻代表机构从事经营活动的,由市场监督管理部门责令停止经营活动,并依法给予处罚。

第四十五条　拒绝调查机关及其工作人员依法实施调查,或者隐匿、谎报有关情况和资料的,由国务院交通主管部门或者其授权的地方人民政府交通主管部门责令改正,并处2万元以上10万元以下的罚款。

第四十六条　非法从事进出中国港口的国际海上运输经营活动以及与国际海上运输相关的辅助性经营活动,扰乱国际海上运输市场秩序的,依照刑法关于非法经营罪的规定,依法追究刑事责任。

第四十七条　国务院交通主管部门和有关地方人民政府交通主管部门的工作人员有下列情形之一,造成严重后果,触犯刑律的,依照刑法关于滥用职权罪、玩忽职守罪或者其他罪的规定,依法追究刑事责任;尚不够刑事处罚的,依法给予行政处分:

（一）对符合本条例规定条件的申请者不予审批、许可、登记、备案,或者对不符合本条例规定条件的申请者予以审批、许可、登记、备案的;

（二）对经过审批、许可、登记、备案的国际船舶运输经营者、无船承运业务经营者不依照本条例的规定实施监督管理,或者发现其不再具备本条例规定的条件而不撤销其相应的经营资格,或者发现其违法行为后不予以查处的;

（三）对监督检查中发现的未依法履行审批、许可、登记、备案的单位和个人擅自从事国际海上运输经营活动以及与国际海上运输相关的辅助性经营活动,不立即予以取缔,或者接到举报后不依法予以处理的。

第七章　附　则

第四十八条　香港特别行政区、澳门特别行政区和台湾地区的投资者在内地投资经营国际海上运输业务以及与国际海上运输相关的辅助性业务,比照适用本条例。

第四十九条　外国国际船舶运输经营者未经国务院交通主管部门批准,不得经营中国内地与香港特别行政区、澳门特别行政区之间的船舶运输业务,不得经营中国内地与台湾地区之间的双向直航和经第三地的船舶运输业务。

第五十条　内地与香港特别行政区、澳门特别行政区之间的海上运输,由国务院交通主管部门依照本条例制定管理办法。

内地与台湾地区之间的海上运输,依照国家有关规定执行。

第五十一条　任何国家或者地区对中华人民共和国国际海上运输经营者、船舶或者船员采取歧视性的禁止、限制或者其他类似措施的,中华人民共和国政府根据对等原则采取相应措施。

第五十二条　本条例施行前已从事国际海上运输经营活动以及与国际海上运输相关的辅助性经营活动的,应当在本条例施行之日起60日内按照本条例的规定补办有关手续。

第五十三条　本条例自2002年1月1日起施行。1990年12月5日国务院发布、1998年4月18日国务院修订发布的《中华人民共和国海上国际集装箱运输管理规定》同时废止。

涉海部门规章

铺设海底电缆管道管理规定实施办法

（国家海洋局 1992 年 8 月 26 日颁布）

第一条 为实施《铺设海底电缆管道管理规定》（以下简称《规定》），加强对海底电缆、管道的管理和保护，制定本实施办法。

第二条 本办法适用于在中华人民共和国的内海、领海及大陆架上进行海底电缆、管道铺设以及为铺设所进行的路由调查、勘测及其他有关活动的任何法人、自然人和其他经济实体。

第三条 中华人民共和国国家海洋局及其所属分局以及沿海省、自治区、直辖市人民政府海洋管理机构（以下简称地方海洋管理机构）是实施本办法的主管机关。

第四条 国家对铺设海底电缆、管道及其他有关活动的管理，实行统一领导、分级管理。

地方海洋管理机构负责其管理海域内海底电缆、管道的审批与监督管理（本条第五款第三项所指管道的审批除外）。

分局负责地方海洋管理机构管理海域之外的海底电缆、管道的审批与监督管理。

跨省、自治区、直辖市管理海域和超出省、自治区、直辖市管理海域的海底电缆、管道，由分局商有关地方海洋管理机构审批，并负责监督管理。

下列海底电缆、管道由国家海洋局负责审批：

一、路经中国管辖海域和大陆架的外国海底电缆、管道；

二、由中国铺向其他国家和地区的国际海底电缆、管道；

三、国内长距离（二百公里以上）的海底管道和污水排放量为二十万吨／日以上的海底排污管道。

第五条 海底电缆、管道的路由调查、勘测，所在者应依照《规定》第五条，将《路由调查、勘测申请书》一式五份按本办法第四条报相应的审批机关审批。

外国的公司、企业和其他经济组织或个人在中国大陆架上进行上述活动的，所有者应在实施作业六十天前，将《规定》第五条要求提供的资料一式五份按本办法第四条报相应的审批机关，其确定的调查、勘测路由需经主管机关同意。

《路由调查、勘测申请书》应附具以下资料：

一、调查、勘测路由选择依据的详细说明；

二、调查、勘测单位的基本情况；

三、《铺设海底管道工程对海洋资源和环境影响报告书》的编写大纲和评价单位的基本情况；

四、《污水排海工程可行性研究报告》；

五、其他有关说明资料。

第六条 海底电缆、管道的铺设施工，所有者应依照《规定》第六条，将所确定的路由及《路由调查、勘测报告》等有关资料一式五份，按本办法第四条报相应的审批机关审批。审批机关审批后发给铺设施工许可证。

外国的公司、企业和其他经济组织或个人在中国大陆架上进行上述活动的，所有者应在实施作业六十天前，将《规定》第六条要求提供的资料一式五份按本办法第四条报相应的审批机关，其确定的路由需经主管机关同意。

第七条 所有者在选择海底电缆、管道路由时，应顾及其他海洋开发利用。当路由需穿越重要渔捞作业区、海洋油气开采区、军事区、锚地和海底电缆、管道等并发生矛盾时，所有者应与有关当事方协商或报请主管机关协调解决。

设置海底排污管道应充分考虑排放海域的使用功能，排污口的位置应选择在远离海洋自然保护区、重要渔业水域、海水浴场、海滨风景游览区等区域的具有足够水深、海面宽阔、水体交换能力强等条件适当的场点，并符合国家的有关规定和标准。

第八条 《路由调查、勘测报告》应包括以下内容：

一、调查概况；

二、路由海区的气象与水文动力状况；

三、路由海区的工程地质条件；

四、与该海底电缆、管道工程建设和维护有关的其他海洋开发活动和海底设施；

五、有关政府机构在路由海区的开发利用规划；

六、路由条件的综合评价及其结论；

七、有关图件及其他调查资料。

第九条 《铺设海底管道工程对海洋资源和环境影响报告书》的内容应包括：

一、海底管道途经海域海洋资源和环境的状况；

二、海底管道海上铺设施工作业阶段及其正常使用阶段对周围海域海洋资源和生态环境及其他海洋开发利用活动影响的综合评价及对上述影响的解决方法；

三、海底管道事故状态对海洋资源和环境产生影响的评价及其应急措施。

第十条 获准的海底电缆、管道路由调查、勘测和铺设施工，在实施作业前或实施作业中如需变动（包括路由、作业时间、作业计划、作业方式等变动），所有者应及时报告主管机关。如路由等变动较大，应报经主管机关批准。

海上作业者应持有主管机关签发的铺设施工许可证。

第十一条 铺设海底电缆、管道及其他海上作业，需要移动、切断已铺设的海底电缆、管道时，应当先与所有者协商，就交越施工的技术处理及损失赔偿等问题达成协议，并报经主管机关批准后方可施工。在协商和执行过程中，双方如有纠纷，可由主管机关协调解决。

第十二条 海底电缆、管道铺设施工完毕后九十天内，所有者应将海底电缆、管道准确路线图、位置表等说明资料一式五份报送主管机关备案，并抄送有关港务监督机关。

第十三条 海底电缆、管道的维修、改造、拆除，所有者应在实施作业三十天前，将作业内容、原因、时间、海区及作业船只等情况书面报告主管机关。海底电缆、管道的紧急修理，所有者可在维修船进入现场作业的同时，按上述内容向主管机关报告前说明紧急修理的理由。

外国船舶需要在中国内海、领海进行前款所述作业的，应经主管机关批准。

海底电缆、管道路由变动较大的改造，所有者事先应报经主管机关批准。

上述作业完毕后三十天内，所有者应将作业结果报告主管机关。

第十四条 海底电缆、管道的废弃，所有者应当在六十天前向主管机关书面报告，内容应包括废弃的原因、废弃的准确时间、废弃部分的准确位置及处置办法、废弃部分对其他海洋开发利用可能产生的影响及采取的防治措施。

废弃的海底电缆、管道应当妥善处理，不得对正常的海洋开发利用活动构成威胁或妨碍。

第十五条 海底电缆、管道的铺设、维修、拆除等海上施工作业，应兼顾其他海上正常开发利用活动，当两者在作业时间和作业海区等方面发生矛盾时，所有者应当与有关当事方协调解决。

第十六条　主管机关应将所辖海区已铺设或废弃的海底电缆、管道的路由情况定期予以公告。

第十七条　从事海上各种活动的作业者,应了解作业海区海底电缆、管道的布设情况。凡需在海底电缆、管道路由两侧各两海里(港内为两侧各一百米)范围内从事可能危及海底电缆、管道安全和使用效能的作业的,应事先与所有者协商并报经主管机关批准。

第十八条　主管机关可对进行海底电缆、管道路由调查、勘测和铺设、维修、改造、拆除等活动的船舶进行监视或检查。进行上述活动的船舶应为主管机关海洋监察人员执行公务提供方便。

外国籍船舶在中国大陆架上进行前款所述的活动期间(包括作业、锚泊、检修、漂泊等),应于每天02时(格林威治时间)向主管机关报告船位;在中国的内海、领海进行前款所述的活动期间(包括作业、锚泊、检修、漂泊等),应于每天00、08时(格林威治时间)向主管机关报告船位。

第十九条　为海洋石油开发所铺设的海底电缆、管道,按下列要求报主管机关审批或备案:

一、对包含在油(气)田总体开发方案中的路由超出石油开发区的海底电缆、管道,所有者应在该方案审批前,将初选路由等资料一式五份按本办法第四条报相应的审批机关,由审批机关商国家能源部门审定。在实施上述路由调查、勘测六十天前,所有者应将《规定》第五条要求提供的资料报主管机关备案。在实施铺设施工六十天前,所有者应将最后确定的路由等资料一式五份,依照《规定》第六条的有关要求报主管机关批准,由主管机关发给铺设施工许可证。

二、对在石油开发区内铺设平台间或者平台与单点系泊间的海底电缆、管道,在实施路由调查、勘测和铺设施工六十天前,所有者应分别将《规定》第五条、第六条要求提供的资料报主管机关备案。

《规定》第五条未作规定的情况,所有者应按《规定》和本办法的其他有关条款执行。

第二十条　对违反《规定》及本办法的,主管机关有权依其情节轻重,给予下列一种或几种处罚:警告、罚款和责令停止海上作业。

罚款分为以下几种:

一、凡有下列行为之一者,罚款最高额为人民币一万元:

(一)海上作业者未持有主管机关已签发的铺设施工许可证的;

（二）阻挠或妨碍主管机关海洋监察人员执行公务的；

（三）未按本办法第十二条的要求，将有关资料报主管机关备案的。

二、凡有下列行为之一者，罚款最高额为人民币五万元：

（一）获准的路由调查、勘测或铺设施工发生变动，未按本办法第十条执行的；

（二）海底电缆、管道的铺设、维修、改造、拆除和废弃，未按本办法第十三条、第十四条、第十五条执行的；

（三）海底电缆、管道的铺设或者拆除等工程的遗留物未妥善处理，对正常的海洋开发利用活动构成威胁或妨碍的；

（四）违反本办法第十一条，移动已铺设的海底电缆、管道的；

（五）违反本办法第十七条，从事可能危及海底电缆、管道安全和使用效能的作业的；

（六）外国籍船舶未按本办法的要求报告船位的。

三、凡有下列行为之一者，罚款最高额为人民币十万元：

（一）外国籍船舶在未经批准的海域作业或在获准的海域内进行未经批准的作业的；

（二）未按《规定》和本办法报经主管机关批准和备案，擅自进行海底电缆、管道路由调查、勘测的。

四、未按《规定》和本办法报经主管机关批准和备案，擅自进行海底电缆、管道铺设施工的，罚款最高额为人民币二十万元。

第二十一条 当事人对处罚决定不服的，可以在接到处罚通知之日起15日内，向作出处罚决定的机关的上一级机关申请复议；对复议决定不服的，可以在接到复议决定书之日起15日内，向人民法院起诉。当事人也可以在接到处罚通知之日起15日内直接向人民法院起诉。当事人逾期不申请复议，也不向人民法院起诉，又不履行处罚决定的，由作出处罚决定的机关申请人民法院强制执行。

第二十二条 违反《规定》和本办法，造成海洋资源、环境或海底电缆、管道等公私财产损害和海上正常秩序危害的，肇事者应承担赔偿责任。赔偿责任包括：

一、受害方经济收入的损失金额及被破坏海底电缆、管道的修复、更新费用；

二、清除、治理由于海底管道遭受损害而引起的污染所支付的费用和由于污染而引起的海洋资源的损失金额及为防止损害所采取的应急措施所支付的费用；

三、调查、处理损害事件的费用。

第二十三条　赔偿责任和赔偿金额的纠纷,当事人可请求主管机关进行调解处理。当事人也可依照民事诉讼程序向人民法院提起诉讼。涉外案件可以按仲裁程序解决。

第二十四条　请求赔偿的诉讼时效期间为二年,从受害方知道或应当知道受损害之日开始计算。

赔偿纠纷处理结束后,受害方不得就同一损害事件再次提出索赔要求。

第二十五条　由于不可抗拒的自然灾害或仅为了保全人命或船舶的正当目的在采取避免破坏和损害的一切必要预防措施后,仍然发生了任何海底电缆、管道损坏的,可减轻或免除赔偿责任的决定。

请求免于承担或减轻责任的条件调查属实后,可作出免除或减轻赔偿责任的作业者,可向主管机关提交报告。主管机关对免除或减轻责任的条件调查属实后,可作出免除或减轻赔偿责任的决定。

完全是由于第三者的故意或过失造成海底电缆、管道破坏或损害的,由第三者承担赔偿责任。

第二十六条　中国军用海底电缆、管道的铺设依照《规定》执行,具体实施办法由中国人民解放军根据《规定》和本办法制定。

第二十七条　《规定》及本办法下列用语的含义是:

一、"海底电缆、管道"系指位于大潮高潮线以下的军用和民用的海底通信电缆(含光缆)和电力电缆及输水(含工业废水、城市污水等)、输气、输油和输送其他物质的管状设施。

二、"内海"系指领海基线内侧的全部海域(包括海湾、海峡、海港、河口湾);领海基线与海岸之间的海域;通过狭窄水道连接海洋的海域。

三、"所有者"系指对海底电缆、管道拥有产权和所有权的法人和其他经济实体。

四、"路由变动较大"系指出于主观要求而非定位误差和施工技术手段的原因,而改变批准的或原有的路由,暂定为:在潮间带五百米以上、领海线以内一公里以上、领海线以外五公里以上。

五、"移动"系指海底电缆、管道的水平移位或垂直移位。

第二十八条　本办法由国家海洋局负责解释。

第二十九条　本办法自颁布之日起施行。

海底电缆管道保护规定

（《海底电缆管道保护规定》，已经 2003 年 12 月 30 日国土资源部第 12 次部务会议通过，现予公布，自 2004 年 3 月 1 日起施行。《海底电缆管道保护规定》，由国家海洋局负责监督执行。）

第一条 为加强海底电缆管道的保护，保障海底电缆管道的安全运行，维护海底电缆管道所有者的合法权益，根据《铺设海底电缆管道管理规定》和有关法律、法规，制定本规定。

第二条 中华人民共和国内海、领海、大陆架及管辖的其它海域内的海底电缆管道的保护活动，适用本规定。

军事电缆管道的保护活动，不适用本规定。

第三条 国务院海洋行政主管部门负责全国海底电缆管道的保护工作。

沿海县级以上地方人民政府海洋行政主管部门负责本行政区毗邻海域海底电缆管道的保护工作。

第四条 任何单位和个人都有保护海底电缆管道的义务，并有权对破坏海底电缆管道的行为进行检举和控告。

第五条 海底电缆管道所有者应当在海底电缆管道铺设竣工后 90 日内，将海底电缆管道的路线图、位置表等注册登记资料报送县级以上人民政府海洋行政主管部门备案，并同时抄报海事管理机构。

本规定公布施行前铺设竣工的海底电缆管道，应当在本规定生效后 90 日内，按照前款规定备案。

第六条 省级以上人民政府海洋行政主管部门应当每年向社会发布海底电缆管道公告。

海底电缆管道公告包括海底电缆管道的名称、编号、注册号、海底电缆管道所有者、用途、总长度（公里）、路由起止点（经纬度）、示意图、标识等。

第七条 国家实行海底电缆管道保护区制度。

省级以上人民政府海洋行政主管部门应当根据备案的注册登记资料．商同级有关部门划定海底电缆管道保护区，并向社会公告。

海底电缆管道保护区的范围，按照下列规定确定：

（一）沿海宽阔海域为海底电缆管道两侧各 500 米；

（二）海湾等狭窄海域为海底电缆管道两侧各 100 米；

（三）海港区内为海底电缆管道两侧各 50 米。

海底电缆管道保护区划定后，应当报送国务院海洋行政主管部门备案。

第八条 禁止在海底电缆管道保护区内从事挖砂、钻探、打桩、抛锚、拖锚、底拖捕捞、张网、养殖或者其它可能破坏海底电缆管道安全的海上作业。

第九条 县级以上人民政府海洋行政主管部门有权依照有关法律、法规以及本规定，对海底电缆管道保护区进行定期巡航检查；对违反本规定的行为有权制止。

第十条 国家鼓励海底电缆管道所有者对海底电缆管道保护区和海底电缆管道的线路等设置标识。

设置标识的，海底电缆管道所有者应当向县级以上人民政府海洋行政主管部门备案。

第十一条 海底电缆管道所有者在向县级以上人民政府海洋行政主管部门报告后，可以对海底电缆管道采取定期复查、监视和其它保护措施，也可以委托有关单位进行保护。

委托有关单位保护的，应当报县级以上人民政府海洋行政主管部门备案。

第十二条 海底电缆管道所有者进行海底电缆管道的路由调查、铺设施工，对海底电缆管道进行维修、改造、拆除、废弃时，应当在媒体上向社会发布公告。

公告费用由海底电缆管道所有者承担。

第十三条 海上作业者在从事海上作业前，应当了解作业海区海底电缆管道的铺设情况；可能破坏海底电缆管道安全的，应当采取有效的防护措施。

确需进入海底电缆管道保护区内从事海上作业的，海上作业者应当与海底电缆管道所有者协商，就相关的技术处理、保护措施和损害赔偿等事项达成协议。

海上作业钩住海底电缆管道的，海上作业者不得擅自将海底电缆管道拖起、拖断或者砍断，并应当立即报告所在地海洋行政主管部门或者海底电缆管道所有者采取相应措施。必要时，海上作业者应当放弃船锚或者其它钩挂物。

第十四条 海上作业者为保护海底电缆管道致使财产遭受损失，有证据证明的,海底电缆管道所有者应当给予适当的经济补偿;但擅自在海底电缆管道保护区内从事本规定第八条规定的作业除外。

第十五条　单位和个人造成海底电缆管道及附属保护设施损害的,应当依法承担赔偿责任。

因不可抗力或者紧急避险,采取必要的防护措施仍未能避免造成损害的,可以依法减轻或者免除赔偿责任。

第十六条　有下列情形之一的,当事人可以申请县级以上人民政府海洋行政主管部门调解:

(一)海上作业者需要移动、切断、跨越已铺设的海底电缆管道与所有者发生纠纷,或者已达成的协议在执行中发生纠纷的;

(二)海上作业与海底电缆管道的维修、改造、拆除发生纠纷的;

(三)海上作业者与海底电缆管道所有者间的经济补偿发生纠纷的;

(四)赔偿责任或赔偿金额发生纠纷的。

第十七条　海底电缆管道所有者有下列情形之一的,由县级以上人民政府海洋行政主管部门责令限期改正;逾期不改正的,处以1万元以下的罚款:

(一)海底电缆管道的路线图、位置表等注册登记资料未备案的;

(二)对海底电缆管道采取定期复查、监视和其它保护措施未报告的;

(三)进行海底电缆管道的路由调查、铺设施工,维修、改造、拆除、废弃海底电缆管道时未及时公告的;

(四)委托有关单位保护海底电缆管道未备案的。

第十八条　海上作业者有下列情形之一的,由县级以上人民政府海洋行政主管部门责令限期改正,停止海上作业,并处1万元以下的罚款:

(一)擅自在海底电缆管道保护区内从事本规定第八条规定的海上作业的;

(二)故意损坏海底电缆管道及附属保护设施的;

(三)钩住海底电缆管道后擅自拖起、拖断、砍断海底电缆管道的;

(四)未采取有效防护措施而造成海底电缆管道及其附属保护设施损害的。

第十九条　县级以上人民政府海洋行政主管部门工作人员在海底电缆管道的保护活动中玩忽职守、滥用职权、徇私舞弊的,依法给予行政处分;构成犯罪的,依法追究刑事责任。

第二十条　本规定自2004年3月1日起施行。本规定公布前制定的有关文件与本规定不一致的,依照本规定执行。

海洋行政处罚实施办法

（《海洋行政处罚实施办法》，已经 2002 年 12 月 12 日国土资源部第 6 次部务会议审议通过，现予发布，自 2003 年 3 月 1 日起施行。《海洋行政处罚实施办法》由国家海洋局负责监督执行。）

第一章 总 则

第一条 为规范海洋行政处罚行为，保护单位和个人的合法权益，根据《中华人民共和国行政处罚法》及有关法律、法规的规定，制定本办法。

第二条 单位和个人违反海域使用、海洋环境保护、铺设海底电缆管道、涉外海洋科学研究管理等海洋法律、法规或者规章，海洋行政处罚实施机关依法给予海洋行政处罚的，适用本办法。

第三条 县级以上各级人民政府海洋行政主管部门是海洋行政处罚实施机关（以下简称实施机关）。

实施机关设中国海监机构的，海洋行政处罚工作由所属的中国海监机构具体承担；未设中国海监机构的，由本级海洋行政主管部门实施。

中国海监机构以同级海洋行政主管部门的名义实施海洋行政处罚。

第四条 上级实施机关有权监督、纠正下级实施机关的海洋行政处罚。

上级中国海监机构经同级实施机关同意，可以以同级实施机关的名义对下级实施机关实施的海洋行政处罚进行监督，并协助行政监察部门依法追究行政责任。

第二章 管 辖

第五条 除法律、法规另有规定外，海洋行政处罚由违法行为发生地的实施机关管辖。

第六条 违法行为发生地不明确或者无法查明的，法律、法规有明确规定的,按照规定确定管辖;法律、法规没有明确规定的,按照规章规定和职责权限确定管辖。

第七条 对管辖发生争议的,报请共同的上一级实施机关指定管辖。

第八条 下级实施机关对其所实施的海洋行政处罚,认为需要由上一级实施机关管辖的,可以报请上一级实施机关决定。

第九条 对不属于其管辖范围内的海洋行政处罚,应当制作移交案件通知书(函),移送有权管辖的实施机关或者其他行政机关。

第十条 违法行为构成犯罪的,依法移送司法机关。

第三章 简易程序

第十一条 违法行为同时具备下列情形的,可以适用简易程序当场作出海洋行政处罚决定:

(一)违法事实清楚、证据确凿,情节轻微;

(二)依据海洋法律、法规或者规章,对个人处以五十元以下、对单位处以一千元以下罚款或者警告的。

第十二条 适用简易程序当场予以海洋行政处罚时,海洋监察人员应当遵守下列程序:

(一)向当事人出示执法证件;

(二)当场查清违法事实,收集和保存必要的证据,作出笔录并交由当事人核对后签名或者盖章;

(三)告知当事人违法事实、处罚理由和依据,有权进行陈述和申辩;

(四)听取当事人的陈述与申辩,对当事人提出的事实、理由和证据进行复核,当事人放弃陈述或者申辩权利的除外;

(五)填写有预定格式、统一编号的当场海洋行政处罚决定书,由海洋监察人员签名或者盖章,并当场交付当事人签收。

第四章 一般程序

第十三条 除依照本办法第十一条可以当场作出的海洋行政处罚外,对其他海洋违法行为实施海洋行政处罚的,应当立案查处。

海洋监察人员应当填写海洋违法案件立案呈批表,经批准后立案。

第十四条 海洋监察人员与案件有直接利害关系的,应当回避。

第十五条　海洋监察人员调查案件或者进行检查时,不得少于两人,并应当向当事人出示执法证件,可以采取以下方式:

（一）进入现场进行勘验、检查,查阅或者复制有关资料,对现场进行摄像、照相等。有关勘验、检查情况应当制作笔录,并由被勘验者被检查者或者见证人签名或者盖章。

（二）询问当事人、证人或者其他有关人员,制作调查询问笔录。调查询问笔录应当经被调查人阅核并签名或者盖章;被调查人拒绝签名或者盖章的,应当有两名以上海洋监察人员在调查笔录上注明情况并签名或者盖章。

（三）测量、监测、检验或者鉴定等专业性、技术性事项,可以委托有资质的机构出具报告,所出具的报告可以作为证据。

第十六条　海洋监察人员在收集证据时,可以采取抽样取证的方法。

第十七条　海洋监察人员在收集证据时,在证据可能灭失或者以后难以取得的情况下,经批准可以先行登记保存。先行登记保存证据的,应当制作先行登记保存证据通知书,并送达当事人。

对先行登记保存的证据,应当自登记保存之日起七日内作出处理。

在登记保存期间,当事人或者有关人员不得销毁或者转移证据。

第十八条　对证据进行抽样取证或者登记保存,应当有当事人在场。当事人不在场或者拒绝到场的,海洋监察人员可以邀请有关人员到场作证。

第十九条　海洋监察人员应当在调查终结后五日内提交海洋违法案件调查报告,针对调查结果提出处罚建议。

第二十条　实施机关负责人应当对调查结果和处罚建议进行审查,根据不同情况,分别作出如下决定:

（一）违法事实成立的,根据情节轻重及具体情况,给予海洋行政处罚;

（二）违法行为轻微,依法可以不予海洋行政处罚的,不予海洋行政处罚;

（三）违法事实不能成立的,不得给予海洋行政处罚;

（四）违法行为构成犯罪的,移送司法机关。

第二十一条　决定给予海洋行政处罚的案件,属于情节复杂或者本办法第四十一条规定的重大海洋违法案件的,实施机关应当实行会审。

第二十二条　在作出海洋行政处罚决定之前,应当告知当事人给予处罚的事实、理由、依据和拟作出的海洋行政处罚决定,并告知当事人享有陈述、申辩的权利。

第二十三条　实施海洋行政处罚,应当按照《中华人民共和国行政处罚法》

第三十九条的规定制作海洋行政处罚决定书。

第二十四条　适用一般程序在海上查处海洋违法案件时,不现场处罚事后难以执行或者经当事人提出的,海洋监察人员可以现场作出海洋行政处罚决定并执行。但抵岸后五日内应当补办相关书面手续。

在作出海洋行政处罚决定之前,海洋监察人员应当当场告知当事人享有陈述和申辩的权利。

本条不适用于重大海洋违法案件的查处。

第五章　听证程序

第二十五条　实施机关在对本办法第四十一条规定的重大海洋违法案件作出海洋行政处罚之前,应当告知当事人有要求举行听证的权利;当事人要求听证的,应当组织听证。

当事人应当在被告知后三日内提出听证申请。当事人逾期未提出的,视为放弃。

第二十六条　海洋行政处罚听证通知书应当在听证举行七日前送达当事人。

第二十七条　听证由实施机关指定人员主持。

承办案件的海洋监察人员(以下简称案件承办人员)以及与本案有直接利害关系的人员,不得主持听证。

第二十八条　当事人认为听证主持人与案件有直接利害关系时,有权申请回避。是否回避由实施机关负责人决定。

第二十九条　听证由当事人、案件承办人员以及与案件处理结果可能有利害关系的第三人参加。

当事人可以委托一至二人代理参加听证,委托代理人应当在举行听证前提交委托书。

第三十条　除涉及国家秘密、商业秘密或者个人隐私外,听证应当公开举行。

第三十一条　听证按以下顺序进行:

(一)主持人宣布听证案由和听证纪律,核对听证参加人的身份,告知当事人的权利和义务,宣布听证开始;

(二)案件承办人员提出当事人违法的事实、证据、处罚依据和拟处罚意见;

（三）当事人或者其委托代理人就案件事实进行陈述和申辩,提出有关证据并质证;

（四）听证主持人就案件的事实、证据和法律依据等问题向案件承办人员、当事人、证人询问;

（五）案件承办人员、当事人或者其委托代理人作最后陈述;

（六）听证主持人宣布听证结束。

第三十二条　听证应当制作听证笔录。听证笔录应当交由案件承办人员、当事人或者其委托代理人核对后签名或者盖章。

听证笔录中的证人证言部分,应当交由证人核对后签名或者盖章。

听证笔录应当经听证主持人审核,并由听证主持人和笔录人员签名或者盖章。

第三十三条　听证结束后,听证主持人应当根据听证的情况,对案件的事实、证据、处罚依据和处罚建议,提出书面意见。

第六章　送　达

第三十四条　海洋行政处罚决定书应当在作出决定后七日内送达当事人。

第三十五条　海洋行政处罚决定书应当直接送交当事人。当事人是个人的,本人不在送交其同住成年家属签收;当事人已指定代收人的,送交代收人签收。当事人是单位的,送交单位的法定代表人或者主要负责人或者该单位负责收件的人签收。

当事人、当事人的同住成年家属、代收人、单位的法定代表人、主要负责人或者单位负责收件的人在送达回证上签收的日期为送达日期。

第三十六条　当事人拒绝接收海洋行政处罚决定书的,送达人应当邀请有关人员到场,说明情况,在送达回证上记明拒收事由和日期,由送达人和见证人签名或者盖章,把海洋行政处罚决定书留在负责收件的人或者被处罚人的住所,即视为送达。

第三十七条　直接送达有困难的,可以邮寄送达海洋行政处罚决定书。

邮寄送达,以当事人在送达回证上注明的收件日期为送达日期;送达回证上注明的日期与挂号信回执上注明的收件日期不一致,或者送达回证没有寄回的,以挂号信回执上的收件日期为送达日期。

第三十八条　根据本办法第三十五条、第三十六条和第三十七条的规定仍无法送达的,可以公告送达。自发出公告之日起经过六十日,即视为送达。

公告送达,应当记明原因和经过。

第七章　附　则

第三十九条　本办法未作规定的,依照《中华人民共和国行政处罚法》《中华人民共和国行政复议法》《中华人民共和国行政诉讼法》等法律的有关规定执行。

第四十条　海洋行政处罚基本文书格式由国务院海洋行政主管部门统一制定。

第四十一条　重大海洋违法案件,是指拟作出下列海洋行政处罚的案件:

(一)责令停止经批准的海底电缆管道海上作业、责令停止经批准的涉外海洋科学研究活动、责令停止经批准的海洋工程建设项目施工或者生产、使用的以及其他责令停止经批准的作业活动的;

(二)吊销废弃物海洋倾倒许可证的;

(三)注销海域使用权证书,收回海域使用权的;

(四)对个人处以超过五千元罚款、对单位处以超过五万元罚款等海洋行政处罚的。

第四十二条　本办法自 2003 年 3 月 1 日起施行。

委托签发废弃物海洋倾倒许可证管理办法

（《委托签发废弃物海洋倾倒许可证管理办法》,已于 2004 年 10 月 8 日经部审议通过,现予公布,自 2005 年 1 月 1 日起施行。《委托签发废弃物海洋倾倒许可证管理办法》,由国家海洋局负责监督执行。）

第一条 为加强海洋倾废管理,有效保护海洋环境,根据《中华人民共和国海洋环境保护法》《中华人民共和国行政许可法》和《中华人民共和国海洋倾废管理条例》等有关法律法规,制定本办法。

第二条 国家海洋行政主管部门委托沿海省、自治区、直辖市海洋行政主管部门(以下简称省级海洋行政主管部门)签发废弃物海洋倾倒普通许可证适用本办法。

第三条 国家海洋行政主管部门委托省级海洋行政主管部门签发下列废弃物的海洋倾倒普通许可证:

(一)疏浚物,其具体数量由国家海洋局另行确定;

(二)渔船;

(三)渔业加工废料;

(四)惰性无机地质废料;

(五)天然有机废料;

(六)人体骨灰。

前款规定以外的废弃物海洋倾倒普通许可证由国家海洋行政主管部门的派出机构(以下简称海区分局)签发。

深圳市、珠海市毗邻海域的废弃物海洋倾倒普通许可证依法由国家海洋局深圳海洋管理处、国家海洋局珠海海洋管理处签发。

第四条 需要向海洋倾倒废弃物的单位应当提出书面申请,并提交下列资料:

(一)计划倾倒时间;

（二）废弃物特性及其成分检验报告；

（三）计划倾倒数量；

（四）工程施工计划、施工图纸和施工现场概况；

（五）国家海洋行政主管部门规定提交的其他相关材料。

第五条 本办法第三条第一款所列废弃物海洋倾倒普通许可证的申请,应当向所在区域的省级海洋行政主管部门提出。

本办法第三条第一款规定以外的废弃物海洋倾倒普通许可证的申请,应当向所在区域的海区分局提出。

深圳市、珠海市毗邻海域的废弃物海洋倾倒普通许可证的申请,应当向国家海洋局深圳海洋管理处、国家海洋局珠海海洋管理处提出。

第六条 省级海洋行政主管部门收到废弃物海洋倾倒普通许可证申请后,应当对申请资料进行审核,作出受理或者不受理的决定,并书面通知申请人。

需要申请人补充本办法第四条规定的资料的,当场告知申请人需要补充的资料清单。

第七条 省级海洋行政主管部门应当在受理后 5 日内提出初审意见,同申请材料一并报送海区分局。初审意见包括:

（一）是否允许倾倒；

（二）建议倾倒的区域；

（三）没有倾倒区域的,说明情况。

第八条 海区分局在收到初审意见及申请材料后 5 日内,应当提出审查意见并书面通知省级海洋行政主管部门。审查意见包括:

（一）同意办理；

（二）不同意办理及其理由；

（三）需要选划倾倒区。

第九条 省级海洋行政主管部门应当在收到海区分局的审查意见后 5 日内,根据海区分局的审查意见作出决定:

（一）同意办理的,签发废弃物海洋倾倒普通许可证；

（二）不同意办理的,书面告知申请人并说明理由；

（三）需要选划倾倒区的,要求申请人按照倾倒区选划的有关规定办理。

第十条 省级海洋行政主管部门应当向申请人颁发加盖国家海洋行政主管部门印章的废弃物海洋倾倒普通许可证,并于签发之日起 3 日内将签发的许可证报所在区域的海区分局备案。

第十一条　废弃物海洋倾倒普通许可证使用期限内未完成倾倒数量的,可以延长许可证使用期限。

需要延长废弃物海洋倾倒普通许可证使用期限的,废弃物倾倒单位应当在许可证有效期满 15 日前向原签发机关提出申请,办理延期手续。

逾期不申请也不办理延期手续的,废弃物海洋倾倒普通许可证自行废止。

第十二条　废弃物倾倒单位应当按照废弃物海洋倾倒普通许可证签发机关核定的数额缴纳倾倒费。

倾倒费的收缴应当严格执行收支两条线的规定。

第十三条　省级海洋行政主管部门违反本办法有关规定的,国家海洋行政主管部门应当中止委托其签发废弃物海洋倾倒普通许可证的权限;根据其改正情况,决定是否恢复委托其签发废弃物海洋倾倒普通许可证的权限。

中止期间,省级海洋行政主管部门负责的废弃物海洋倾倒普通许可证的受理和签发由海区分局承办。

第十四条　国家海洋行政主管部门负责全国海域海洋倾废活动的管理。

省级海洋行政主管部门负责对本行政区毗邻海域的海洋倾废活动和其签发的废弃物海洋倾倒普通许可证的倾倒活动实施监督检查。废弃物装载时,应当进行核实,必要时可以派员随航监督。

海区分局负责本海区海洋倾废活动的指导、协调、监督和管理。

国家海洋局深圳海洋管理处、国家海洋局珠海海洋管理处分别负责深圳市、珠海市毗邻海域的海洋倾废活动的管理。

第十五条　本办法未作规定的,依照《中华人民共和国海洋环境保护法》《中华人民共和国海洋倾废管理条例》等法律法规的有关规定执行。

第十六条　废弃物海洋倾倒普通许可证及其他文书格式由国家海洋行政主管部门统一制定。

第十七条　本办法关于期限的规定是指工作日,不含法定节假日。

第十八条　本办法自 2005 年 1 月 1 日起施行。

海域使用管理违法违纪行为处分规定

（《海域使用管理违法违纪行为处分规定》已经监察部 2008 年 2 月 21 日第 2 次部长办公会议、人事部 2008 年 1 月 11 日第 9 次部务会议、国家海洋局 2007 年 12 月 6 日局长办公会议审议通过、财政部审议通过，2008 年 3 月 26 日予以公布，内容共二十四条，自 2008 年 4 月 1 日起施行。）

第一条 为了加强海域使用管理，规范海域使用管理活动，提高海域使用管理水平，惩处海域使用管理违法违纪行为，根据《中华人民共和国海域使用管理法》《中华人民共和国行政监察法》《中华人民共和国公务员法》《行政机关公务员处分条例》及其他有关法律、行政法规，制定本规定。

第二条 有海域使用管理违法违纪行为的单位，其负有责任的领导人员和直接责任人员，以及有海域使用管理违法违纪行为的个人，应当承担纪律责任，属于下列人员的（以下统称有关责任人员），由任免机关或者监察机关按照管理权限依法给予处分：

（一）行政机关公务员；

（二）法律、法规授权的具有公共事务管理职能的事业单位中经批准参照《中华人民共和国公务员法》管理的工作人员；

（三）行政机关依法委托的组织中除工勤人员以外的工作人员；

（四）企业、事业单位中由行政机关任命的人员。

法律、行政法规、国务院决定和国务院监察机关、国务院人事部门制定的处分规章对海域使用管理违法违纪行为的处分另有规定的，从其规定。

第三条 有下列行为之一的，对有关责任人员，给予记大过处分；情节较重的，给予降级或者撤职处分；情节严重的，给予开除处分：

（一）拒不执行国家有关海域使用管理的方针政策和海域使用管理法律、法规、规章的；

（二）制定或者实施与国家有关海域使用管理的方针政策和海域使用管理法

律、法规、规章相抵触的规定或者措施的。

第四条 违反规定,有下列行为之一的,对有关责任人员,给予记过或者记大过处分;情节较重的,给予降级或者撤职处分;情节严重的,给予开除处分:

(一)干预海域使用审批的;

(二)干预海域使用权招标、拍卖等活动的;

(三)干预海域使用金征收或者减免的;

(四)干预海域使用论证或者评审的;

(五)干预海域使用监督检查或者违法违纪案件查处的;

(六)有其他干预海域使用管理活动行为的。

第五条 有下列行为之一的,对有关责任人员,给予警告或者记过处分;情节较重的,给予记大过或者降级处分;情节严重的,给予撤职处分:

(一)违反法定权限或者法定程序审批项目用海的;

(二)不按照海洋功能区划批准使用海域的;

(三)对含不同用海类型的同一项目用海或者使用相同类型海域的同一项目用海化整为零、分散审批的;

(四)明知海域使用违法案件正在查处,仍颁发涉案海域的海域使用权证书的;

(五)不按照规定的权限、程序、用海项目批准减免海域使用金的;

(六)违反规定办理海域使用权招标、拍卖的。

第六条 有下列行为之一的,对有关责任人员,给予记过或者记大过处分,情节较重的,给予降级或者撤职处分;情节严重的,给予开除处分:

(一)违法修改海洋功能区划确定的海域功能的;

(二)违反海域使用论证资质管理规定,造成不良后果的;

(三)非法阻挠、妨害海域使用权人依法使用海域的。

第七条 在海域使用论证报告评审工作中弄虚作假,造成不良后果的,对有关责任人员,给予记过或者记大过处分;情节较重的,给予降级或者撤职处分;情节严重的,给予开除处分。

第八条 违反规定不收、少收、多收或者缓收海域使用金的,对有关责任人员,给予警告、记过或者记大过处分;情节严重的,给予降级或者撤职处分。

第九条 有下列行为之一的,对有关责任人员,给予记大过处分;情节严重的,给予降级或者撤职处分:

(一)违反规定对法定或者经批准免缴海域使用金的用海项目征收海域使用

金的；

（二）颁发《海域使用权证书》，除依法收取海域使用金外，收取管理费或者其他费用的。

第十条 征收海域使用金或者罚款，不使用规定票据的，对有关责任人员，给予降级或者撤职处分；情节严重的，给予开除处分。

第十一条 行政机关截留、挪用海域使用金、罚没款的，对有关责任人员，给予降级处分；情节严重的，给予撤职或者开除处分。

第十二条 行政机关私分或者变相私分海域使用金、罚没款或者其他费用的，对决定私分的责任人员，分别依照下列规定给予处分：

（一）私分或者变相私分不足5万元的，给予记过或者记大过处分；

（二）私分或者变相私分5万元以上不足10万元的，给予降级或者撤职处分；

（三）私分或者变相私分10万元以上的，给予开除处分。

第十三条 有下列行为之一的，对有关责任人员，给予记过或者记大过处分；情节较重的，给予降级或者撤职处分；情节严重的，给予开除处分：

（一）利用职务上的便利，侵吞、窃取、骗取或者以其他手段将收缴的罚款、海域使用金或者其他财物据为己有的；

（二）在海域使用管理中，利用职务上的便利，索取他人财物，或者非法收受他人财物为他人谋取利益的。

第十四条 违反规定参与或者从事与海域使用有关的生产经营活动的，对有关责任人员，给予记过或者记大过处分；情节较重的，给予降级或者撤职处分；情节严重的，给予开除处分。

第十五条 海洋行政执法机构及其工作人员有下列行为之一的，对有关责任人员，给予记过或者记大过处分；情节较重的，给予降级或者撤职处分；情节严重的，给予开除处分：

（一）接到违法使用海域行为的举报，不按规定处理，造成不良后果的；

（二）对已查知的正在发生的违法使用海域行为，不及时制止或者不依法进行处理的；

（三）不履行行政执法职责，不按规定进行执法巡查和行政检查，致使严重的违法行为未能发现的。

第十六条 海洋行政执法机构及其工作人员有下列行为之一的，对有关责任人员，给予警告或者记过处分；情节较重的，给予记大过或者降级处分；情节严重的，给予撤职处分：

（一）违反有关案件管辖规定,超越职权范围实施海洋行政处罚的;

（二）在海洋行政处罚中因故意或者重大过失错误认定违法使用海域行为的;

（三）不按照法定条件或者违反法定程序,或者不按照海洋行政处罚种类、幅度实施海洋行政处罚的;

（四）变相罚款或者以其他名目代替罚款的;

（五）违反规定委托海洋行政处罚权的。

第十七条 海域使用论证资质单位及其工作人员有下列行为之一,造成不良后果的,对属于本规定第二条所列人员中的责任人员,给予警告、记过或者记大过处分;情节较重的,给予降级或者撤职处分;情节严重的,给予开除处分:

（一）越级或者超越规定范围承担论证项目的;

（二）在海域使用论证报告中使用虚构或者明显失实的数据资料的;

（三）海域使用论证报告严重失实的;

（四）有其他虚构事实、隐瞒真相行为的。

第十八条 企业、事业单位及其工作人员有下列行为之一的,对属于本规定第二条所列人员中的责任人员,给予警告、记过或者记大过处分;情节较重的,给予降级或者撤职处分;情节严重的,给予开除处分:

（一）未经批准或者骗取批准,非法占用海域的;

（二）海域使用权期满,未办理有关手续仍继续使用海域的;

（三）骗取减免海域使用金的;

（四）不按期缴纳海域使用金的;

（五）在使用海域期间,未经依法批准,从事海洋基础测绘的;

（六）拒不接受海洋行政主管部门的监督检查、不如实反映情况或者不提供有关资料的。

第十九条 企业、事业单位及其工作人员有下列行为之一的,对属于本规定第二条所列人员中的责任人员,给予警告或者记过处分;情节较重的,给予记大过或者降级处分;情节严重的,给予撤职处分:

（一）擅自改变海域使用用途的;

（二）不按规定转让、出租、抵押海域使用权的;

（三）因单位合并、分立或者与他人合资、合作经营,不按规定变更海域使用权人的;

（四）海域使用权终止,原海域使用权人不按规定拆除用海设施和构筑物的;

（五）拒不支付由海洋行政主管部门委托有关单位拆除用海设施和构筑物所需费用的。

第二十条　受到处分的人员对处分决定不服的,依照《中华人民共和国行政监察法》《中华人民共和国公务员法》《行政机关公务员处分条例》等有关规定,可以申请复核或者申诉。

第二十一条　任免机关、监察机关和海洋行政主管部门建立案件移送制度。

任免机关、监察机关查处海域使用管理违法违纪案件,认为应当由海洋行政主管部门给予行政处罚的,应当将有关案件材料移送海洋行政主管部门。海洋行政主管部门应当依法及时查处,并将处理结果书面告知任免机关、监察机关。

海洋行政主管部门查处海域使用管理违法案件,认为应当由任免机关或者监察机关给予处分的,应当及时将有关案件材料移送任免机关或者监察机关。任免机关或者监察机关应当依法及时查处,并将处理结果书面告知海洋行政主管部门。

第二十二条　有海域使用管理违法违纪行为,应当给予党纪处分的,移送党的纪律检查机关处理;涉嫌犯罪的,移送司法机关依法追究刑事责任。

第二十三条　本规定由监察部、人事部、财政部和国家海洋局负责解释。

第二十四条　本规定自 2008 年 4 月 1 日起施行。

中华人民共和国海洋石油勘探开发环境保护管理条例实施办法

（《中华人民共和国海洋石油勘探开发环境保护管理条例实施办法》已于1989年12月1日经国家海洋局第十五次局务会议通过，现予发布施行。）

第一条 根据《中华人民共和国海洋环境保护法》第四十七条规定，为实施《中华人民共和国海洋石油勘探开发环境保护管理条例》（以下简称《条例》），制定本实施办法。

第二条 本办法适用于在中华人民共和国的内海、领海及其他管辖海域从事石油勘探开发的任何法人、自然人和其他经济实体。

第三条 国家海洋局及其派出机构是实施本办法的主管部门。派出机构包括：分局及其所属的海洋管区（以下简称海区主管部门）。海洋监察站根据海洋管区的授权实施管理。

沿海省、自治区、直辖市海洋管理机构是主管部门授权实施本办法的地方管理机构。

第四条 凡在中国管辖海域从事海洋石油勘探开发者，应在实施作业前将海洋石油勘探开发位置、范围报海区主管部门，并按照"海洋石油勘探开发环境保护报告表"的内容和要求，向海区主管部门报告有关情况。

第五条 需使用炸药震源和其他对渔业资源有损害的方法进行海洋石油地震勘探作业时，应在开始作业之前半个月将计划和作业海区报告海区主管部门，并采用有效的技术措施，最大限度地减少对资源的损害或影响。

第六条 从事海洋石油开发者应在编制油（气）田总体开发方案的同时，按《条例》第五条规定的内容编报海洋环境影响报告书，并将经批准的环境影响报告书送交所处海区主管部门。

生产中（含试生产）的油（气）田，根据开采规模的变化及环境质量状况，作业者应对环境影响报告书适时进行补充完善，并报主管部门审查。

第七条 承担环境影响评价的单位必须具有从事海洋环境影响评价的能力,并持有甲级环境影响评价证书。

第八条 凡在中国管辖海域作业的固定式和移动式平台的防污设备必须符合《条例》第七条规定的要求,并经主管部门查验证书后,方可作业。

第九条 为防止和控制溢油污染,减少污染损害,从事海洋石油勘探开发的作业者,应根据油田开发规模、作业海域的自然环境和资源状况,制定溢油应急计划。

第十条 溢油应急计划包括以下内容:

一、平台作业情况及海域环境、资源状况;

二、溢油风险分析;

三、溢油应急能力。

第十一条 作业者应在作业前将溢油应急计划报海区主管部门审查。海区主管部门对溢油应急计划如有异议,可以责令作业者予以重新制定、修改、补充。

第十二条 作业者应根据油田开发规模、风险分析情况等,配置相应的各种应急设备,使其具有处置与油田开发规模相适应的溢油事故的能力。

第十三条 固定式和移动平台及其他海上设施含油污水的排放,必须符合中华人民共和国颁布的有关国家标准。

一、机舱、机房和甲板含油污水的排放,应符合国家《船舶污染物排放标准(GB 3552—83)》。

二、采油工业污水排放,应符合国家《海洋石油开发工业含油污水排放标准(GB 4914—85)》。

三、含油污水在排放前不得稀释和加入消油剂进行预处理。

四、采油工业污水排放时,应按《海洋石油开发工业含油污水分析方法》的要求取样检测,并将测得结果记录于"防污记录簿"中。

检测分析仪器须是经检验合格的正式产品。

第十四条 钻井作业试油前,作业者应通知海区主管部门。试油期间,作业者应采取有效措施,防止油类造成污染。

第十五条 使用水基泥浆时,应尽可能避免或减少向水基泥浆中加入油类,如必须加入油类时,应在"防污记录簿"上记录油的种类、数量;含油水基泥浆排放前,应通知海区主管部门,并提交含油水基泥浆样品;含油量超过10%(重量)的水基泥浆,禁止向海中排放。含油量低于10%(重量)的水基泥浆,回收确有困难、经海区主管部门批准,可以向海中排放,但应交纳排污费。

含油水基泥浆排放前不得加入消油剂进行处理。

需作用油基泥浆时,应使用低毒油基泥浆;采取有效的技术措施,使钻屑与泥浆得到充分的分离;油基泥浆必须回收,不得排入海中;钻屑中的油含量超过15%（重量）时,禁止排放入海。含油量低于15%（重量）的钻屑,回收确有困难、经海区主管部门批准,可以向海中排放,但应交纳排污费。

海区主管部门可要求作业者提供钻井泥浆、钻屑样品。

作业者应将钻井泥浆、钻屑的含油量、排放时间、排放量等情况记录在"防污记录簿"中。

第十六条 一切塑料制品（包括但不限于合成缆绳、合成渔网和塑料袋等）和其他废弃物（包括残油、废油、含油垃圾及其残液残渣等）,禁止排放或弃置入海,应集中储存在专门容器中,运回陆地处理;

不得在平台及其他海上设施上焚烧有毒化学制品。在平台上烧毁其纸制品、棉麻织物、木质包装材料时,不得造成海洋环境污染。

在距最近陆地 12 海里以内投弃食品废弃物,应使粒径小于 25 毫米;在此海域内排放粪便,须经消毒和粉碎等处理。

第十七条 作业者应在重要生产、输油环节采取有效措施,严格遵守操作规程,避免发生溢油事故。各类储油设施、输油管线应符合防渗、防漏、防腐要求。

第十八条 发生溢油事故时,作业者应尽快采取措施,切断溢源,防止或控制溢油扩大。

第十九条 发生任何溢油事故,作业者都必须向海区主管部门报告。报告的主要内容包括:事故发生时间、位置、原因;溢油的性质、状态、数量;责任人;当时海况;采取的措施;处理结果。同时应记录在"防污记录簿"中,并使用季度报表 C"海洋石油污染事故情况报告表",按季度报海区主管部门。

第二十条 以下两种溢油事故发生时,作业者应在 24 小时内报告海区主管部门。

一、平台距海岸 20 海里以内,溢油量超过 1 吨的;

二、平台距海岸 20 海里以内,溢油超过 10 吨的。

以下两种溢油事故发生时,作业者应在 48 小时内报告海区主管部门。

一、平台距海岸 20 海里以内,溢油量不超过 1 吨的;

二、平台距海岸 20 海里以外,溢油量不超过 10 吨的。

第二十一条 海面溢油应首先使用机械回心。消油剂应严格控制使用,并遵守《海洋石油勘探开发化学消油剂使用规定》。

第二十二条 勘探和采油生产作业完成之后,平台钻具、井架、井桩及其他设施不得任意弃置;对需在海上弃置的平台、井架、井桩及其他平台的有关设施,按海洋倾废管理的规定执行。

第二十三条 凡进行海洋石油勘探开发和生产作业的平台及设施,都必须备有"防污记录簿"和"季度防污报表",并按要求填写,按时报海区主管部门。

平台作业时间不足一个季度的,并且在本季度内不再作业的,作业者应于平台作业结束后 15 日内报海区主管部门。

第二十四条 对超过标准排放污染物的作业者,海区主管部门可以责令其缴纳排污费。由于设备和技术原因,长期达不到标准,应限期治理,在治理期间收取超标排污费。

第二十五条 凡违反《中华人民共和国海洋环境保护法》《条例》和本《办法》,按《条例》第二十七、二十八条规定,海区主管部门有权依情节轻重和造成海洋环境有害影响的程度,对肇事者给予警告或罚款。

一、不按《条例》第四条规定编报海洋环境影响报告书和造成海洋环境污染损害的,罚款金额为人民币 1 万元至 10 万元。

二、对作业者的下列违法行为,罚款金额为人民币 5 000 元至 1 万元:

1. 不按规定和海区主管部门的要求制定或修改溢油应急计划;

2. 不按《条例》第七条规定配备防污染设施或设施不合格的;

3. 不按本办法第十三、十五、十六条规定处理废弃物和含油污水。

三、对作业者的下列违法行为,罚款金额为人民币 1 000 元至 5 000 元:

1. 不按本办法第十九、二十条规定向海区主管部门报告溢油事故;

2. 不按规定使用化学消油剂。

四、对作业者的下列违法行为,罚款金额为人民币 1 000 元以下:

1. 不按规定配备"防污记录簿";

2. 涂改、伪造"防污记录簿"或记载非正规化;

3. 不按规定报告或通知有关情况;

4. 不按规定上报季度防污报表或伪造季度防污报表;

5. 不按本办法第十五条规定向海区主管部门提交样品;

6. 拒绝向执行检查任务的公务人员提供"防污记录簿"或如实陈述有关情况;

7. 阻挠或妨碍公务人员执行公务。

第二十六条 当事人对处罚决定不服的,可以在接到处罚通知之日起 15 日内,向作出处罚决定机关的上一级机关申请复议;对复议决定不服的,可以在接到复议决定之日起 15 日内,向人民法院起诉。当事人也可以在接到处罚通知之日起 15 日内,直接向人民法院起诉。当事人逾期不申请复议、也不向人民法院起诉、又不履行处罚决定的,由作出处罚决定的机关申请人民法院强制执行。

第二十七条 凡违反《条例》及本办法,造成公私财产重大损失或致人员伤亡的,对直接责任人员由司法机关依法追究刑事责任。

第二十八条 赔偿责任包括:

一、由于作业者的行为造成海洋环境污染损害而引起海水水质、生物资源等损害,致使受害方为清除、治理污染所支付的费用;

二、由于作业者的行为造成海洋环境污染损害而引起受害方经济收入的损失金额,被破坏的生产工具修复更新费用,受害方因防止污染损害所采取的相应的预防措施所支出的费用;

三、为处理海洋石油勘探开发引起的污染损害事件所进行的调查费用。

第二十九条 受到海洋石油勘探开发污染损害,要求赔偿的单位、个人可以根据《条例》第二十二条的规定,向海区主管部门提出污染损害索赔报告书;参与清除污染作业的单位和个人,可以根据《条例》第二十三条的规定,向海区主管部门提交索取清除费用报告书。

海区主管部门对赔偿责任和赔偿金额纠纷,可以根据当事人的请求作出调解处理。当事人对调解处理不服的,可以向人民法院起诉。当事人也可以直接向人民法院起诉。涉外案件还可以按仲裁程序解决。

第三十条 请求赔偿的诉讼时效期间为三年,从受害方知道或应当知道受油污损害之日算起。

赔偿纠纷处理结束后,受害方不得就同一污染事故再次提出索赔要求。

第三十一条 由于战争行为、不可抗拒的自然灾害或完全由于第三者的故意或过失,虽然及时采取合理措施,但仍不能避免对海洋环境造成污染损害的,可免除发生事故的作业者的责任。

由于第三者的责任造成污染损害的,由第三者承担赔偿责任。

要求免于承担赔偿责任的作业者,应按《条例》第二十四条的规定,向主管部门提交报告。海区主管部门对免除责任的条件调查属实后,可作出免除赔偿责任的决定。

第三十二条 凡在海洋石油勘探开发中防止海洋污染,保护海洋环境有成绩的单位和个人,海区主管部门应给予表扬和奖励。

第三十三条 在本办法中,下列用语含义是:

一、"油类"系指任何类型的油及其炼制品。

二、"内海"系指领海基线内侧的全部海域,包括:(1)海湾、海峡、海港、河口湾;(2)领海基线与海岸之间的海域;(3)被陆地包围或通过狭窄水道连接海洋的海域。

三、"应急能力"系指溢油应急的技术设备、通信能力、应急组织及职责、实施预案、海面溢油清除办法、人员的培训等。

四、"溢油事故"系指非正常作业情况下原油及其炼制品的泄漏。溢油事故按其溢油量分为大、中、小三类,溢油量小于 10 吨的为小型溢油事故;溢油量在 10～100 吨的为中型溢油事故;溢油量大于 100 吨的为大型溢油事故。

第三十四条 本办法由国家海洋局负责解释。

第三十五条 本办法自颁布之日起生效。

注:在本办法第十三条规定的《海洋石油开发工业含油污水分析方法》未颁布前,暂按《石油工业废水水质监测分析方法》执行。

《海洋石油勘探开发化学消油剂使用规定》由主管部门另行制定。

深海海底区域资源勘探开发资料管理暂行办法

各有关单位：

《深海海底区域资源勘探开发资料管理暂行办法》已经国家海洋局局长办公会审议通过，现印发给你们，请遵照执行。

国家海洋局

2017 年 12 月 29 日

第一章　总　则

第一条　为规范在深海海底区域资源勘探、开发和相关环境保护、科学技术研究、资源调查活动中所获取资料的管理，充分发挥深海资料作用，保护深海资料汇交人权益，促进深海科学技术交流、合作及成果共享，依据《中华人民共和国深海海底区域资源勘探开发法》《中华人民共和国保守国家秘密法》《中华人民共和国档案法》等有关法律法规，制定本办法。

第二条　中华人民共和国公民、法人或者其他组织从事深海海底区域资源勘探、开发和相关环境保护、科学技术研究、资源调查活动获取的各类深海资料的汇交、登记、保管、使用和国际交换等，适用本办法。

第三条　国家实行深海资料统一汇交与集中管理制度，积极推进深海资料共享利用，保障汇交人的合法权益。

第四条　国家海洋局主管全国深海资料汇交工作，负责全国深海资料管理的监督与协调。履行下列职责：

（一）组织制定深海资料管理的指导政策、相关制度和技术标准；

（二）负责审定深海资料分类定级的相关标准；

（三）负责审定对外公布的深海资料目录。

第五条　国家海洋局深海资料管理机构负责全国深海资料的具体管理工作，履行下列职责：

（一）研究、拟订深海资料有关具体管理措施和技术标准规范；

（二）负责全国深海资料的接收、汇集、整理、处理、保管和服务，办理深海资料汇交证明，编制和定期发布深海资料目录清单，建立和维护深海资料数据库；

（三）开展深海资料管理与应用技术研究，研发面向深海海底区域活动应用需求的信息产品；

（四）负责建设、维护和业务化运行深海资料与信息管理共享服务平台，根据有关规定及时提供资料与信息服务；

（五）配合相关部门实施深海资料国际交换任务；

（六）定期向国家海洋局提交工作报告，接受国家海洋局档案部门监督和指导。

第二章　资料汇交

第六条　从事深海海底区域资源勘探、开发和相关环境保护、科学技术研究、资源调查活动的公民、法人或者其他组织，应当按照本办法的规定向深海资料管理机构汇交深海资料，并保证所汇交的资料种类齐全，内容完整，真实可靠，符合标准。

第七条　按照经费来源及承担任务类型，深海资料分为以下两类：

（一）由国家财政经费支持，从事深海海底区域资源勘探、开发和相关环境保护、科学技术研究、资源调查以及涉外合作与交流等活动中获取的各类深海资料（以下称"国家深海资料"）。

（二）由其他来源经费支持，从事深海海底区域资源勘探、开发和相关环境保护、科学技术研究、资源调查活动以及涉外合作与交流等活动获取的各类深海资料（以下称"其他深海资料"）。

第八条　深海资料按照以下内容进行汇交：

（一）国家深海资料

1.原始资料。深海海底区域资源勘探、开发和相关环境保护、科学技术研究、资源调查活动产生的现场记录、仪器自记录原始数据和配置文件、处理形成的标准化数据，以及仪器附带软件和相关技术说明材料等资料；国际交换与合作资料；搜集和购置资料等。

2.成果资料。在原始资料基础上加工形成的数据产品、图件产品、相关报告，以及相关技术说明材料。

3.实物样品信息。实物样品的数量、保管状况的目录清单及使用深海实物样品进行分析、测试、鉴定等所获取的资料。

（二）其他深海资料

汇交各类原始资料、成果资料和实物样品信息的目录清单。对涉及国家利益和战略需求的深海资料,应当按照国家深海资料的汇交内容进行汇交。国家鼓励其他深海资料参照国家深海资料汇交内容进行汇交。

第九条 深海资料按照以下时限进行汇交:

（一）国家深海资料

1.深海海底区域资源勘探、开发和相关环境保护、科学技术研究、资源调查活动产生的原始资料及其成果资料,应按照航次设计、项目实施方案和相关资料管理规定中的时限进行汇交。

2.通过外事活动、国际合作或交流获取的深海资料,在活动结束后 1 个月内汇交。

3.使用财政资金购置的深海资料,应在每年 3 月份汇交上年度资料。

4.实物样品信息,应在每年 3 月份汇交上年度目录清单。样品分析测试数据,原则上在活动／任务／项目结束后 1 年内完成汇交。

（二）其他深海资料

原则上参照国家深海资料汇交时限汇交,具体汇交时限可由汇交人与深海资料管理机构协商确定。

第十条 深海资料采用集中或者单独报送的方式进行汇交,报送应是纸介质和电子介质两类载体的复制件。对于具备网络条件的,也可通过专网进行传输。

第十一条 深海资料按照以下程序进行汇交:

（一）国家深海资料

1.资料准备。汇交单位按照相应的技术标准规范,完成需汇交资料的整理和内部查验。

2.资料交接。汇交单位与深海资料管理机构进行资料交接,深海资料管理机构开具深海资料交接凭证。

3.技术查验。深海资料管理机构对接收的深海资料从齐全性、完整性、规范性、可读性、安全性及数据质量等方面开展技术查验,并将发现的问题及时反馈汇交单位。汇交单位须在接到反馈后的 20 个工作日内给予答复和解决,并完成重交或者补交。

4.技术查验报告。深海资料管理机构于资料交接后 1 个月内向国家海洋局提交技术查验报告,并抄送资料汇交单位。必要时,组织专家对汇交资料进行抽查和评审。

5.汇交证明。国家海洋局批准技术查验报告后,深海资料管理机构在 5 个工作日内开具深海资料汇交证明。

(二)其他深海资料

1.资料准备。汇交单位按照相应的技术标准规范,完成需汇交资料目录清单或资料的整理和内部查验。

2.资料交接。汇交单位与深海资料管理机构进行资料目录清单或资料交接,深海资料管理机构开具深海资料交接凭证。

第三章　资料保管

第十二条　深海资料管理机构对各类深海资料进行分类管理,定期复制,并同城和异地备份,永久保存。对符合归档条件的资料,应定期向中国海洋档案馆移交。

第十三条　深海资料管理机构须配备专业技术人员,配置深海资料保管设施,建立健全深海资料的接收、整理、保管和利用等管理制度,具备建立深海资料信息系统和提供深海资料社会化网络服务的能力。

深海资料管理机构应当利用现代信息化技术,对接收的深海资料进行分析、审核、处理、加工和挖掘分析,建立深海资料数据库和深海资料与信息共享服务平台。

第十四条　汇交人可对汇交资料中暂不宜向社会公开的数据资料申请设置保护期。

(一)国家深海资料,涉及国家利益、战略需求等方面设置保护期,由汇交人向深海资料管理机构提出书面申请,经国家海洋局审定后由深海资料管理机构提供资料保护,保护期一般为申请审定后两年。

(二)其他深海资料,可由汇交人与深海资料管理机构协商设置保护期,保护期从汇交之日起算,一般不超过三年。

(三)特殊情况下确需延长保护期的深海资料,可由汇交人向深海资料管理机构提出书面申请,经国家海洋局审定后延长保护期,保护期原则上不得超过五年。

第十五条　汇交人享有深海资料的优先使用权。未经汇交人书面同意或国家海洋局审定,深海资料管理机构不得向他人提供保护期内的资料。国家因深海安全和公共利益需要,可以无偿利用保护期内的深海资料。

第四章　资料申请与使用

第十六条　国家海洋局是深海资料使用申请的监管部门,审定非公开资料使用申请。深海资料管理机构负责深海资料使用申请的受理和查验,统一归口提供资料和相关技术服务。

第十七条　深海资料按照公开资料和非公开资料两类进行使用管理,公开资料是指经国家海洋局审定,由深海资料管理机构按照规定在深海资料公众平台上提供免费下载的资料。非公开资料是指涉及国家政治、经济利益,属于国家秘密及保护期内的资料,仅在特定的用户范围和应用领域内使用。

第十八条　深海资料管理机构应及时编制深海公开资料目录,经国家海洋局审定后发布。

深海资料管理机构负责建立深海资料公众服务平台,提供公开资料的下载服务和技术指导,并负责深海资料公众服务平台的维护和资料更新。

第十九条　下列情况可以申请使用非公开的深海资料:

(一)承担国家深海资源评价或综合评价工作的;

(二)承担国家科研项目的;

(三)开展公务活动的有关政府部门;

(四)与国家海洋局合作开展的有关业务和科研项目;

(五)经国家海洋局书面授权,可以获取深海资料的教育机构和社会团体;

(六)在不违反国家有关法律法规前提下,用于商业活动、国际合作交流等活动的。

第二十条　申请使用非公开深海资料,按照以下程序进行:

(一)资料申请。需要使用非公开深海资料的单位和个人,需向深海资料管理机构提出申请,并提交下列材料:

1.深海资料使用申请书;

2.单位证明、申请人身份证明;

3.经办人身份证明及复制件,授权委托证明;

4.经批准的申请深海资料所用项目的任务合同书、实施方案、已经掌握的相关资料等材料。

（二）形式查验。深海资料管理机构收到申请材料后,在3个工作日内对申请材料是否齐全、规范、合法进行形式查验。未通过形式查验的,通知申请人,并说明需要补充的材料。

（三）技术查验。通过形式查验的,深海资料管理机构针对所申请使用的深海资料,在15个工作日内完成技术查验。

1.资料使用目的、使用期限是否合理;

2.资料的要素、范围、精度和比例尺是否客观;

3.其他内容。

（四）征求意见。属于保护期的资料,深海资料管理机构需要征求资料汇交人的意见。

（五）查验结果。通过技术查验的,深海资料管理机构出具技术查验报告,报国家海洋局审定。未通过技术查验的,退还申请材料。

第二十一条　深海资料管理机构根据国家海洋局答复意见,与申请人确定资料交付方式和资料使用要求,并在15个工作日内完成资料交付。在交付资料的同时,申请人与深海资料管理机构签订资料接收与使用协议。

第二十二条　申请人在深海资料使用过程中,应严格遵守签订的使用协议,未经同意,任何单位和个人不得超越申请用途和范围使用所获资料,不得以任何形式自行将深海资料转让、交换和发布等。

资料使用过程中,申请人对资料安全负责,深海资料管理机构根据资料使用协议和相关要求,对资料保管和使用情况进行监督检查。

申请人出版研究成果应依法维护汇交人合法权益。

第二十三条　深海资料的国际交换由国家海洋局统一管理,具体国际交换业务由深海资料管理机构组织实施。凡属于"公开使用的资料",深海资料管理机构可直接参加国际交流或对外提供,并将参加国际交换的资料目录清单报国家海洋局备案;凡属于"非公开使用的资料",应经国家海洋局审定后提供,其中属于发明、发现或保密的资料,按国家有关政策和规定办理。

第五章　法律责任

第二十四条　汇交资料存在严重问题且不予解决的,不得再次申请使用深海资料,直至按照要求完成全部资料汇交之日止。

未按本办法汇交有关资料副本、实物样品信息的,按照《中华人民共和国深海海底区域资源勘探开发法》第二十四条追究责任。

第二十五条 未能妥善保管深海资料造成损失或严重影响的，视情节轻重，依据国家有关法律法规对保管单位相关管理人员和直接责任人予以处理。

第二十六条 资料申请人超越申请用途和范围使用所获资料，或者违规转让、交换和发布使用深海资料的，依据国家有关法律法规予以处理。

第二十七条 在资料汇交、保管和使用过程中，发生泄密事件的，按照国家保密法律法规处理。

第六章 附 则

第二十八条 涉密深海资料的汇交、保管与申请使用，执行国家保密相关管理规定。

第二十九条 国家鼓励本办法规定之外的其他深海科学技术研究、环境保护活动取得的深海资料参照本办法汇交。

第三十条 本办法所称深海资料，是指深海海底区域资源勘探、开发和相关环境保护、科学技术研究、资源调查活动中所获取的各种资料，包括纸介质和电磁介质存储的数据、文字、图表、声像等原始资料副本、成果资料副本和实物样品信息。

第三十一条 本办法由国家海洋局负责解释。

第三十二条 本办法自发布之日起实施。

南极活动环境保护管理规定

各有关单位:

《南极活动环境保护管理规定》已经国家海洋局局长办公会审议通过,现予公布,请遵照执行。

国家海洋局

2018 年 2 月 8 日

第一条 为履行《南极条约》《关于环境保护的南极条约议定书》及《南极海洋生物资源养护公约》,保护南极环境和生态系统,保障和促进我国南极活动安全和有序发展,制定本规定。

第二条 中华人民共和国公民、法人或其他组织在中华人民共和国境内组织前往南极开展活动的,适用本规定。

第三条 本规定中下列用语的含义是:

(一)南极,是指南纬六十度以南的地区,包括该地区的所有冰架及其上空;

(二)南极活动,是指在南极开展的考察、旅游、探险、文化教育、体育、渔业、交通运输等所有活动;

(三)南极活动组织者,是指在中华人民共和国境内组织前往南极开展活动的公民、法人或其他组织;

(四)南极活动者,是指适用本规定的参加南极活动的公民;

(五)南极特别区域,是指根据南极条约体系划定的有特殊管理规定的区域,包括南极特别保护区、南极特别管理区等。

第四条 国家海洋局负责南极活动环境保护的管理工作,履行向国际组织通报等南极条约体系规定义务。

南极考察活动由国家海洋局依照国务院令第 412 号实施管理。

第五条 南极活动组织者及南极活动者应当采取必要措施,保护南极环境和生态系统,最大限度减少活动对南极环境和生态系统的影响和损害。

南极活动组织者、南极活动者应当自行承担可能发生的保障、搜救、医疗和撤离等相关事务的一切费用。如果活动对南极生态环境或相关历史纪念物造成污染损害的，南极活动组织者、南极活动者应承担清除污染和修复损害的一切费用。

第六条 申请开展南极活动的，应当按照南极活动环境影响评估的要求，编制中英文环境影响评估文件报国家海洋局。国家海洋局在受理后提供培训。

国家海洋局将根据南极自然和生态环境承载能力，分区域建立南极活动总量控制制度。

第七条 禁止南极活动组织者及南极活动者开展以下活动：

（一）带入、处理放射性废物及其他有毒、有害物质或潜在污染物，带入非南极本土的动物、植物和微生物；

（二）采集和带出陨石、岩石、土壤及化石；

（三）猎捕或获取南极哺乳动物、鸟类、无脊椎动物及植物的整体或部分样本，以及其他可能对南极动植物造成有害干扰的活动；

（四）进入南极特别保护区或其他国家海洋局基于安全和环保考虑禁止进入的区域；

（五）建立人工建造物；

（六）其他可能损伤南极环境和生态系统的活动。

但以从事南极科学研究、或为科学研究提供保障、或为文化教育机构提供标本、活体等用途为目的的活动，应按照《南极考察活动行政许可管理规定》《南、北极考察活动审批事项服务指南》向国家海洋局提出申请，并经许可后方可进行。

第八条 开展南极活动，应当对废弃物实施分类管理，不得随意丢弃，并记录处理结果。废弃物应当由专门的废弃物管理员进行管理。离开南极时应当尽量将废弃物带出南极；无法带出的应当在焚化炉内焚化，并将焚化后的固体遗留物带出南极。

废弃物的分类、带出及焚化要求应当参照《关于环境保护的南极条约议定书》及其附件和我国的相关规定进行。

第九条 在南极航行的船舶应当符合我国缔结或参加的有关国际公约及我国法律法规的相关规定。

第十条 赴南极活动的航空器，包括无人机，应当遵守我国缔结或参加的有关国际公约及我国法律法规的相关规定，按照许可的地点及航线起降及飞行，采取有效措施防止对南极动植物、环境和生态系统造成不必要的干扰或损害。

航空器,包括无人机,在南极特别保护区内起降或者飞越南极特别保护区的,应当取得国家海洋局的特别许可。

第十一条　进入特别保护区以外的其他南极特别区域需要遵守其管理计划或养护措施。

南极特别区域的相关信息由国家海洋局负责发布。

第十二条　为保障南极科考正常秩序,南极活动访问我国南极科学考察站的,应当提前取得国家海洋局的同意。南极活动组织者应当于到达南极科学考察站前24小时至72小时之内提前通知南极科学考察站。如南极科学考察站有突发特殊情况不便接待的,可以与组织者协商调整访问时间或取消访问。

南极活动者在访问南极科学考察站或科学考察设施的过程中,应当遵守国家海洋局和南极科学考察站的相关规定,不得干扰科研活动,未经许可不得进入工作场所,不得移动和损坏科学设备或标记物,在非紧急情况下不得使用科学考察的营地或物品。

访问外国考察站的,按照考察站所属国家相关规定办理。

第十三条　在南极发生以下紧急情况时,南极活动组织者或南极活动者可以不经批准而采取必要的应急措施,同时应当尽可能将其对南极环境和生态系统的损伤降到最低,并及时向国家海洋局或由其指定的南极监督检查员报告:

(一)人员、船舶和航空器遇险需要紧急救助;

(二)重要装备、设备和设施受到安全威胁;

(三)发生环境紧急情况。

在紧急情况下,南极活动组织者或南极活动者可以使用紧急避难所。如果南极活动组织者或南极活动者在紧急避难所使用设备或物资,一旦紧急情况结束,应当通过领队或指定负责人通知最近的南极科学考察站或相关国家的主管部门,并尽可能补充物资。

第十四条　南极活动组织者在组织开展南极活动前应当对南极活动者进行南极环境和生态保护知识的教育,包括本规定及相关法律法规的内容。

第十五条　南极活动组织者应当为南极活动者委派合格的领队,领队应当具备充分的南极活动经验以及南极环境和生态保护知识,并引导和监督活动者遵守本规定。

第十六条　南极活动组织者应当在南极活动结束后30日内向国家海洋局提交南极活动报告书。报告书应当包括以下事项:

（一）南极活动的整体行程；

（二）在南极登陆的日期和地点，及每次登陆的活动者人数；

（三）在南极登陆后的活动内容；

（四）活动使用交通工具的名称、国籍等信息；

（五）环境影响评估未预测到的对南极环境及生态系统产生的重大影响；

（六）紧急情况和采取的行动；

（七）其他有必要报告的内容。

第十七条 国家海洋局依法派遣南极活动监督检查员依照本规定对南极活动进行监督检查。国家海洋局可以视情况派遣监督检查员随队参加南极活动，南极活动组织者应当配合。

第十八条 南极活动组织者或南极活动者违反本规定的，国家海洋局应当视其情节记录其违规事实，将其列入不良记录组织者或活动者名单，在一到三年内限制其再次开展南极活动。

国家海洋局建立南极活动信息共享机制及南极活动环境保护管理协调机制，向国务院有关主管部门及时通报有不良记录的南极活动组织者或活动者信息，并依法将违法违规组织者和活动者移送有关部门追究其法律责任。

第十九条 本规定自发布之日起生效。

中国极地考察数据管理办法

各有关单位：

《中国极地考察数据管理办法》已经国家海洋局局长办公会审议通过，现予公布，请遵照执行。《中国极地考察样品和数据管理办法（试行）》（国海极字〔2010〕681号）中凡与本办法不一致的，以本办法为准。

国家海洋局

2018年3月13日

第一章 总 则

第一条 为进一步加强和规范我国极地考察数据的管理，保障数据安全，提高开放共享水平，充分发挥极地数据作用，促进我国极地考察业务化工作和科学研究水平不断提高，依据《中华人民共和国国务院第412号令》《北极考察活动行政许可管理规定》和《南极考察活动行政许可管理规定》，制定本办法。

第二条 由国家财政支持的极地考察活动获取数据的汇交、保管、公开、共享、使用服务等，适用本办法。由社会资金支持的极地考察活动获取的数据参照本办法执行。

本办法所称极地考察数据（以下简称"数据"），是指我国科研、技术或管理人员在极地考察活动中产生的原始数据和成果数据，包括现场观测数据、样品采集与分析数据以及相关成果数据及元数据等。

第三条 国家海洋局是数据管理的主管部门，负责数据的宏观管理、监督检查和评价考核。

国家海洋信息中心负责数据集中管理和技术指导。

中国极地研究中心负责数据的接收、整理与保管、共享与使用以及国际交流合作。

参加极地考察的单位是数据的生产者和汇交者，负责数据的采集、加工整理和汇交。

第二章　数据采集与汇交

第四条　数据生产者负责数据的采集生产，按照相关的标准规范开展加工整理，形成便于使用的数据。中国极地研究中心负责组织建立数据全生命周期质量控制体系。

第五条　数据汇交包括原始数据、成果数据和元数据的汇交。

（一）原始数据是指极地考察过程中产生的现场记录（包括手工记录、照片和视频等）、仪器自记录原始数据、配置文件，采集样品的实验室分析测试数据以及国际合作与购置数据。

（二）成果数据是指在原始数据基础上加工形成的数据集、数据产品、图件产品和相关报告等。

（三）元数据是指原始数据和成果数据的说明信息，包括数据的获取、处理、仪器设备的检定校准和质量控制等背景信息。

第六条　数据按照以下时限进行汇交：

（一）极地考察过程产生的原始数据在极地考察任务结束后汇交，采集样品的实验室分析测试数据在极地考察任务限定期限内汇交；

（二）极地成果数据在极地考察任务验收前 2 个月内汇交。

第七条　数据采用集中或者单独报送的方式进行汇交，报送应是电子介质和纸介质的复制件。对于具备网络条件的，优先采用网络传输。

第八条　数据按照以下程序进行汇交：

（一）数据准备与交接。汇交单位按照相应的技术标准规范，完成需汇交数据的整理和内部审查。汇交单位与中国极地研究中心进行数据交接，由中国极地研究中心开具数据交接凭证。

（二）技术查验。中国极地研究中心负责组织对接收的数据从齐全性、完整性、规范性、可读性、安全性及数据质量等方面开展技术查验，并将发现的问题及时反馈汇交单位。

汇交单位须在接到反馈后的20个工作日内完成对问题的处理，并完成补交。

（三）汇交证明。数据汇交全部完成并符合要求后，中国极地研究中心在 5 个工作日内开具数据汇交证明。

第三章　数据整理与保管

第九条　中国极地研究中心承担数据的整理和保管,对各类数据进行分类管理,并将数据同步汇交到国家海洋信息中心。

第十条　中国极地研究中心负责建立数据的接收、整理、保管和保密、安全等方面的管理制度,建立数据集成和应用平台。国家海洋信息中心建立整合库和综合应用平台。

第十一条　数据完成汇交后原则上应在 30 日之内公开,需要保护的,由汇交者在汇交时办理保护登记手续,自办理手续之日起计算,保护期不超过 2 年。

特殊情况下确需延长保护期的数据,由汇交者向中国极地研究中心提出书面申请,经批准后可延长 1 次,延长期不得超过原保护期。

第十二条　汇交者享有数据的优先使用权。他人申请使用保护期内数据的,经汇交者书面同意后,中国极地研究中心方可向申请人提供。因国家安全和公共利益需要,国家海洋局或由其指定的相关业务支撑单位可以无偿利用保护期内的数据。

第四章　数据共享与使用

第十三条　除国家法律法规及有关政策规定之外,由国家财政支持形成的数据原则上应全部向社会开放共享,共享政策与国际接轨。

第十四条　国家海洋局是数据共享和使用的监管部门。中国极地研究中心负责提供数据和相关技术服务。

第十五条　中国极地研究中心负责建立和维护数据共享平台,并与国家海洋数据共享平台衔接与集成,面向社会公布数据目录清单和公开数据,供公众用户无偿下载。

第十六条　需要申请使用非公开数据的单位或者个人,应当向中国极地研究中心提交申请书,内容包括身份证明、申请数据内容、用途等。

中国极地研究中心应当在受理申请后的 15 个工作日内作出答复。对不予提供的,应当以书面形式作出答复,并说明不提供的理由。对予以提供的,应当在查验结束后的 10 个工作日内完成资料交付。

第十七条　国家海洋局负责对数据进行统筹共享。公众用户使用数据应当遵守法律法规及数据使用协议的规定,充分保障数据权利人的发表权、署名权等各项权利。

第五章　监督管理

第十八条　建立数据汇交通报制度,对数据汇交成绩突出的,按照有关规定予以表彰;数据汇交存在严重问题且不予解决的,不得申请使用数据。

第十九条　未能妥善保管资料造成损失或严重影响的,视情节轻重,追究保管单位相关管理人员和直接责任人责任。

第二十条　使用数据的单位或者个人有弄虚作假骗取数据、改变数据使用用途和擅自提供给第三方使用等行为的,取消其使用数据的资格。

第六章　附　则

第二十一条　涉密数据的汇交、保管与申请使用,执行国家保密相关管理规定。

第二十二条　本办法由国家海洋局负责解释。

第二十三条　本办法自发布之日起实施。

国务院法规性文件

国务院办公厅关于开展勘定省县两级海域行政区域界线工作有关问题的通知

国办发〔2002〕12 号

各省、自治区、直辖市人民政府,国务院各部委、各直属机构:

我国沿海各级行政区毗邻的海域,目前只有香港和澳门两个特别行政区有明确的管理范围,其他区域尚未明确。改革开放以来,随着海洋开发活动在广度和深度上的不断拓展,由于没有确定的海域界线,争海、争滩、争岛的矛盾日益突出,海域使用和归属纠纷屡有发生,在个别地方甚至造成人民生命财产的重大损失。为此,国务院决定勘定省县两级海域行政区域界线。开展海域勘界工作情况复杂,时间紧、任务重、技术要求高、政策性强,为确保顺利进行,经国务院同意,现就有关问题通知如下:

一、关于海域勘界的范围、原则和任务

(一)海域勘界的范围。海域勘界的范围为我国管辖内海和领海,界线的起点从陆域勘界向内海一侧的终点开始,界线的终点止于领海的外部界限。其中,渤海和琼州海峡区域,从起点向海止于 12 海里处;琼州海峡窄于 24 海里区域,从起点向海止于海峡中间线。

(二)海域勘界的原则。海域勘界采取平等协商、协调与裁决相结合的办法,按照坚持有利于沿海地区社会稳定和安定团结,有利于国家安全,有利于海洋资源开发利用和生态保护,有利于海洋经济可持续发展,有利于海域行政管理的原则进行。

(三)海域勘界的任务。争取用 4 年左右的时间,全面完成省际海域勘界工作。福建省与台湾省之间的海域勘界工作可留待以后进行。2002 年、2003 年分别启动辽鲁线、津冀北线、津冀南线、苏鲁线、浙闽线、粤桂线和冀鲁线、沪苏线、

沪浙线、粤琼线、桂琼线的省际海域勘界工作。县际海域勘界工作，2002 年进行试点，2003 年全面启动。2005 年前基本完成全国海域勘界工作总结和成果汇总工作。

二、关于省际海域勘界的实施步骤

（一）资料搜集。根据尊重历史、注重现实的原则，对相邻行政区域海域的历史沿革、海洋经济开发现状等进行全面的调查，掌握尽可能完整的资料；深入了解滩涂、浅海、岛屿等归属争议的缘由；搜集与勘界有关的自然要素资料及图件。

（二）外业调查。外业调查主要包括：浅海测深调查、浅海底质调查、浅海地貌调查、浅海底栖生物调查、岸滩综合调查、岸滩稳定性调查等。按照海域勘界技术规程对调查资料进行整理和分析。

（三）拟定划界草案。根据相邻行政区域海域资料和调查的具体情况，选择适当的划界方法，依据划界原则与岛屿归属原则，由国家海洋局组织拟定省际海域行政区域划界草案。

（四）签订划界协议书。由省、自治区、直辖市人民政府对拟定的省际海域行政区域划界草案进行充分协调，商定协议书。不能达成一致意见的，由国家海洋局负责协调。

（五）审批划界方案。由省、自治区、直辖市人民政府签订的省际海域行政区域划界方案，统一由国家海洋局报国务院批准。

三、关于县际海域勘界工作

县际海域勘界工作由沿海省、自治区、直辖市人民政府组织实施。具体步骤可参照省际海域勘界的实施步骤进行。各省、自治区、直辖市提出的县际海域行政区域划界方案，由国家海洋局分别报国务院批准。

四、关于海域勘界的经费保障

省际海域勘界工作所需经费，由中央财政负责解决，具体数额由国家海洋局编制经费预算，报财政部核批，按年度予以安排。

县际海域勘界工作所需经费，由沿海省、自治区、直辖市地方财政负责解决。

五、关于海域勘界的组织领导

为了加强对海域勘界工作的组织协调，由国家海洋局牵头，外交部、公安部、民政部、财政部、国土资源部、交通部、农业部、国家测绘局、国家档案局和海军司令部等部门参加,建立全国海域勘界工作部际联席会议制度,定期研究、协商、解决省际海域勘界工作中的重大问题,指导和协调沿海省、自治区、直辖市的县际间海域勘界工作。

在勘定海域行政区域界线前,各省、自治区、直辖市人民政府要保持海域使用现状,不得挑起海域争议;对已存在争议的,当地人民政府要采取有效措施防止事态扩大;对借机挑起事端、干扰海域勘界工作的,要依法严肃处理。

勘定海域行政区域界线对于维护沿海地区社会稳定、促进海洋经济可持续发展和加强海域行政管理具有重要意义,也是一项复杂的系统工程,必须精心组织,加强管理,充分借鉴陆地勘界和海域勘界试点工作的经验,高质量地完成海域勘界任务。各省、自治区、直辖市人民政府和国务院有关部门要高度重视,加强领导,统一认识,密切配合,本着顾全大局、互谅互让、实事求是的原则,认真做好海域勘界工作。

国务院办公厅

二〇〇二年二月十一日

国务院办公厅关于沿海省、自治区、直辖市审批
项目用海有关问题的通知

国办发〔2002〕36 号

各省、自治区、直辖市人民政府,国务院各部委、各直属机构:

为了贯彻实施《中华人民共和国海域使用管理法》(以下简称《海域法》),加强海域使用管理,依照该法有关规定,明确沿海省、自治区、直辖市人民政府项目用海的审批权,经国务院同意,现就有关问题通知如下:

一、明确各级人民政府项目用海审批权限

《海域法》第十八条规定,下列项目用海由国务院审批:填海 50 公顷以上的项目用海;围海 100 公顷以上的项目用海;不改变海域自然属性的用海 700 公顷以上的项目用海;国家重大建设项目用海;国务院规定的其他项目用海。国务院审批以外的项目用海的审批权限,授权省、自治区、直辖市人民政府按照以下原则规定:

(一)填海(围海造地)50 公顷以下(不含本数)的项目用海,由省、自治区、直辖市人民政府审批,其审批权不得下放。

(二)围海 100 公顷以下(不含本数)的项目用海,由省、自治区、直辖市、设区的市、县(市)人民政府分级审批,分级审批权限由省、自治区、直辖市人民政府按照项目种类、用海面积规定。

(三)700 公顷以下(不含本数)不改变海域自然属性的项目用海,主要由设区的市、县(市)人民政府审批。

二、严格项目用海的审批管理

审批项目用海,必须以海洋功能区划为依据,以促进经济和社会协调发展、

保护和改善生态环境、严格控制填海和围海项目、保障国防安全和海上交通安全为原则。沿海县级以上地方人民政府要依据《海域法》的有关规定,认真做好海洋功能区划的编制、修订和实施工作。海洋功能区划的编制和修订要经过科学论证,切实可行。经审批的海洋功能区划必须严格执行,修改已批准的海洋功能区划必须经过法定程序。凡不符合海洋功能区划的,不得批准项目用海。

要严格按照规定和审批权限审批项目用海,不得越权审批或者化整为零、分散审批。要提高办事效率、完善用海审批手续,项目用海审批时间一般不超过60个工作日。

三、做好海域使用权登记与证书颁发工作

《海域使用权证书》是海域使用权人享有特定海域使用权的法律凭证,由国家海洋局统一印制和编号。国务院审批的项目用海,由国家海洋局办理海域使用权登记,颁发《海域使用权证书》;地方人民政府审批的项目用海,由批准用海的人民政府办理海域使用权登记,颁发《海域使用权证书》。负责办理海域使用权登记的机关,要在海域使用权登记后1个月内以适当方式进行公告。颁发或换发《海域使用权证书》,除依法收取海域使用金外,不得收取其他费用。

四、加强海域使用管理的执法监督检查

要逐步建立和完善海域使用执法监督检查制度,强化海域使用管理的执法监督工作。沿海县级以上地方人民政府海洋行政主管部门及其所属的中国海监机构要加大执法力度,整顿和规范海域使用管理秩序,对《海域法》实施后未经批准非法占用海域,无权批准、越权批准或者不按海洋功能区划批准使用海域,擅自改变海域用途等违法行为的,要严格按照《海域法》的有关规定,追究有关当事人的法律责任。

沿海省、自治区、直辖市人民政府要根据本通知精神,结合本地区的实际情况,研究贯彻落实的具体措施。要依照《海域法》和本通知规定的权限和程序制(修)订有关海域使用管理的地方性法规、地方政府规章,确保项目用海审批权得到合法、有效地行使,切实维护国家海域所有权和海域使用权人的合法权益,保障海洋资源的可持续利用,促进海洋经济的有序、协调发展。

国务院办公厅

二OO二年七月六日

国务院关于全国海洋功能区划的批复

国函〔2002〕77号

国土资源部：

你部《关于审批全国海洋功能区划的请示》（国土资发〔2002〕223号）收悉。现批复如下：

一、原则同意《全国海洋功能区划》（以下简称《区划》），由国家海洋局发布实施。

二、海洋是我国经济社会可持续发展的重要资源。当前我国海域使用缺乏统筹规划，资源过度利用与开发不足并存，近岸海域污染和生态恶化加重。为此，在海域使用管理上，必须认真贯彻执行海洋管理法律法规，坚持在保护中开发，在开发中保护的方针，严格实行海洋功能区划制度，实现海域的合理开发和可持续利用。

三、海洋功能区划是海域使用管理和海洋环境保护的依据，具有法定效力，必须严格执行。沿海省、自治区、直辖市人民政府要根据《区划》确定的目标，制定重点海域使用调整计划，明确不符合海洋功能区划的已用海项目停工、拆除、迁址或关闭的时间表，并提出恢复项目所在海域环境的整治措施。

四、认真组织编制地方各级海洋功能区划。沿海各省、自治区、直辖市人民政府要遵循《海域使用管理法》确定的编制原则，在《区划》的指导下，尽快完成地方各级海洋功能区划的编制或修订工作，并逐级严格审批。国家海洋局要尽快制定《省级海洋功能区划审查报批办法》，报国务院批准。

五、各级海洋行政主管部门要会同有关部门根据海洋功能区划，编制海洋环境保护规划，加强海洋环境保护。

六、进一步加强海洋资源与环境、使用状况的调查与评价，建立海洋功能区划管理信息系统。要全方位跟踪和监测海域使用状况和环境质量状况，强化政府对海域使用和海洋环境保护的监督管理,提高各级海洋行政主管部门和其他涉海部门综合决策能力和管理水平。

七、国家海洋局要会同有关部门认真落实《区划》提出的各项任务和措施。各级海洋行政主管部门及其所属的海监机构要加大执法力度,整顿和规范海洋开发利用秩序。各级财政部门要将海洋功能区划工作经费纳入预算。各涉海部门要依法协调或衔接好相关区划、规划与《区划》的关系,确保《区划》目标的实现。

国务院

二〇〇二年八月二十二日

附:《全国海洋功能区划》

国家海洋局 2002 年 12 月

为了合理使用海域、保护海洋环境、促进海洋经济的可持续发展,依据《中华人民共和国海域使用管理法》《中华人民共和国海洋环境保护法》及国家有关法律法规和方针、政策,制定《全国海洋功能区划》(以下简称《区划》)。

海洋功能区划是根据海域区位、自然资源、环境条件和开发利用的要求,按照海洋功能标准,将海域划分为不同类型的功能区,目的是为海域使用管理和海洋环境保护工作提供科学依据,为国民经济和社会发展提供用海保障。《区划》的范围包括我国管辖的内水、领海、毗邻区、专属经济区、大陆架及其他海域(香港、澳门特别行政区和台湾省毗邻海域除外)。

一、我国海域开发利用与保护状况分析

(一)开发利用与保护现状

截至 2000 年,我国海域使用面积 200 多万公顷(不含捕捞区面积)。其中,海水养殖面积 120 多万公顷,盐田面积 40 多万公顷,港口用海面积 20 多万公顷,油气开采矿区 20 多万公顷,旅游娱乐用海面积近 1 万公顷,海洋倾废区面积 0.2 万公顷,铺设海底电缆管道 13 500 多公里。另外,我国已经建立以海洋和海岸生态系统及海洋珍稀动植物为主要保护对象的自然保护区 69 个,总面积 130 多万公顷。

改革开放以来,我国的海域使用管理与海洋环境保护工作逐步加强,社会各界合理开发与保护海洋的意识不断增强,海洋事业不断取得新进展。目前,已经建立了比较完善的海洋法律法规体系和管理机构,不合理用海和海域污染严重恶化的趋势得到缓解,局部海区的环境质量得到改善,并使大面积海域水质基本保持在良好的状态。

（二）存在的主要问题

海域使用缺乏统筹规划和权属管理,资源过度利用与开发不足并存,近岸海域污染和生态恶化未得到有效控制。主要表现在:涉海部门根据各自发展需要编制和实施规划,相互之间缺乏协调的机制和依据,造成海域开发秩序混乱、局部海域用海矛盾突出及人力、财力的浪费;近岸海域污染严重;海洋环境灾害频发,每年仅赤潮就发生二三十起,直接经济损失数亿至数十亿元;主要经济鱼类资源衰退,海岸生态系统遭到破坏，20世纪50年代以来,我国的滨海湿地减少了50%,红树林丧失了70%,近岸珊瑚礁损毁了80%,许多深水港口不得不重新选址或依靠清淤维持发展。

因此,亟须加快海洋功能区划工作,为海洋管理提供科学依据,促进海洋经济与资源、环境的协调发展。

二、《区划》的指导思想、原则和目标

（一）指导思想

以邓小平理论和"三个代表"重要思想为指导,以实施可持续发展战略、促进国民经济和社会发展为中心,以保护和合理利用海洋资源、提高海域使用效率、遏制海洋生态恶化、改善海洋环境质量为目标,从我国海洋开发利用现实与未来发展需要出发,协调好与其他涉海规划、区划的关系,科学合理划定海洋功能区。

（二）原则

1. 按照海域的区位、自然资源和自然环境等自然属性,科学确定海域功能;

2. 根据经济和社会发展的需要,统筹安排各有关行业用海;

3. 保护和改善生态环境,保障海域可持续利用,促进海洋经济的发展;

4. 保障海上交通安全;

5. 保障国防安全,保证军事用海需要。

（三）目标

建立起符合海洋功能区划的海洋开发利用秩序,实现海域的合理开发和可持续利用,满足国民经济和社会发展对海洋的需求。

2001 年至 2005 年,加强海洋功能区划的实施管理,逐步调整不符合海洋功能区划的用海项目,实现重点海域开发利用基本符合海洋功能区划,控制住近岸海域环境质量恶化的趋势。

2006 年至 2010 年,严格实行海洋功能区划制度,实现海域开发利用符合海洋功能区划,生态环境质量得到改善,海洋经济稳步发展。

三、全国海洋功能分区

我国管辖海域划定十种主要海洋功能区。每种海洋功能区的开发保护重点和管理要求如下:

（一）港口航运区

是指为满足船舶安全航行、停靠,进行装卸作业或避风所划定的海域,包括港口、航道和锚地。港口的划定要坚持深水深用、浅水浅用、远近结合、各得其所和充分发挥港口设施作用的原则,合理使用有限的海域。要保证国家和地区重要港口的用海需要,重点保证有权机关批准的新建深水泊位和航道项目的用海要求。港口航运区内的海域主要用于港口建设、运行和船舶航行及其他直接为海上交通运输服务的活动。禁止在港区、锚地、航道、通航密集区以及公布的航路内进行与港口作业和航运无关、有碍航行安全的活动,已经在这些海域从事上述活动的应限期调整;严禁在规划港口航运区内建设其他永久性设施。港口水域执行不低于四类的海水水质标准。

（二）渔业资源利用和养护区

是指为开发利用和养护渔业资源、发展渔业生产需要划定的海域,包括渔港和渔业设施基地建设区、养殖区、增殖区、捕捞区和重要渔业品种保护区。为实现海洋渔业经济可持续发展、维护沿海地区社会稳定,国家将保证重点大型渔港及渔业物资供给和重要苗种繁殖场所等重要渔业设施基地建设用海需要,保证渤海区、北黄海区、南黄海区、长江口区、东海西岸区、南海北岸区等重要养殖区的养殖用海需要,保证局部近岸海域和海岛周围海域生物物种放流及人工鱼礁建设的用海需要,确保重点渔场不受破坏。其他用海活动要处理好与养殖、增殖、捕捞之间的关系,避免相互影响,禁止在规定的养殖区、增殖区和捕捞区内进行有碍渔业生产或污染水域环境的活动。养殖、增殖区执行不低于二类的海水水质标准,捕捞区执行一类海水水质标准。国家将通过控制近海和外海捕捞强度,鼓励和扶持远洋捕捞,以及设置禁渔区、禁渔期和重要渔业品种保护区等,加强我国海域渔业资源养护。国家设立重要渔业品种保护区,保护具有重要经济价值和遗传育种价值的渔业品种及其产卵场、越冬场、索饵场和洄游路线等栖息繁衍生境。近期,将加强对渤黄海对虾保护区、东海和黄海的产卵带鱼保护区、大黄鱼幼鱼保护区、带鱼幼鱼保护区、大黄鱼越冬群体保护区及其他重要渔业品种保护区的建设和管理。未经批准,任何单位或个人不得在保护区内从事捕捞活动;禁止捕捞重要渔业品种的苗种和亲体;禁止在鱼类洄游通道建闸、筑坝和有损鱼类洄游的活动。进行水下爆破、勘探、施工作业等涉海活动应采取有效补救措施,防止或减少对渔业资源的损害。

（三）矿产资源利用区

是指为勘探、开采矿产资源需要划定的海域,包括油气区和固体矿产区等。"十五"期间,重点保证正在生产、计划开发和在建油田的用海需要。矿产资源勘探开采应选取有利于生态环境保护的工期和方式,把开发活动对生态环境的破坏减少到最低限度;严格控制在油气勘探开发作业海域进行可能产生相互影响的活动;新建采油工程应加大防污措施,抓好现有生产设施和作业现场的"三废"治理;禁止在海洋保护区、侵蚀岸段、防护林带毗邻海域及重要经济鱼类的产卵场、越冬场和索饵场开采海砂等固体矿产资源;严格控制近岸海域海砂开采的数量、范围和强度,防止海岸侵蚀等海洋灾害的发生;加强对海岛采石及其他矿产资源开发活动的管理,防止对海岛及周围海域生态环境的破坏。

（四）旅游区

是指为开发利用滨海和海上旅游资源,发展旅游业需要划定的海域,包括风景旅游区和度假旅游区等。旅游区要坚持旅游资源严格保护、合理开发和永续利用的原则,立足国内市场、面向国际市场,实施旅游精品战略,大力发展海滨度假旅游、海上观光旅游和涉海专项旅游。"十五"期间,重点保证鸭绿江、大连金石滩、大连海滨—旅顺口、兴城海滨、秦皇岛北戴河、青岛崂山、胶东半岛海滨、云台山和海滨、普陀山、嵊泗列岛、福建湄州岛和东山岛、海坛岛、鼓浪屿—万石山、清源山、太姥山、阳江海陵岛、三亚热带海滨等国家重点风景名胜区和国家级旅游度假区的用海需要。科学确定旅游区的游客容量,使旅游基础设施建设与生态环境的承载能力相适应;加强自然景观、滨海城市景观和旅游景点的保护,严格控制占用海岸线、沙滩和沿海防护林的建设;旅游区的污水和生活垃圾处理,必须实现达标排放和科学处置,禁止直接排海。度假旅游区(包括海水浴场、海上娱乐区)执行不低于二类的海水水质标准,海滨风景旅游区执行不低于三类的海水水质标准。

（五）海水资源利用区

是指为开发利用海水资源或直接利用地下卤水需要划定的海域,包括盐田区、特殊工业用水区和一般工业用水区等。盐田区应鼓励盐、碱、盐化工合理布局,协调发展,相互促进;重点保证渤海、黄海、东海、南海大型盐场建设用海需要。限制盐田面积的发展,以改进工艺、更新设备、革新技术、提高质量、降低成本、提高单产、增加效益等项措施解决盐业发展用海;严格控制盐田区的海洋污染,原料海水质量执行不低于二类的海水水质标准。特殊工业用水区是指从事食品加工、海水淡化或从海水中提取供人食用的其他化学元素等的海域,执行不低于二类的海水水质标准。一般工业用水区是指利用海水做冷却水、冲刷库场等的海域,执行不低于三类的海水水质标准。

（六）海洋能利用区

是指为开发利用海洋再生能源需要划定的海域。海洋能是可再生的清洁能源,开发不会造成环境污染,也不占用大量的陆地,在海岛和某些大陆海岸很有发展前景。我国海洋能资源蕴藏量丰富,开发潜力大,应大力提倡和鼓励。海洋能的开发应以潮汐发电为主,适当发展波浪、潮流和温差发电。潮汐发电以浙江、福建沿岸为主,近期重点开发建设浙江三门湾、福鼎八尺门等三个潮汐发电站;波浪发电以福建、广东、海南和山东沿岸为主;潮流发电以舟山群岛海域为主;温差发电以西沙群岛附近海域为主。加快海洋能开发的科学试验,提高电站综合利用水平。

（七）工程用海区

是指为满足工程建设项目用海需要划定的海域,包括占用水面、水体、海床或底土的工程建设项目。海底管线区指在大潮高潮线以下已铺设或规划铺设的海底通信光（电）缆和电力电缆以及输水、输油、输气等管状设施的区域;在区域内从事的各种海上活动,必须保护好经批准、已铺设的海底管线;严禁在规划的海底管线区域内兴建其他永久性建筑物。海上石油平台周围及相互间管道连接区一定范围内禁止其他用海活动;要采取有效措施,保护石油平台周围海域环境。围海、填海项目要进行充分的论证,可能导致地形、岸滩及海洋环境破坏的要提出整治对策和措施;严禁在城区和城镇郊区随意开山填海;对于港口附近的围填海项目,要合理利用港口疏浚物。

（八）海洋保护区

是指为保护珍稀、濒危海洋生物物种、经济生物物种及其栖息地,以及有重大科学、文化和景观价值的海洋自然景观、自然生态系统和历史遗迹需要划定的海域,包括海洋和海岸自然生态系统自然保护区、海洋生物物种自然保护区、海洋自然遗迹和非生物资源自然保护区、海洋特别保护区。要在海洋生物物种丰富、具有海洋生态系统代表性、典型性、未受破坏的地区,抓紧抢建一批新的海洋自然保护区。海洋特别保护区是指具有特殊地理条件、生态系统、生物与非生物资源及海洋开发利用特殊需要划定的海域,应当采取有效的保护措施和科学的开发方式进行特殊管理。海洋保护区应当严格按照国家关于海洋环境保护以及自然保护区管理的法律法规和标准,由各相关职能部门依法进行管理。

（九）特殊利用区

是指为满足科研、倾倒疏浚物和废弃物等特定用途需要划定的海域,包括科学研究试验区和倾倒区等。科学研究实验区禁止从事与研究目的无关的活动,以及任何破坏海洋环境本底、生态环境和生物多样性的活动;倾倒区要依据科学、合理、经济、安全的原则选划,合理利用海洋环境的净化能力;加强倾倒活动的管理,把倾倒活动对环境的影响及对其他海洋利用功能的干扰减少到最低程度。加强海洋倾倒区环境状况的监测、监视和检查工作,根据倾倒区环境质量的变化,及时作出继续倾倒或关闭的决定。近期重点保证国家大中型港口和河口航道建设与正常维护的疏浚物倾倒需要。

（十）保留区

是指目前尚未开发利用,且在区划期限内也无计划开发利用的海域。保留区应加强管理,暂缓开发,严禁随意开发;对临时性开发利用,必须实行严格的申请、论证和审批制度。

四、重点海域的主要功能

本次海洋功能区划涉及的重点海域包括近岸海域、群岛海域及重要资源开发利用区。

（一）渤海

渤海是我国的内水,大陆海岸线从辽东半岛南端的老铁山角至山东半岛北部的蓬莱角,长约 2 700 公里。沿海省市包括辽宁省(部分)、河北省、天津市和山东省(部分)。重点海域包括:

1.辽东半岛西部海域 包括辽宁省大连市老铁山角至营口市大清河口的毗邻海域。主要功能为港口航运、海水资源利用、渔业资源利用和养护、旅游。重点功能区有营口、旅顺、八岔沟等港口区及相关航道,复州湾、金州盐田区,盖州、长兴岛等养殖区,仙浴湾、长兴岛旅游区,大连斑海豹、蛇岛—老铁山、营口海蚀地貌景观、浮渡河口沙堤自然保护区。本区应发展港口及海上交通运输业、渔业资源利用和养护,保护和保全沙质海岸和岛屿生态环境。

2.辽河口邻近海域 包括辽宁省营口市大清河口至锦州市后三角山的毗邻海域。主要功能为矿产资源利用、海水资源利用、渔业资源利用和养护、海洋保护。重点功能区有笔架岭、太阳岛等油气区,营口、锦州盐田区,盖州滩、二界沟等养殖区,双台子河口、大凌河口自然保护区。本区应加强滩海油气资源的勘探与开发,合理利用、增殖和恢复渔业资源,保护湿地生态环境,强化盐区的挖潜和技术改造,加强对营口老港区、辽东湾及毗邻河口海域的环境综合治理。

3.辽西—冀东海域 包括辽宁省锦州市后三角山至河北省唐山市涧河口的毗邻海域。主要功能为港口航运、旅游、渔业资源利用和养护、矿产资源利用。重点功能区有秦皇岛、京唐、锦州等港口区及相关航道,北戴河、南戴河、山海关、兴城海滨、锦州大小笔架山等旅游区,昌黎、菊花岛海域、滦河口等养殖区,昌黎、北戴河等自然保护区,绥中、锦州、冀东等油气区,滦南、大清河等盐田区。本区应重点保证秦皇岛港和锦州港码头的用海需要,保证油气资源勘探开发和渔业资源利用的用海需要,发展滨海旅游,保护和保全海岸生态环境。

4.天津—黄骅海域 包括河北省涧河口至冀鲁交界的毗邻海域。主要功能为港口航运、海水资源利用、矿产资源利用、渔业资源利用和养护、海洋保护。重点功能区有天津、黄骅等港口区及相关航道,长芦、汉沽、沧州盐田区,新港、马东东等大港油田油气区,天津古海岸与湿地自然保护区的上古林、青坨子贝壳堤核心区,塘沽、汉沽等增殖和养殖区,汉沽、大港、北塘河口特别保护区。本区应重点保证天津港、黄骅港专业化码头建设、滩海油气开发和渔业资源利用的用海需要,保护盐田取水水质环境,保护渔业资源利用区生态环境,建立汉沽浅海生态系、驴驹河潮间带生态系、大港古潟湖湿地、大港滨海湿地和黄骅贝壳堤自然保护区,大力发展海水综合利用。

5.莱州湾及黄河口毗邻海域 包括冀鲁交界至烟台市的龙口市的毗邻海域。主要功能为渔业资源利用和养护、矿产资源利用、海水资源利用、海洋保护和港口航运。重点功能区有黄河口、虎头崖等养殖区,黄河口西部、蓬莱19-3油气区,淄脉河—虎头崖盐田区,无棣贝壳堤与湿地、黄河口湿地自然保护区,龙口港口区。本区应重点保证油气勘探开发与养殖业的用海需要,保护湿地生态系统。

6.庙岛群岛海域 包括山东省烟台市的长岛县和蓬莱市毗邻海域。主要功能为渔业资源利用、旅游和海洋保护。重点功能区有南五岛、北四岛等养殖区,蓬莱、长岛旅游区,群岛周围海域生态和海珍品自然保护区,蓬莱港口区。本区应重点建设长岛水产养殖基地,发展海岛特色旅游,加强生态环境保护,完善岛陆交通运输。

7. 渤海中部海域 主要功能为矿产资源利用和渔业资源利用。重点功能区有渤中 34-2、渤中 34-4、渤中 13-1、渤中 42-7、渤中 28-1、渤中 26-2、渤中 25-1 等油气区,渤海中部渔业资源利用和养护区。本区应重点保证油气资源开发用海需要,加强海域污染整治,合理利用、增殖和恢复渔业资源。

（二）黄海

海岸线北起辽宁鸭绿江口,南至江苏启东角,大陆海岸线长约 4 000 公里。沿海地区包括辽宁省(部分)、山东省(部分)和江苏省。重点海域包括:

8. 辽东半岛东部海域 包括辽宁省丹东市鸭绿江口至大连市老铁山角的毗邻海域。主要功能为港口航运、旅游、渔业资源利用和养护、海洋保护。重点功能区有大连、大东、庄河等港口区及相关航道,金石滩旅游度假、大连南部风景区、旅顺南路风景区、丹东大鹿岛风景名胜等旅游区,大孤山半岛南端、凌水河口西部等养殖区及鸭绿江口湿地自然保护区。本区应重点保证大连港集装箱码头和大型专业化码头建设用海需要,积极发展滨海旅游,建设海珍品增殖基地,保护沿海湿地生态环境。

9. 长山群岛海域 包括大连市长海县的毗邻海域。主要功能为渔业资源利用和养护、旅游和港口航运。重点功能区有獐子岛、小长山岛等养殖区,四块石、庙底等港口区,大长山岛、王家岛等旅游区。本区应大力发展养殖、增殖和放流,建设海洋农牧化基地,加快陆—岛交通基础设施建设,积极开展海岛旅游,发展海水综合利用,加强海岛生态环境与海洋生物多样性的保护。

10. 烟台—威海海域 包括山东省烟台市区至海阳市的毗邻海域。主要功能为港口航运、旅游、渔业资源利用和养护。重点功能区有烟台、牟平、威海港口区及相关航道,金沙滩、芝罘岛、天鹅湖、刘公岛等旅游区,套子湾、四十里湾、威海湾等养殖区。本区应保证港口建设和渔业资源利用的用海需要,大力发展滨海旅游和养殖,积极开发海洋药物,发展海水综合利用。

11. 胶州湾及其毗邻海域 包括山东省青岛、日照两市的毗邻海域。主要功能为港口航运、旅游、渔业资源利用和养护。重点功能区有青岛、日照、岚山等港口区及相关航道,崂山、山海天等旅游区,胶州湾北部等养殖区。本区应重点保证青岛港集装箱码头建设和渔业资源利用和养护的用海需要,积极发展滨海旅游,开展人工放流和贝类护养,加快建设海洋产业和科学实验基地。

12. 苏北海域 包括江苏省连云港、盐城和南通三市的毗邻海域。主要功能为港口航运、旅游、海水资源利用、渔业资源利用和养护、海洋保护。重点功能区有连云港、射阳、南通等港口区及相关航道,连云港等地的养殖区和增殖区,云台山旅游区,淮北盐田区,盐城丹顶鹤、大丰麋鹿等自然保护区。本区应保证连云港港区及其他深水码头建设、渔业资源利用的用海需要,积极发展养殖和滨海旅游,建设盐化工和海洋高新技术产业基地,合理、适度围垦,严格保护沿海自然保护区,进一步提高海岸防灾、抗灾能力。

13. 黄海重要资源开发利用区 主要功能为渔业资源利用和养护、矿产资源利用。重点功能区包括海东、烟威、石岛、连青石、大沙和吕四等捕捞区,南黄海南部盆地、南黄海北部盆地、北黄海盆地油气勘探区。

(三)东海

海岸线北起江苏省启东角,南至福建省诏安铁炉港,大陆海岸线长约 5 700公里。沿海地区包括江苏省部分地区、上海市、浙江省和福建省。重点海域包括:

14. 长江口—杭州湾海域 包括江苏省启东角至浙江省宁波市区的毗邻海域。主要功能为港口航运、海洋工程、旅游、渔业资源利用和养护、海洋保护。重点功能区有长江口南岸及毗邻海域、杭州湾两岸及毗邻海域、崇明岛及周围海域、太仓、外高桥、金山嘴、北仑、乍浦等港口区及相关航道,南汇汇角、崇明东滩、长江口、镇海、慈溪、平湖海底管线区,钱塘江、平湖九龙山、海盐南北湖等旅游区,长江口捕捞、养殖和水产种质资源保护区,崇明东滩、金山三岛、九段沙湿地、长江口中华鲟、海宁黄湾等自然保护区。本区应重点保证上海国际航运中心和杭州湾大桥建设用海需要,发展滨海旅游,强化对海底管线及其登陆区的规划和保护,增殖、恢复渔业资源,逐步遏制海域环境污染加剧的趋势,保护河口、湿地、海湾和海岛生态环境,挽救保护长江口中华鲟等濒危生物物种,合理、适度围涂造地,提高海岸防灾、抗灾能力。

15. 舟山群岛海域 包括浙江省舟山市毗邻海域。主要功能为渔业资源利用和养护、旅游、港口航运和海水资源利用。重点功能区有舟山渔场捕捞区,舟山群岛养殖区,普陀、嵊泗列岛、岱山等旅游区,包括洋山、定海、岱山、岙山、嵊泗等在内的舟山港口区及相关航道,舟山、岱山盐田区。本区应重点保证洋山集装箱深水港区、航道、芦洋跨海大桥及其他大型专业化中转码头建设用海需要,发展养殖业,增殖渔业资源,限制近海捕捞强度,建立我国最大的渔业生产基地,进一步发挥海岛旅游资源优势,保护海底管线,保全海岛生态系统,加快舟山连岛工程建设。

16. 浙中南海域 包括浙江省宁波市的鄞县至闽浙交界的毗邻海域。主要功能为渔业资源利用和养护、港口航运、旅游和海洋保护。重点功能区有象山港、三门湾、乐清湾等养殖区，温州、台州等港口区及相关航道，南麂列岛海洋自然保护区，洞头列岛旅游区，乐清湾、三门湾潮汐能区。本区应重点保证增养殖业用海需要，建立贝类等水产资源种质库，推进以温州港和台州港为重点的浙中南沿海港口群建设，合理规划和开发浙南沿海和海岛地区旅游资源，形成区域旅游网络，严格控制港湾区域的围垦，加快沿海标准海塘和防护林的建设和维护，提高海岸防灾抗灾能力，加快温州（洞头）半岛工程建设。

17. 闽东海域 包括闽浙交界至福建省宁德市三沙湾南岸的毗邻海域。主要功能为渔业资源利用和养护、海洋保护、港口航运和旅游。重点功能区有沙埕港和三沙湾等养殖区，闽东渔场捕捞区，官井洋大黄鱼繁殖保护区，台山列岛及福瑶列岛等海洋特别保护区，三沙湾红树林生态系统自然保护区，沙埕、三沙等港口区，太姥山滨海旅游区，福鼎八尺门潮汐能区。本区应建立渔业资源增养殖基地，增殖和恢复渔业资源，合理布局商港、渔港，积极发展水产加工业。

18. 闽中海域 包括三都湾南岸至泉州市湄州湾南岸的毗邻海域。主要功能为港口航运、旅游、海洋保护、渔业资源利用和养护。重点功能区包括闽江口、罗源湾、福清湾、兴化湾、湄州湾等港口区及相关航道，湄州岛、平潭岛旅游区，兴化湾、湄州湾等养殖区，长乐海蚌资源增殖保护区，平潭中国鲎、闽江口鳀鱼滩湿地自然保护区，闽中渔场捕捞区。本区应重点保证福州港及毗邻港区码头泊位建设和湄州湾的港口建设及渔业资源利用和养护的用海需要，加强闽江口航道整治，进一步开发湄州岛、海坛岛旅游资源，建立海水增养殖基地，增殖和恢复渔业资源。

19. 闽南海域 包括湄州湾南岸至闽粤分界的毗邻海域。主要功能为港口航运、旅游、海洋保护、渔业资源利用和养护。重点功能区有厦门、漳州、泉州等港口区及相关航道，东山等地的养殖区，厦门鼓浪屿—万石岩、泉州海上丝绸之路、漳州滨海火山国家地质公园、东山岛等旅游区，晋江深沪湾海底古森林自然遗迹保护区，厦门珍稀海洋物种自然保护区、东山珊瑚礁自然保护区、九龙江口及漳江口红树林生态系统自然保护区，闽南—台湾浅滩上升流渔场。本区应重点保证厦门港、漳州港、泉州港海上交通运输网络建设和渔业资源利用的用海需要，发展滨海旅游，防止海岸侵蚀，保护珍稀濒危生物物种及海洋生物多样性，发展现代渔业。

20. 东海重要资源开发利用区 主要功能为矿产资源利用和渔业资源利用。本区应加快油气资源的勘探开发，建设东海油气资源开采基地，合理开发、利用和养护渔业资源,确保各重要渔场和重要渔业品种保护区不受破坏。

(四)南海

海岸线北起福建省铁炉港,南至广西壮族自治区的北仑河口,大陆海岸线长5 800多公里。沿海地区包括广东、广西和海南三省。重点海域包括:

21.**粤东海域** 包括闽粤分界至广东省汕尾市的毗邻海域。主要功能为港口航运、旅游、渔业资源利用和养护、海洋保护。重点功能区有潮州、汕头、广澳、汕尾等港口区及相关航道,青澳湾、龟龄岛等旅游区,粤东捕捞区,高沙、东澳等养殖区,南澳岛屿候鸟、饶平海山海滩岩自然保护区及南澎列岛—勒门列岛海洋特别保护区,汕尾遮浪外海上升流生态区,南澳风能区。本区应重点保证汕头港和广澳港建设及渔业资源利用的用海需要,严格控制围海造地,发展海水增养殖,保护上升流生态系,建设黄岗河口、韩江口防洪排涝工程。

22.**珠江口及毗邻海域** 包括广东省惠州市至江门市的毗邻海域。主要功能为港口航运、矿产资源利用、旅游、渔业资源利用和养护、海洋保护。重点功能区有马鞭洲、惠州、秤头角、盐田、深圳西部、太平、南沙、黄埔、珠海、江门、新会、桂山等港口区及相关航道,珠江口油气区,巽寮、大梅沙、小梅沙、莲花山、珠海飞沙滩、大万山岛、东澳岛、川山群岛等旅游区,珠江口等地的养殖区、珠江口中华白海豚自然保护区、广东惠东港海龟自然保护区,福田、淇澳岛、内伶仃岛和担杆列岛、万山群岛等海洋自然保护区。本区应重点加强珠江口海域环境综合整治和珠江三角洲港口体系建设,加大石油天然气的勘探与开发,大力发展滨海旅游,强化自然保护区管理,发展海水增养殖,加强保护岛屿海域生态环境。

23.**粤西海域** 包括广东省阳江市至湛江市的毗邻海域。主要功能为港口航运、旅游、渔业资源利用和养护、海洋保护。重点功能区有阳江、茂名、湛江、海安等港口区及相关航道,十里银滩、马尾岛—大角湾、水东湾、南三岛、东海岛等滨海旅游区,鸡打港、博贺港、龙王湾、硇洲等养殖区,湛江红树林、硇洲自然景观等海洋自然保护区及乌猪洲海洋特别保护区。本区应重点保证湛江港和茂名水东港建设和渔业资源利用的用海需要,保护和保全红树林资源。

24.**铁山港—廉州湾海域** 包括铁山港湾和廉州湾两个海湾,均为广西壮族自治区北海市的毗邻海域。主要功能为港口航运、旅游、渔业资源利用和养护、海洋保护。重点功能区有北海、铁山港等港口区,营盘珍珠和廉州湾等养殖区,山口红树林生态、沙田儒艮等海洋自然保护区,北海银滩国家级旅游度假区、北海市北部旅游区。本区应加强岸线保护,加快港口建设,发展以北海银滩旅游度假区为主的旅游业,建设珍珠贝养殖基地,严格限制围填海工程,保护红树林生态和珍珠贝母本。

25. 钦州湾—珍珠港海域 包括钦州湾、防城港湾、珍珠港湾等三个海湾，为广西壮族自治区钦州市和防城港市的毗邻海域。主要功能为港口航运、渔业资源利用及保护、旅游和海洋保护。重点功能区有防城港、钦州港口区，金滩、七十二泾、月亮湾等旅游区，茅尾海、珍珠港、钦州港、光坡等养殖区，北仑河口、钦州湾近江牡蛎等海洋自然保护区。本区应重点建设防城港和钦州港，发展海水养殖和滨海旅游业，严格控制围填海工程，保护岸线，保护和保全红树林生态系统。

26. 海南岛东北部海域 包括海南省的海口市、临高县、澄迈县、琼山市、文昌市、琼海市和万宁市的毗邻海域。主要功能为港口航运、旅游、渔业资源利用和养护、矿产资源利用和海洋保护。重点功能区有海口湾、清澜湾、龙湾等港口区，海口湾、木栏头、铜鼓岭、万泉河口、春园湾等旅游区，东营、铺前湾、琼海浅海、琼海沙老等养殖区，文昌油气区，东寨港、清澜港红树林湿地及大洲岛等自然保护区。本区应重点保证海口港集装箱运输码头建设和渔业资源利用的用海需要，强化自然保护区管理，大力发展滨海旅游及生态渔业，加快油气资源的勘探和开发。

27. 海南岛西南部毗邻海域 包括海南省的三亚市、陵水县、乐东县、东方市、昌江县、儋州市的毗邻海域。主要功能为旅游、矿产资源利用、港口航运、海洋保护、渔业资源利用和养护、海水资源利用。重点功能区有香水湾、南湾、亚龙湾、大东海、三亚湾、天涯海角、南山等旅游区，莺歌海、亚东、崖城13-1油气区，洋浦港、八所港港口区及相关航道，三亚珊瑚礁保护区，铁炉港、陵水湾、黎安港、新村港等养殖区，莺歌海盐田区。本区应加强滨海旅游设施建设，积极勘探开发油气资源，加强港口建设，保护和保全珊瑚礁资源，大力发展生态养殖，稳步发展盐和盐化工以及天然气化肥等海洋产业。

28. 西沙群岛海域 包括宣德群岛、永乐群岛及中建岛、东岛、浪花礁的毗邻海域。主要功能为渔业资源利用、旅游和海洋保护。重点功能区有西沙群岛海洋捕捞区，宣德群岛等旅游区，西沙群岛珊瑚礁、东岛鲣鸟自然保护区。本区应大力发展海岛生态旅游，合理开发利用和养护渔业资源，加强珊瑚礁等自然保护区管理，保护海龟等珍稀物种及海洋生物多样性。

29. 南沙群岛海域 包括南沙群岛毗邻海域。本区应重点发展海洋捕捞业，加速油气资源的勘探和开发。

30. 南海重要资源开发利用区 主要功能为渔业资源利用和养护、矿产资源利用。

五、实施《区划》的主要措施

（一）加强领导，完善海洋功能区划体系

沿海县级以上地方人民政府要依据有关法律法规的规定，认真做好省（自治区、直辖市）、市（地）和县（市）海洋功能区划的编制或修订工作。省级海洋功能区划经省级人民政府审核同意后，报国务院批准。市（地）、县（市）海洋功能区划经本级人民政府审核同意后，报所在省、自治区、直辖市人民政府批准，并报国家海洋局备案。国家海洋局要会同有关部门加强对地方各级海洋功能区划编制或修订工作的指导和监督，各级财政部门要将海洋功能区划工作经费纳入预算，涉海各部门要依法协调或衔接好海洋功能区划与相关区划、规划的关系。

（二）依法行政，认真组织实施海洋功能区划

各级海洋功能区划经批准后，应当向社会公布。各级人民政府要根据《中华人民共和国海域使用管理法》《中华人民共和国海洋环境保护法》及其他涉海法律法规的规定，依据海洋功能区划管理海域、保护海洋环境。审批项目用海，必须以海洋功能区划为依据，以促进经济和社会协调发展、保护和改善生态环境、严格控制填海和围海项目、保障国防安全和海上交通安全为原则。涉海工程建设项目可行性研究阶段，应征求海洋行政主管部门意见。海洋行政主管部门要对项目用海是否符合海洋功能区划进行预审，对于全部或部分不符合海洋功能区划的项目用海，应提出项目重新选址意见。经国务院批准，因公共利益、国防安全或者进行大型能源、交通等基础设施建设，需要改变海洋功能区划的，由编制该区划的政府海洋行政主管部门根据国务院文件提出修改方案，报法定批准机关批准。开发海岛周围海域的资源，应当制定海岛生态保护方案，并采取严格的生态保护措施，不得造成海岛地形、岸滩、植被以及海岛周围海域生态环境的破坏。

（三）监督检查，确保《区划》目标的实现

要建立和完善行之有效的海域使用管理和海洋环境保护执法监督检查机制，保证海洋功能区划的顺利实施。沿海省、自治区、直辖市人民政府要根据《区划》确定的目标，制定重点海域使用调整计划，明确不符合海洋功能区划的海域使用项目停工、拆除、迁址或关闭的时间表，并提出恢复项目所在海域环境的整治措施。沿海县级以上人民政府海洋行政主管部门及其所属的中国海监机构要加大执法力度，整顿和规范海域使用管理秩序，对于不按海洋功能区划批准使用海域的，批准文件无效，收回海域使用权，对海洋生态环境造成破坏的，要采取补

救措施,限期进行整治和恢复。通过调整计划和监督检查,切实做到以海洋功能区划引导和制约用海需要,促进海上基础设施共享、降低开发利用成本,实现海洋开发利用从粗放型向集约型转变,促进海洋经济有序、协调发展。

（四）依靠科技,完善海洋功能区划的技术支撑体系

依靠科技进步和创新,加强海洋功能区划理论与实践研究,促进海洋功能区划工作的科学性、超前性与可操作性。利用现代科技手段,对海域的资源与环境、使用状况进行调查与评价,为海洋功能区划的编制提供基础依据。建立结构完整、功能齐全、技术先进的海洋功能区划管理信息系统,为建立海域使用与环境保护动态监视监测网络体系、全方位动态跟踪和监测海域使用状况与环境质量状况、强化政府对海域使用和海洋环境保护的实时监督管理提供基础依据,实现与政府电子信息平台相联结,促进海洋行政管理和社会服务信息化,提高各级海洋管理部门和其他涉海部门的综合决策能力和办事效率。

国务院关于国土资源部
《省级海洋功能区划审批办法》的批复

国函〔2003〕38号

国土资源部：

国务院批准《省级海洋功能区划审批办法》，由国家海洋局组织实施。

附：省级海洋功能区划审批办法

国务院
二〇〇三年三月七日

省级海洋功能区划审批办法

为了规范沿海省、自治区、直辖市海洋功能区划（以下简称省级海洋功能区划）的审查和报批工作，根据有关法律规定，制定本办法。

一、审查依据

（一）国家海域使用管理和海洋环境保护的法律、法规。

（二）国民经济和社会发展计划及中长期规划。

（三）全国海洋功能区划及其他经国务院批准的规划。

（四）国家海洋开发利用与保护的有关政策。

（五）省级国民经济和社会发展计划及中长期规划。

（六）海洋功能区划管理制度和技术规范。

二、审查内容

（一）省级海洋功能区划的编制是否依据《中华人民共和国海域使用管理法》《中华人民共和国海洋环境保护法》和《国务院关于全国海洋功能区划的批

复》（国函〔2002〕77号）的有关规定。

（二）省级海洋功能区划是否与经国务院批准的涉海区划、规划相衔接，是否与军事设施保护要求相一致。

（三）对海洋功能区区位条件、自然资源和自然环境的分析，以及开发利用与保护状况的分析是否科学合理，是否有利于本地区生态环境保护和建设。

（四）省级海洋功能区划目标是否与国家产业政策、本地区国民经济和社会发展计划及规划相协调。

（五）省级海洋功能区划是否有保证实施的措施，措施是否切实可行。

三、审查报批程序

（一）省级海洋功能区划由省、自治区、直辖市海洋行政主管部门组织编制，报同级人民政府审核。国家海洋局对区划的编制予以指导。

（二）省级海洋功能区划经省级人民政府审核同意后，由省级人民政府上报国务院，同时抄送国家海洋局（抄送时附区划文本、登记表、图件、报告、编制说明、专家评审意见，一式20份）。

（三）国务院将省级人民政府报来的请示转请国家海洋局组织审查；国家海洋局收到交办文件后，即分送国务院有关部门和单位征求意见；有关部门和单位应在收到征求意见文件之日起30日内，将书面意见反馈国家海洋局，逾期按无意见处理。

（四）国家海洋局经综合协调各方面意见后，在15日内正式提出审查意见。审查认为不予批准的或有关部门提出重大意见而有必要对区划进行重新修改的，国家海洋局可将该区划退回报文的省级人民政府，请其修改完善后重新报国务院。

（五）省级海洋功能区划经审查同意后，由国家海洋局起草审查意见和批复代拟稿，按程序报国务院审批。

四、其他事项

（一）省级海洋功能区划经国务院批准后，省级人民政府应当自批准之日起30个工作日内向社会公布。但是，涉及国家秘密的部分除外。

（二）《中华人民共和国海域使用管理法》施行前，已经省级人民政府批准的省级海洋功能区划，应当自本办法印发之日起2年内完成修订工作，并按本办法规定的程序报国务院审批。

国务院关于国土资源部
《报国务院批准的项目用海审批办法》的批复

国函〔2003〕44号

国土资源部：

国务院批准《报国务院批准的项目用海审批办法》，由国家海洋局组织实施。

附：报国务院批准的项目用海审批办法

国务院

二〇〇三年四月十九日

报国务院批准的项目用海审批办法

为认真贯彻实施《中华人民共和国海域使用管理法》（以下简称《海域使用管理法》），规范需报国务院批准的项目用海审查和报批工作，制定本办法。

一、审批范围

按照《海域使用管理法》第十八条的规定，下列项目用海，需报国务院批准：

（一）填海 50 公顷以上的项目用海；

（二）围海 100 公顷以上的项目用海；

（三）不改变海域自然属性的用海 700 公顷以上的项目用海；

（四）国家重大建设项目用海；

（五）跨省、自治区、直辖市管理海域的项目用海；

（六）国防建设项目用海；

（七）国务院规定的其他项目用海。

二、审查原则

（一）严格控制填海和围海项目；

（二）促进海域的合理开发和可持续利用；

（三）保护海洋资源和生态环境；

（四）保证国家建设用海；

（五）保障国防安全和海上交通安全。

三、审查依据

（一）《海域使用管理法》及有关海洋法律、法规和规定；

（二）海洋功能区划；

（三）国家有关产业政策；

（四）海域使用管理技术规范和标准。

四、审查内容

（一）项目用海是否在需报国务院批准的范围之内；

（二）建设项目前期工作是否执行了国家规定的有关建设程序；

（三）项目用海申请、受理是否符合规定程序和要求；

（四）项目用海是否符合海洋功能区划；

（五）项目用海是否与国家有关产业政策相协调；

（六）项目用海是否影响国防安全和海上交通安全；

（七）海域使用论证是否按照规定程序和技术标准开展，论证结论是否切实可行；

（八）项目用海的界址、面积是否清楚，权属有无争议；

（九）存在违法用海行为的，是否已依法查处；

（十）有关部门意见是否一致；

（十一）其他内容是否符合国家法律、法规的规定和有关政策。

五、审批程序

（一）本办法审批范围第（一）、（二）、（三）项规定的项目用海，由项目所在地的县级海洋行政主管部门受理（未设海洋行政主管部门或跨县级管理海域的，由共同的上一级海洋行政主管部门受理），经审核并报同级人民政府同意后逐级报至国家海洋局。

本办法审批范围第（四）、（五）、（六）、（七）项规定的项目用海，由国家海洋局直接受理。

（二）国家海洋局接到海域使用申请材料后，应当抓紧办理，涉及国务院有关部门和单位的,应当征求意见。国家海洋局直接受理的项目用海,还应当征求项目所在地省级人民政府意见。有关部门、地方和单位自收到征求意见文件之日起7个工作日内,应将书面意见反馈国家海洋局。逾期未反馈意见又未说明情况的,按无意见处理。如有不同意见,由国家海洋局负责协调。

(三)在综合有关部门、地方和单位意见基础上,国家海洋局依照规定对项目用海进行审查。审查未通过的,由国家海洋局按程序将项目用海材料退回;审查通过的,由国家海洋局起草审查报告并按程序报国务院审批。

(四)项目用海经国务院批准后,由国家海洋局负责办理项目用海批复文件,主送海域使用申请人,抄送有关省级人民政府及海洋行政主管部门,并办理海域使用权登记发证手续。其中,按规定应缴纳海域使用金的,在缴纳后方可办理海域使用权登记发证手续。

六、其他事项

(一)国家重大建设项目需要使用海域的,建设单位应当在立项申请前提出海域使用申请,经国家海洋局预审同意后,方可按规定程序办理立项手续。

(二)依照法律、行政法规规定由国务院有关部门审批的海洋矿产资源勘查开采、海底电缆管道铺设等项目及海洋类国家级自然保护区内的开发项目,需要使用海域的,应依法履行报批手续。

(三)《海域使用管理法》实施前已经国务院或国务院有关部门批准的项目,符合海洋功能区划的,由国家海洋局根据有关批准文件直接办理海域使用权登记发证手续;不符合海洋功能区划的,不得办理海域使用权登记发证手续。

(四)凡存在未批先用、越权审批或者化整为零、分散批准等违法用海行为的,必须依法严肃查处,并追究有关责任人员的行政和法律责任。

(五)经国务院批准的项目用海,凡不违反保密规定的,由国家海洋局向社会公告。公告工作不收取任何费用。

(六)国家海洋局需在每年年末将项目用海审批情况汇总报告国务院。

国务院关于印发全国海洋经济发展
规划纲要的通知

（国发〔2003〕13号）

各省、自治区、直辖市人民政府，国务院各部委、各直属机构：

现将国家发展和改革委员会、国土资源部、国家海洋局组织制订的《全国海洋经济发展规划纲要》印发给你们，请结合本地区、本部门实际，认真贯彻执行。

海洋蕴藏着丰富的生物、油气和矿产资源，发展海洋经济对于促进沿海地区经济合理布局和产业结构调整，保持我国国民经济持续健康快速发展具有重要意义。沿海各省、自治区、直辖市人民政府要根据《全国海洋经济发展规划纲要》，制定本地区的海洋经济发展规划。国务院海洋行政主管部门要加强对地方海洋经济发展规划编制工作的指导与协调，并监督实施。国务院有关部门要密切配合，加强对海洋经济发展规划实施的协调、管理与支持。

国务院

二〇〇三年五月九日

全国海洋经济发展规划纲要

我国是海洋大国，管辖海域广阔，海洋资源可开发利用的潜力很大。加快发展海洋产业，促进海洋经济发展，对形成国民经济新的增长点，实现全面建设小康社会目标具有重要意义。为此，特制订《全国海洋经济发展规划纲要》（以下简称《纲要》）。《纲要》涉及的主要海洋产业有海洋渔业、海洋交通运输、海洋石油天然气、滨海旅游、海洋船舶、海盐及海洋化工、海水淡化及综合利用和海洋生物医药等；涉及的区域为我国的内水、领海、毗连区、专属经济区、大陆架以及我国管辖的其他海域（未包括我国港、澳、台地区）和我国在国际海底区域的矿区。规划期为 2001 年至 2010 年。

一、我国海洋经济的发展现状和存在的主要问题

海洋经济是开发利用海洋的各类产业及相关经济活动的总和。我国海洋经济居世界沿海国家中等水平,目前正处于快速成长期。发展海洋经济已具备良好的自然条件、经济基础和社会环境,但也存在一些问题。

(一)发展现状。

1.海洋自然条件优越、资源丰富。我国海域辽阔,跨越热带、亚热带和温带,大陆海岸线长达 18 000 多公里。海洋资源种类繁多,海洋生物、石油天然气、固体矿产、可再生能源、滨海旅游等资源丰富,开发潜力巨大。其中:海洋生物 2 万多种,海洋鱼类 3 000 多种;海洋石油资源量约 240 亿吨,天然气资源量 14 万亿立方米;滨海砂矿资源储量 31 亿吨;海洋可再生能源理论蕴藏量 6.3 亿千瓦;滨海旅游景点 1 500 多处;深水岸线 400 多公里,深水港址 60 多处;滩涂面积 380 万公顷,水深 0～15 米的浅海面积 12.4 万平方公里。此外,在国际海底区域我国还拥有 7.5 万平方公里多金属结核矿区。

2.海洋经济发展的社会条件日趋完善。20 世纪 90 年代以来,我国把海洋资源开发作为国家发展战略的重要内容,把发展海洋经济作为振兴经济的重大措施,对海洋资源与环境保护、海洋管理和海洋事业的投入逐步加大。为规范海洋开发活动,保护海洋生态环境,国家先后公布实施了《中华人民共和国海洋环境保护法》《中华人民共和国海上交通安全法》《中华人民共和国渔业法》《中华人民共和国海域使用管理法》等一系列法律法规。全民海洋意识日益增强。沿海一些地区迈出了建设海洋强省(自治区、直辖市)的步伐。海洋经济的快速发展已经具备了良好的社会条件。

3.海洋经济发展已初具规模。近 20 年来,沿海地区经济快速发展,对海洋产业的投入力度逐年增加,为海洋经济的持续、稳定、快速发展奠定了基础。"九五"期间,沿海地区主要海洋产业总产值累计达到 1.7 万亿元,比"八五"时期翻了一番半,年均增长 16.2%,高于同期国民经济增长速度。据统计,2000 年主要海洋产业增加值达到 2 297 亿元,占全国国内生产总值的 2.6%,占沿海 11 个省(自治区、直辖市)国内生产总值的 4.2%。海水养殖、海洋油气、滨海旅游、海洋医药、海水利用等新兴海洋产业发展迅速,有力地带动了海洋经济的发展。我国海洋渔业和盐业产量连续多年保持世界第一,造船业世界第三,商船拥有量世界第五,港口数量及货物吞吐能力、滨海旅游业收入居世界前列。

（二）存在的主要问题。

海洋经济发展缺乏宏观指导、协调和规划，海洋资源开发管理体制不够完善；海洋产业结构性矛盾突出，传统海洋产业仍处于粗放型发展阶段，海洋科技总体水平较低，一些新兴海洋产业尚未形成规模；部分海域生态环境恶化的趋势还没有得到有效遏制，近海渔业资源破坏严重，一些海洋珍稀物种濒临灭绝；部分海域和海岛开发秩序混乱、用海矛盾突出；海洋调查勘探程度低，可开发的重要资源底数不清；海洋经济发展的基础设施和技术装备相对落后。

二、发展海洋经济的原则和目标

（一）指导原则。

1. 坚持发展速度和效益的统一，提高海洋经济的总体发展水平。我国海洋经济正处于成长期，应保持较高的发展速度，增加海洋经济总量，提高增长质量，提升海洋经济在国民经济中的地位。

2. 坚持经济发展与资源、环境保护并举，保障海洋经济的可持续发展。加强海洋生态环境保护与建设，海洋经济发展规模和速度要与资源和环境承载能力相适应，走产业现代化与生态环境相协调的可持续发展之路。

3. 坚持科技兴海，加强科技进步对海洋经济发展的带动作用。加快海洋科技创新体系建设，进一步优化海洋科技力量布局和科技资源配置。加强海洋资源勘探与利用关键技术的研究开发，培养海洋科学研究、海洋开发与管理、海洋产业发展所需要的各类人才，提高科技对海洋经济发展的贡献率。

4. 坚持有进有退，调整海洋经济结构。发挥市场配置资源的基础性作用，大力调整和改造传统海洋产业，积极培育新兴海洋产业，加快发展对海洋经济有带动作用的高技术产业，深化海洋资源综合开发利用。在国家规划指导下，调整主要海洋产业布局。沿海地区发挥自身优势，建设各具特色的海洋经济区域。

5. 坚持突出重点，大力发展支柱产业。努力扩大并提高海洋渔业、海洋交通运输业、海洋石油天然气业、滨海旅游业、沿海修造船业等支柱产业的规模、质量和效益。发挥比较优势，集中力量，力争在海洋生物资源开发、海洋油气及其他矿产资源勘探等领域有重大突破，为相关产业发展提供资源储备和保障。

6. 坚持海洋经济发展与国防建设统筹兼顾，保证国防安全。海洋经济发展要与增强国防实力、维护海洋权益、改善海洋环境相适应，坚持军民兼顾、平战结合，使海洋经济发展与国防建设相互促进、协调发展。保证国防建设的用海需要，保护海上军事设施。

（二）发展目标。

1. 海洋经济发展的总体目标：海洋经济在国民经济中所占比重进一步提高，海洋经济结构和产业布局得到优化，海洋科学技术贡献率显著加大，海洋支柱产业、新兴产业快速发展，海洋产业国际竞争能力进一步加强，海洋生态环境质量明显改善。形成各具特色的海洋经济区域，海洋经济成为国民经济新的增长点，逐步把我国建设成为海洋强国。

2. 全国海洋经济增长目标：到2005年，海洋产业增加值占国内生产总值的4%左右；2010年达到5%以上，逐步使海洋产业成为国民经济的支柱产业。

3. 沿海地区海洋经济发展目标：到2005年，海洋产业增加值在国内生产总值中的比重达到8%以上，一部分省（自治区、直辖市）海洋产业总产值超过1000亿元，形成一批海洋经济强市、强县，海洋产业成为沿海地区的支柱产业。到2010年，沿海地区的海洋经济有新的发展，海洋产业增加值在国内生产总值中的比重达到10%以上，形成若干个海洋经济强省（自治区、直辖市）。

4. 海洋生态环境与资源保护目标：到2005年，主要污染物排海量比2000年减少10%，近岸海域生态环境恶化趋势减缓，外海水质保持良好状态，海洋生物资源衰退趋势得到初步遏制。进一步提高对赤潮的监控能力，重点海域监控区内赤潮发现率达到100%，努力减轻赤潮灾害造成的损失。渤海综合整治取得初步成效。逐步实现重点入海河口、湿地及滩涂资源的保护和可持续利用。到2010年，入海污染物排放量得到进一步控制，海洋生态建设取得新进展，沿海城市附近海域和重要海湾整治取得明显成效。

三、主要海洋产业

海洋产业要调整结构，优化布局，扩大规模，注重效益，提高科技含量，实现持续快速发展。加快形成海洋渔业、海洋交通运输业、海洋油气业、滨海旅游业、海洋船舶工业和海洋生物医药等支柱产业，带动其他海洋产业的发展。

（一）海洋渔业。

积极推进渔业和渔区经济结构的战略性调整，推动传统渔业向现代渔业转变，实现数量型渔业向质量型渔业转变。加快发展养殖业，养护和合理利用近海渔业资源，积极发展远洋渔业，发展水产品深加工及配套服务产业，努力增加渔民收入，实现海洋渔业可持续发展。

海洋捕捞业要逐步实施限额捕捞制度，控制和压缩近海捕捞渔船数量，引导渔民向海水养殖、水产品精深加工、休闲渔业和非渔产业转移。积极开展国际双边和多边渔业合作,开辟新的作业海域和新的捕捞资源。发展远洋渔业,重点扶持一批远洋捕捞骨干企业。

海水养殖业要合理布局,改变传统的养殖方式,提高集约化和现代化水平。因地制宜发展滩涂、浅海养殖,逐步向深水水域推进,形成一批大型名特优新养殖基地;开发健康养殖技术和生态型养殖方式,推广深水网箱,合理控制养殖密度;改善滩涂、浅海养殖环境,减少病害发生。

积极发展水产品精深加工业。对产业结构进行调整,以水产品保鲜、保活和低值水产品精深加工为重点,搞好水产品加工废弃物的综合利用。提高加工技术水平,搞好水产品加工的清洁生产。培植龙头企业,创立名牌产品,认真执行水产品绿色认证标准,努力开拓国内外市场。结合水产品海洋捕捞、养殖业区域布局,建设以重点渔港为主的集交易、仓储、配送、运输为一体的水产品物流中心。

重视海洋渔业资源增殖。采取放流、底播等养护措施,人工增殖资源。要把渔业资源增殖与休闲渔业结合起来,积极发展不同类型的休闲渔业。

鼓励发展与渔业增长相适应的第三产业,拓展渔业空间,延伸产业链条,大力推进渔业产业化进程。

（二）海洋交通运输业。

海洋交通运输业的发展要进行结构调整,优化港口布局,拓展港口功能,推进市场化,建立结构合理、位居世界前列的海运船队,逐步建设海运强国。

保持港口总吞吐量稳步增长,到 2005 年沿海港口总吞吐量超过 16 亿吨。加快建设现代化集装箱、散货等深水港口设施,重点建设国际航运中心深水港和主枢纽港,扩大港口辐射能力,注重港口发展由数量增长型向质量提高型转化。集装箱运输要重点建设以上海国际航运中心为主、能靠泊 7～10 万吨及其以上集装箱船舶的干线港,相应发展支线港、喂给港,促进我国形成布局合理、层次清晰、干支衔接、功能完善、管理高效的国际集装箱运输系统。

大宗散货运输要根据产业结构调整、资源调运量和工业布局的需要,衔接好北方、华东地区外运铁矿石、原油及液化天然气的运输接驳。

要根据船舶大型化发展的要求,实施以长江口深水航道为重点的治理工程,改善主要出海口航道及进出港通航条件;根据区域经济和港口城市社会经济发展的需要,适当建设区域性港口码头,改扩建部分老港口码头,并调整结构和功能。

到 2010 年,要基本建立比较完善的港口运输市场体系。以港口为中心的国际集装箱运输、大宗散货运输等综合运输网络基本建立,港口布局更加完善,运输能力进一步提高,港口服务功能更加多样化,装备技术水平不断提高,基本建成主要港口的智能化管理系统。

（三）海洋油气业。

勘探与开发并举,利用与保护并重。开展海域综合地质调查,提出新的油气远景区和新的含油气层位,积极开展近海天然气水合物勘探前期工作,并纳入国家能源发展规划。

海洋油气资源勘探开发要贯彻"两种资源、两个市场"的原则,实行油气并举、立足国内、发展海外,自营开采与对外合作并举,积极探索争议海域油气资源的勘探开发方式。坚持科技创新,不断提高勘探成功率和采收率;坚持上下游一体化发展,有选择地发展下游产业,完善产业结构,增强产业抗风险能力。

重点建设面向珠江三角洲、长江三角洲、环渤海经济圈的南海、东海、渤海天然气田,逐步形成三个区域性市场供应体系。石油开发建设近期以渤海为重点,在现有开发区域周围扩大储量规模;海南岛近海及珠江口的现有油田以挖潜为主,同时加强新层系及深水区域的勘探;继续加强东海、南海的石油勘探工作。加快滩海地区重点区域的勘探开发。

（四）滨海旅游业。

滨海旅游业要进一步突出海洋生态和海洋文化特色,努力开拓国内、国际旅游客源市场;实施旅游精品战略,发展海滨度假旅游、海上观光旅游和涉海专项旅游;加强旅游基础设施与生态环境建设,科学确定旅游环境容量,促进滨海旅游业的可持续发展。

滨海旅游业的区域布局重点是渤海海滨,北黄海海滨海岛,沪、浙、闽、粤海滨海岛以及海南岛和北部湾等区域。

（五）海洋船舶工业。

海洋船舶工业要突出主业、多元经营、军民结合,由造船大国向造船强国稳步发展。形成环渤海船舶工业带和以上海为中心的东海地区船舶工业基地、以广州为中心的南海地区船舶工业基地。重点发展超大型油轮、液化天然气船、液化石油气船、大型滚装船等高技术、高附加值船舶产品及船用配套设备,同时稳步提高修船能力。

海洋工程装备制造要重点发展海洋钻井平台、移动式多功能修井平台、海洋平台生产和生活模块、从浅海到深水区导管架和采油气综合模块、大型工程船舶、浮式储油生产轮。

（六）海盐及海洋化工业。

海盐及盐化工业要坚持以盐为主、盐化结合、多种经营的方针，做好结构调整，提高工艺技术和装备水平，大力开发高附加值产品。继续进行海洋化学资源的综合利用和技术革新，加强系列产品开发和精深加工技术，重点发展化肥和精细化工。海洋化工要逐步形成规模较大的海水化学资源开发产业。海藻化工要不断开发新产品，扩大原料品种和产品品种，提高质量。

（七）海水利用业。

把发展海水利用作为战略性的接续产业加以培植。继续积极发展海水直接利用和海水淡化技术，重点是降低成本，扩大海水利用产业规模，逐步使海水成为工业和生活设施用水的重要水源。到2010年，海水淡化年产量达到2 000万吨以上，海水年利用总量达到500亿立方米以上；在北方沿海缺水城市（海岛）建立海水综合利用示范基地，建设一批大规模海水利用的沿海示范城市。

（八）海洋生物医药业。

积极发展海洋生物活性物质筛选技术，重视海洋微生物资源的研究开发，加强医用海洋动植物的养殖和栽培。重点研究开发一批具有自主知识产权的海洋药物。努力开发一批技术含量高、市场容量大、经济效益好的海洋中成药。积极开发农用海洋生物制品、工业海洋生物制品和海洋保健品。到2010年，形成初具规模的海洋医药与生化制品业。

四、海洋经济区域布局

海洋经济区域分为海岸带及邻近海域、海岛及邻近海域、大陆架及专属经济区和国际海底区域。开发建设的时序和布局是：由近及远，先易后难，优先开发海岸带及邻近海域，加强海岛保护与建设，有重点开发大陆架和专属经济区，加大国际海底区域的勘探开发力度。

（一）海岸带及邻近海域。

根据自然和资源条件、经济发展水平和行政区划，把我国海岸带及邻近海域划分为11个综合经济区，通过发挥区域比较优势，形成各具特色的海洋经济区域。

1.辽东半岛海洋经济区：本区东起丹东市鸭绿江口，西至营口市盖州角，以基岩海岸为主，岸线长1 300公里，滩涂面积约900平方公里。优势海洋资源是港口资源、旅游资源、渔业资源。海洋开发基础好，是海洋经济较发达的地区之一。主要发展方向为：以大连港为枢纽，营口、丹东港为补充，建设多功能、区域性物流中心;提高海洋船舶制造的自动化水平和产品层次;建设大连、旅顺、丹东滨海旅游带;重点发展海珍品养殖;保障复州湾、金州湾盐业生产基地的持续发展;培植海水利用产业,提高大连市的海水利用程度。

2. 辽河三角洲海洋经济区:本区从营口市盖州角到锦州市小凌河口,为淤泥质海岸,岸线长300公里,滩涂面积约800平方公里。优势海洋资源是油气资源和海水资源。海洋开发基础弱。主要发展方向为:重点建设辽河油田的临海油气田,勘探开发笔架岭、太阳岛等油气区;加强海水资源开发利用,发展营口、锦州盐业生产基地;加快锦州港建设,为辽西、内蒙古东部地区物资运输服务。

3. 渤海西部海洋经济区:本区北起锦州市小凌河口,南到唐山市滦河口,主要为砂砾质海岸,岸线长400公里,滩涂面积约170平方公里。优势海洋资源是滨海旅游资源、港口资源、油气资源。海洋经济发展基础薄弱。主要发展方向为:发展北戴河、南戴河、山海关、兴城旅游业;继续保持秦皇岛港煤炭输出大港的地位,拓展综合性港口功能;加快绥中、秦皇岛海洋石油资源开发。积极发展海水淡化和海水直接利用。

4. 渤海西南部海洋经济区:本区北起唐山市滦河口,南至烟台市虎头崖,为淤泥质海岸,岸线长1 100公里,滩涂面积约3 800平方公里。优势海洋资源是油气资源、港口资源和海水资源。海洋开发北部基础较好,南部较差。主要发展方向为:开发建设歧口、渤中、南堡、曹妃甸海区的油气田,重点建设蓬莱、渤海油气田群;勘探开发赵东、马东东、新港滩海油气区;强化天津港的集装箱干线港地位,继续建设黄骅港、京唐港;继续发展海水淡化和综合利用产业,天津要建成海水淡化利用示范市。调整区内海盐生产能力,发展海洋化工产业。

5. 山东半岛海洋经济区:本区西起烟台市虎头崖,南至鲁苏交界的绣针河口,为基岩海岸,岸线长3 000公里,滩涂面积约2 400平方公里。优势海洋资源是渔业资源、旅游资源和港口资源。海洋开发基础好,海洋经济比较发达。主要发展方向为:发展海水养殖业和远洋捕捞业,搞好水产品精加工;强化青岛集装箱干线港的地位,提高烟台、日照等港口综合发展水平;以海洋综合科技为先导,大力发展海洋生物工程、海洋药物开发和海洋精细化工制品;开发建设以青岛、烟台、威海为重点的滨海及海岛特色旅游带;积极发展青岛等缺水城市的海水利用。

6. 苏东海洋经济区:本区北起绣针河口,南抵长江口,绝大部分为淤泥质海岸,岸线长954公里,滩涂面积约5 100平方公里。优势海洋资源是渔业资源、滩涂资源。南部、北部地区海洋开发程度较高。主要发展方向为:建设海珍品和鱼类养殖出口创汇基地；转变滩涂开发利用方式，发展特色水产品和经济作物；重点建设连云港主枢纽港，发挥新欧亚大陆桥桥头堡作用，开发南通港的外港区；结合沿海工业布局，积极引导海水利用；挖掘滨海旅游资源，形成独特的滨海旅游景区。

7. 长江口及浙江沿岸海洋经济区：本区北起长江口，南抵浙闽交界的沙埕湾，绝大部分为淤泥质海岸，岸线长 2 012 公里，滩涂面积约 3 300 平方公里。优势海洋资源是港口资源、旅游资源和渔业资源。长江口及杭州湾地区海洋开发基础好、程度高，是我国海洋经济发展最具潜力的地区之一。主要发展方向为：建设上海国际航运中心，加强宁波北仑深水港和杭州湾外港区建设；发展海洋油气和海洋化工深加工；优化资源配置、调整布局结构，发展海洋船舶工业，提高国际竞争力；完善杭州、宁波和舟山群岛旅游景区，建设浙北—上海海滨海岛旅游带；调整渔区经济结构，发展远洋捕捞，搞好浙南海水养殖基地建设；加强海水资源综合利用技术的研究与开发。

8. 闽东南海洋经济区：本区北起沙埕湾，南至漳州市诏安湾，主要为基岩海岸，岸线长 3 324 公里，滩涂面积约 1 500 平方公里。优势海洋资源是渔业资源、港口资源和旅游资源。海洋经济发展基础较好。主要发展方向为：调整海洋渔业结构，抓好海水养殖基地建设；强化厦门港集装箱干线港的建设，相应发展福州、泉州、漳州等港口；搞好厦门港、福州港的对台海运直航试点，为恢复对台直接通航做好准备；构筑海峡西岸有特色的滨海、海岛旅游带；加强海洋可再生能源、海洋生物工程技术的研究与发展。

9. 南海北部海洋经济区：本区东起诏安湾，西至湛江市尾角，以基岩海岸为主，岸线长 3 204 公里。优势海洋资源主要有港口资源、油气资源、旅游资源和渔业资源。珠江口周边地区海洋开发基础好、程度高，是我国海洋经济发展最具潜力的地区之一。主要发展方向为：逐步形成珠江三角洲港口集装箱运输体系，搞好区内港口的优化配置，发挥广州、汕头、湛江等区域性枢纽港作用；加大珠江口油气资源综合利用，发展海洋油气和海洋化工深加工；发展滨海、海岛休闲旅游和港、澳、粤大三角城市观光、购物旅游；鼓励发展外海捕捞，重点发展海湾养殖业。

10. 北部湾海洋经济区：本区东起湛江市尾角，西到防城港市北仑河口，海岸类型多样，海岸线长 1 547 公里。优势海洋资源是港口资源、渔业资源和油气资源。海洋经济处于发展阶段。主要发展方向为：优化港口布局，搞好防城港、北海港、钦州港资源配置；发展珍珠等特色海产品养殖；大力开发北部湾口的渔业资源;大力开发海洋生态旅游和跨境旅游,重点发展北海滨海度假旅游。

11.海南岛海洋经济区:本区海南岛本岛海岸线长 1 618 公里,滩涂面积约 490 平方公里。优势海洋资源是热带海洋生物资源、海岛及海洋旅游资源和油气资源。海洋经济基础较薄弱。主要发展方向为:发展海岛休闲度假旅游、热带风光旅游、海洋生态旅游;发展海洋天然气资源加工利用;完善海口、洋浦和八所港口功能,加强与内陆连接的运输能力;抓好苗种繁育和养殖基地建设,鼓励发展外海捕捞。

(二)海岛及邻近海域。

海岛是我国海洋经济发展中的特殊区域,在国防、权益和资源等方面有着很强的特殊性和重要性。海岛及邻近海域的资源优势主要是渔业、旅游、港址和海洋可再生能源。总体经济基础薄弱,生态系统脆弱。发展海岛经济要因岛制宜,建设与保护并重,军民兼顾与平战结合,实现经济发展、资源环境保护和国防安全的统一。

海岛及邻近海域的主要发展方向是:加大海岛和跨海基础设施建设力度,加强中心岛屿涵养水源和风能、潮汐能电站建设;调整海岛渔业结构和布局,重点发展深水养殖;发展海岛休闲、观光和生态特色旅游;推广海水淡化利用;建立各类海岛及邻近海域自然保护区。

(三)大陆架和专属经济区。

1.渔业区。黄海渔业资源严重衰退,要严格控制捕捞强度,加强对海洋鱼类产卵场、索饵场、越冬场和洄游区域的保护,扩大对虾和洄游性鱼类的增殖放流规模。东海主要渔业资源衰退,要加强对多种经济鱼、虾类索饵场和越冬场及部分种类的产卵场的资源保护,加强人工鱼礁投放,严格实施限额捕捞制度,逐步恢复渔业资源。南海渔业资源丰富,种类繁多,要控制捕捞强度,适当投放人工鱼礁,加快恢复渔业资源,继续开展渔业资源调查,增加可捕捞渔业资源。

2.油气区。黄海油气区要进一步调查勘探,努力发现商业性油气田。东海油气区要加大勘探工作力度,采用多种形式进行台西盆地和台西南盆地的勘探,稳步增加油气产量。南海油气区要加大珠江口盆地、琼东南盆地、北部湾盆地边际油田和莺歌海盆地的油气资源勘探力度,扩大勘探范围和程度,增加油气资源储备,重点开发建设北部湾油田、东方气田。要加强南部海域油气资源勘探,探索对外合作模式,维护我国南海南部海洋权益。

(四)国际海底区域。

加强国际海底区域资源勘探、研究与开发。持续开展深海勘查,大力发展深海技术,适时发展深海产业。圈定多金属结核靶区,开展富钴结壳等新型矿产的调查,兼顾国际海底区域其他资源的前期调查,加强生物基因技术的研究与开发。努力提高深海资源勘探和开发技术能力,维护我国在国际海底区域的权益。

五、海洋生态环境与资源保护

严格实施海洋功能区划制度,合理开发与保护海洋资源,防止海洋污染和生态破坏,促进海洋经济可持续发展。

（一）海洋污染防治。

严格控制陆源污染物排海,陆源污染物排放必须达标。逐步实施重点海域污染物排海总量控制制度。改善近岸海域环境质量,重点治理和保护河口、海湾和城市附近海域,继续保持未污染海域环境质量。加强入海江河的水环境治理,减少入海污染物。加快沿海大中城市、江河沿岸城市生活污水、垃圾处理和工业废水处理设施建设,提高污水处理率、垃圾处理率和脱磷、脱氮效率。限期整治和关闭污染严重的入海排污口、废物倾倒区。妥善处理生活垃圾和工业废渣,严格限制重金属、有毒物质和难降解污染物排放。临海企业要逐步推行全过程清洁生产。加强沿海地区面源污染控制,积极发展生态型种养殖。

加强海上污染源管理。提高船舶和港口防污设备的配备率,做到达标排放。海上石油生产及运输设施要配备防油污设备和器材,减少突发性污染事故。

开展重点海域污染治理。加强渤海综合整治和管理,加快渤海综合整治能力建设。开展大连湾、胶州湾、杭州湾和舟山海域等重点海域综合整治工作。

（二）海洋生态保护。

海洋生态保护重点是加强典型海洋生态系保护,修复近海重要生态功能区,建立和完善各具特色的海洋自然保护区,形成良性循环的海洋生态系统。

开展全国性海洋生态调查,重点开展红树林、珊瑚礁、海草床、河口、滨海湿地等特殊海洋生态系及其生物多样性的调查研究和保护。加强现有海洋自然保护区保护能力建设,提高管理水平,规划建设一批新的海洋自然保护区。

加强近海重要生态功能区的修复和治理,重点是渤海、舟山海域、闽南海域、南海北部浅海等生态环境的恢复与保护。建设一批海洋生态监测站。开展海洋生态保护及开发利用示范工程建设。

（三）海洋生物资源保护。

控制和压缩近海传统渔业资源捕捞强度,继续实行禁渔区、禁渔期和休渔制度,确保重点渔场不受破坏。加强重点渔场、江河出海口、海湾等海域水生资源繁育区的保护。投放保护性人工鱼礁,加强海珍品增殖礁建设,扩大放流品种和规模,增殖优质生物资源种类和数量。加强珍稀濒危物种保护区建设。

（四）海岸、河口和滩涂保护。

合理利用岸线资源。开展海岸调查评价,制定海岸利用和保护规划。深水岸线优先保证重要港口建设需要。对具有特色的海岸自然、人文景观要加强保护。保护红树林等护岸植被,严禁非法采砂,加强侵蚀岸段的治理和保护。

因地制宜,突出重点,进行河口综合整治。加强长江口、珠江口、钱塘江口等通海航道综合整治和生态环境保护;治理保护黄河口三角洲,相对稳定黄河流路,防治河口区潮灾和海岸侵蚀。

严格控制滩涂围垦和围填海。对围垦滩涂和围填海活动要科学论证,依法审批。严禁围垦沿海沼泽草地、芦苇湿地和红树林区。

六、发展海洋经济的主要措施

加快海洋经济的发展,要充分发挥市场配置资源的基础性作用,同时要制定相应政策,增加政府投入,采取必要措施。总的要求是,建立和完善涉海法律法规和管理体系,理顺海洋管理体制,加大海洋经济发展的投融资力度和技术支持力度,加强和完善政府功能,推动各项工作措施的落实。

（一）完善法律法规体系,加大执法力度,理顺海洋管理体制。

完善相关法律法规体系,抓紧制定和组织实施海域权属管理制度、海域有偿使用制度、海洋功能区划制度,完善海洋经济统计制度。加强海上执法队伍的建设、协调与统一。加大《中华人民共和国海域使用管理法》《中华人民共和国海洋环境保护法》《中华人民共和国海上交通安全法》《中华人民共和国矿产资源法》《中华人民共和国渔业法》等法律法规的执法力度。

理顺海洋管理体制,加强各级海洋行政管理机构建设,明确中央和地方、各有关部门在海洋管理中的工作职责,建立适应海洋经济发展要求的行政协调机制,维护海洋经济领域的市场秩序,改革和完善行政审批制度,为国内外企业进入海洋经济领域创造良好的投资环境。

（二）实施科技兴海,提高海洋产业竞争力。

各级人民政府对海洋科技能力建设的投入,要重点支持对海洋经济有重大带动作用的海洋生物、海洋油气勘探开发、海水利用、海洋监测、深海探测等技术的研究开发。提高海洋科技创新能力,力争在若干海洋科技领域有所突破。实施海洋人才战略,加快培养海洋科技和经营管理人才。

（三）拓宽投融资渠道,确立企业投资主体地位。

要拓宽海洋基础设施建设的投资、融资渠道,确立企业在发展海洋经济过程中的投资主体地位,发挥大型海洋产业企业集团参与国内外市场竞争的作用,努力提高重点海洋产业的国际竞争力。鼓励和支持国内外各类投资者依法平等参与海洋经济开发。

（四）发挥沿海地区自身优势,推动海洋经济发展。

沿海地区各级人民政府要把海洋经济作为重要的支柱产业加以培植,发挥各地区比较优势,打破行政分割和市场封锁,努力形成资源配置合理、各具特色的海洋经济区域。沿海各省、自治区、直辖市人民政府要按照国家海洋经济发展的总体要求,结合实际,抓紧制定和组织实施本地区海洋经济发展规划。

（五）加大海洋环境保护投入,保障海洋经济可持续发展。

重点加强污染源治理,加快建设沿海城市、江河沿岸城市污水和固体废弃物处理设施。完善海洋生态环境监测系统与评价体系。加强赤潮研究、监控和预报,建立赤潮监控区。鼓励非政府组织开展海洋生态环境保护活动。加强海洋环境保护的国际合作。

（六）加大扶持力度,促进海岛的建设和发展。

各级人民政府对海洋基础设施建设的投入,要重点支持海岛交通、电力、水利等项目建设;沿海地方各级人民政府要逐步提高对贫困海岛的财政转移支付力度;逐步扩大沿海岛屿对外开放领域,多渠道吸引资金参与海岛建设。

（七）提高海洋防灾减灾能力,完善海洋服务体系。

建设海洋立体观测预报网络系统,开展大范围、长时效、高精度预报服务,形成有效的监测、评价和预警能力,完善沿海防潮工程,减少风暴潮、巨浪等海洋灾害损失。努力发展海洋信息技术,建立海洋空间基础地理信息系统,大力推进海洋政务信息化工作。加强船舶安全管理,整顿、维护航行秩序,完善海上交通安全管理和应急救助系统,不断提高航海保障、海上救生和救助服务水平。

国务院关于加强滨海湿地保护严格
管控围填海的通知

（国发〔2018〕24号）

各省、自治区、直辖市人民政府，国务院各部委、各直属机构：

滨海湿地（含沿海滩涂、河口、浅海、红树林、珊瑚礁等）是近海生物重要栖息繁殖地和鸟类迁徙中转站，是珍贵的湿地资源，具有重要的生态功能。近年来，我国滨海湿地保护工作取得了一定成效，但由于长期以来的大规模围填海活动，滨海湿地大面积减少，自然岸线锐减，对海洋和陆地生态系统造成损害。为切实提高滨海湿地保护水平，严格管控围填海活动，现通知如下。

一、总体要求

（一）重大意义。进一步加强滨海湿地保护，严格管控围填海活动，有利于严守海洋生态保护红线，改善海洋生态环境，提升生物多样性水平，维护国家生态安全；有利于深化自然资源资产管理体制改革和机制创新，促进陆海统筹与综合管理，构建国土空间开发保护新格局，推动实施海洋强国战略；有利于树立保护优先理念，实现人与自然和谐共生，构建海洋生态环境治理体系，推进生态文明建设。

（二）指导思想。深入贯彻习近平新时代中国特色社会主义思想，深入贯彻党的十九大和十九届二中、三中全会精神，牢固树立绿水青山就是金山银山的理念，严格落实党中央、国务院决策部署，坚持生态优先、绿色发展，坚持最严格的生态环境保护制度，切实转变"向海索地"的工作思路，统筹陆海国土空间开发保护，实现海洋资源严格保护、有效修复、集约利用，为全面加强生态环境保护、建设美丽中国作出贡献。

二、严控新增围填海造地

（三）严控新增项目。完善围填海总量管控，取消围填海地方年度计划指标，除国家重大战略项目外，全面停止新增围填海项目审批。新增围填海项目要同步强化生态保护修复，边施工边修复，最大程度避免降低生态系统服务功能。未经批准或骗取批准的围填海项目，由相关部门严肃查处，责令恢复海域原状，依法从重处罚。

（四）严格审批程序。党中央、国务院、中央军委确定的国家重大战略项目涉及围填海的，由国家发展改革委、自然资源部按照严格管控、生态优先、节约集约的原则，会同有关部门提出选址、围填海规模、生态影响等审核意见，按程序报国务院审批。

省级人民政府为落实党中央、国务院、中央军委决策部署，提出的具有国家重大战略意义的围填海项目，由省级人民政府报国家发展改革委、自然资源部；国家发展改革委、自然资源部会同有关部门进行论证，出具围填海必要性、围填海规模、生态影响等审核意见，按程序报国务院审批。原则上，不再受理有关省级人民政府提出的涉及辽东湾、渤海湾、莱州湾、胶州湾等生态脆弱敏感、自净能力弱海域的围填海项目。

三、加快处理围填海历史遗留问题

（五）全面开展现状调查并制定处理方案。自然资源部要会同国家发展改革委等有关部门，充分利用卫星遥感等技术手段，在2018年底前完成全国围填海现状调查，掌握规划依据、审批状态、用海主体、用海面积、利用现状等，查明违法违规围填海和围而未填情况，并通报给有关省级人民政府。有关省级人民政府按照"生态优先、节约集约、分类施策、积极稳妥"的原则，结合2017年开展的围填海专项督察情况，确定围填海历史遗留问题清单，在2019年底前制定围填海历史遗留问题处理方案，提出年度处置目标，严格限制围填海用于房地产开发、低水平重复建设旅游休闲娱乐项目及污染海洋生态环境的项目。原则上不受理未完成历史遗留问题处理的省（自治区、直辖市）提出的新增围填海项目申请。

（六）妥善处置合法合规围填海项目。由省级人民政府负责组织有关地方人民政府根据围填海工程进展情况，监督指导海域使用权人进行妥善处置。已经完成围填海的，原则上应集约利用，进行必要的生态修复；在2017年底前批准而尚未完成围填海的，最大限度控制围填海面积，并进行必要的生态修复。

（七）依法处置违法违规围填海项目。由省级人民政府负责依法依规严肃查处,并组织有关地方人民政府开展生态评估,根据违法违规围填海现状和对海洋生态环境的影响程度,责成用海主体认真做好处置工作,进行生态损害赔偿和生态修复,对严重破坏海洋生态环境的坚决予以拆除,对海洋生态环境无重大影响的,要最大限度控制围填海面积,按有关规定限期整改。涉及军队建设项目违法违规围填海的,由中央军委机关有关部门会同有关地方人民政府依法依规严肃处理。

四、加强海洋生态保护修复

(八)严守生态保护红线。对已经划定的海洋生态保护红线实施最严格的保护和监管,全面清理非法占用红线区域的围填海项目,确保海洋生态保护红线面积不减少、大陆自然岸线保有率标准不降低、海岛现有砂质岸线长度不缩短。

(九)加强滨海湿地保护。全面强化现有沿海各类自然保护地的管理,选划建立一批海洋自然保护区、海洋特别保护区和湿地公园。将天津大港湿地、河北黄骅湿地、江苏如东湿地、福建东山湿地、广东大鹏湾湿地等亟须保护的重要滨海湿地和重要物种栖息地纳入保护范围。

(十)强化整治修复。制定滨海湿地生态损害鉴定评估、赔偿、修复等技术规范。坚持自然恢复为主、人工修复为辅,加大财政支持力度,积极推进"蓝色海湾""南红北柳""生态岛礁"等重大生态修复工程,支持通过退围还海、退养还滩、退耕还湿等方式,逐步修复已经破坏的滨海湿地。

五、建立长效机制

(十一)健全调查监测体系。统一湿地技术标准,结合第三次全国土地调查,对包括滨海湿地在内的全国湿地进行逐地块调查,对湿地保护、利用、权属、生态状况及功能等进行准确评价和分析,并建立动态监测系统,进一步加强围填海情况监测,及时掌握滨海湿地及自然岸线的动态变化。

(十二)严格用途管制。坚持陆海统筹,将滨海湿地保护纳入国土空间规划进行统一安排,加强国土空间用途管制,提高环境准入门槛,严格限制在生态脆弱敏感、自净能力弱的海域实施围填海行为,严禁国家产业政策淘汰类、限制类项目在滨海湿地布局,实现山水林田湖草整体保护、系统修复、综合治理。

(十三)加强围填海监督检查。自然资源部要将加快处理围填海历史遗留问题情况纳入督察重点事项,督促地方整改落实,加大督察问责力度,压实地方政府主体责任。抓好首轮围填海专项督察发现问题的整改工作,挂账督改,确保整改到位、问责到位。2018年下半年启动围填海专项督察"回头看"，确保国家严控围填海的政策落到实处，坚决遏制、严厉打击违法违规围填海行为。

六、加强组织保障

（十四）明确部门职责。国务院有关部门要提高对滨海湿地保护重要性的认识，强化围填海管控意识，明确分工，落实责任，加强沟通，形成管理合力。自然资源部要切实担负起保护修复与合理利用海洋资源的责任，会同国家发展改革委等有关部门，建立部省协调联动机制，统筹各方面力量，加大保护和管控力度，确保完成目标任务。

（十五）落实地方责任。各沿海省（自治区、直辖市）是加强滨海湿地保护、严格管控围填海的责任主体，政府主要负责人是本行政区域第一责任人，要切实加强组织领导，制定实施方案，细化分解目标任务，依法分类处置围填海历史遗留问题，加入海洋生态保护修复力度。

（十六）推动公众参与。要通过多种形式及时宣传报道相关政策措施和取得的成效，加强舆论引导和监督，及时回应公众关切，提升公众保护滨海湿地的意识，促进公众共同参与、共同保护，营造良好的社会环境。

中国涉海法律法规关键词表（上卷）

序号	关键词	频次	关键性系数
1	海洋	1 086.00	6 330.43
2	主管部门	852.00	5 282.47
3	船舶	767.00	4 727.16
4	应当	975.00	4 359.61
5	或者	1 021.00	4 108.61
6	海域	664.00	3 943.71
7	规定	856.00	3 416.33
8	国务院	557.00	2 538.70
9	人民政府	486.00	2 358.87
10	有关	698.00	2 279.20
11	测绘	377.00	2 250.95
12	港口	355.00	2 050.69
13	海上	350.00	2 008.74
14	野生动物	303.00	1 876.89
15	行政	498.00	1 854.11
16	管理机构	287.00	1 777.73
17	保护	460.00	1 564.64
18	海事	232.00	1 436.92
19	批准	332.00	1 421.39
20	本法	236.00	1 421.39
21	海岛	229.00	1 370.44
22	自然保护区	230.00	1 369.17
23	环境影响	220.00	1 362.57
24	以上	396.00	1 252.48
25	罚款	231.00	1 247.29
26	作业	305.00	1 245.75
27	中华人民共和国	277.00	1 194.38

续表

序号	关键词	频次	关键性系数
28	渔业	206.00	1 178.39
29	由	552.00	1 127.08
30	环境保护	181.00	1 120.95
31	污染	281.00	1 087.97
32	倾倒	183.00	1 061.52
33	其他	407.00	1 057.53
34	使用	374.00	1 052.62
35	违反	205.00	1 015.58
36	单位	370.00	1 000.02
37	设施	257.00	993.36
38	用海	156.00	966.08
39	依法	254.00	956.57
40	深海	155.00	930.44
41	海底	179.00	921.12
42	和	1 825.00	919.19
43	以下	264.00	904.93
44	资料	260.00	902.07
45	及其	223.00	892.31
46	海洋环境	144.00	891.75
47	县级	199.00	891.38
48	责令	158.00	887.69
49	管理	403.00	810.47
50	万元	124.00	767.87
51	按照	261.00	764.85
52	国家	481.00	763.68
53	依照	169.00	752.46
54	航标	118.00	730.71
55	直辖市	157.00	729.48
56	不得	200.00	728.16
57	国家海洋局	117.00	724.51
58	活动	397.00	707.34

续表

序号	关键词	频次	关键性系数
59	审批	157.00	687.21
60	许可证	129.00	687.14
61	自治区	160.00	686.49
62	电缆	119.00	683.48
63	管道	120.00	663.78
64	建设项目	107.00	662.58
65	下列	148.00	660.47
66	部门	310.00	652.00
67	货物	125.00	631.02
68	经营	228.00	628.65
69	事故	165.00	627.52
70	捕捞	102.00	620.45
71	矿产资源	100.00	619.23
72	条例	146.00	617.79
73	开发利用	98.00	606.84
74	渔业资源	98.00	606.84
75	汇交	97.00	600.65
76	违法	150.00	599.92
77	领海	104.00	587.10
78	损害	132.00	582.25
79	水域	104.00	572.47
80	监督管理	92.00	569.68
81	开发	215.00	560.44
82	从事	165.00	557.25
83	勘探	125.00	555.31
84	重点保护	88.00	544.91
85	船员	96.00	543.94
86	进行	390.00	543.09
87	申请	167.00	541.36
88	再生能源	87.00	538.71
89	报告书	87.00	538.71

序号	关键词	频次	关键性系数
90	废弃物	90.00	524.58
91	南极	95.00	518.62
92	并处	83.00	513.94
93	养殖	89.00	506.90
94	区划	117.00	505.46
95	给予	160.00	503.09
96	海洋工程	81.00	501.56
97	地理信息	80.00	495.36
98	水生	84.00	487.96
99	填海	78.00	482.98
100	科学研究	78.00	482.98
101	之日起	77.00	476.79
102	沿海	110.00	476.20
103	本	263.00	467.89
104	利用	220.00	466.94
105	航行	85.00	463.32
106	海区	76.00	460.01
107	所有人	74.00	458.21
108	交通安全	73.00	452.01
109	证书	97.00	451.19
110	造成	185.00	450.62
111	规划	184.00	450.07
112	负责	172.00	449.62
113	禁止	103.00	438.67
114	使用权	90.00	427.81
115	污染物	96.00	426.46
116	防治	95.00	425.56
117	法规	132.00	421.40
118	改正	84.00	420.16
119	实施	195.00	416.20
120	前款	67.00	414.86

续表

序号	关键词	频次	关键性系数
121	责任人员	67.00	414.86
122	调查	189.00	413.26
123	备案	89.00	411.72
124	资源	209.00	411.66
125	管辖	92.00	411.44
126	机关	157.00	408.27
127	建设	309.00	407.97
128	制定	155.00	402.41
129	编制	96.00	397.67
130	行政处罚	64.00	396.28
131	刑事责任	63.00	390.09
132	检验	99.00	383.67
133	评价	133.00	373.72
134	限期	69.00	372.29
135	没收	71.00	372.15
136	功能	163.00	371.26
137	国家有关	58.00	359.13
138	依法追究	57.00	352.93
139	构成犯罪	57.00	352.93
140	滨海	59.00	347.90
141	环境污染	56.00	346.74
142	海水	80.00	346.30
143	报告	146.00	342.73
144	检查	128.00	341.62
145	排放	94.00	340.85
146	区域	128.00	340.08
147	开采	72.00	337.42
148	监督	128.00	337.05
149	所得	79.00	336.81
150	会同	74.00	336.02
151	未	174.00	335.00

续表

序号	关键词	频次	关键性系数
152	情节严重	54.00	334.36
153	运输	92.00	323.11
154	有权	52.00	321.97
155	安全	171.00	311.55
156	项目	160.00	310.20
157	许可	69.00	308.56
158	根据	178.00	308.52
159	措施	149.00	307.21
160	海岸	58.00	307.09
161	交通	117.00	304.43
162	主管机关	49.00	303.39
163	并	399.00	302.24
164	生态环境	48.00	297.20
165	当事人	76.00	295.83
166	载运	52.00	293.52
167	装卸	51.00	292.88
168	相关	144.00	292.27
169	法律	145.00	288.29
170	搜救	46.00	284.82
171	海洋资源	46.00	284.82
172	违法行为	46.00	284.82
173	溢油	45.00	278.63
174	经	161.00	278.15
175	保护区	51.00	277.97
176	公布	86.00	277.16
177	二	249.00	273.45
178	生态系统	44.00	272.43
179	符合	118.00	270.93
180	经营者	58.00	269.58
181	湿地	48.00	269.37
182	勘查	53.00	267.09

序号	关键词	频次	关键性系数
183	交通运输	43.00	266.24
184	第五条	43.00	266.24
185	处罚	74.00	262.50
186	赔偿	59.00	256.44
187	擅自	54.00	255.05
188	第九条	41.00	253.86
189	第二条	41.00	253.86
190	第六条	41.00	253.86
191	第四条	41.00	253.86
192	应急	88.00	252.87
193	予以	79.00	250.62
194	第	78.00	249.26
195	第七条	40.00	247.67
196	第十一条	40.00	247.67
197	未经	54.00	244.94
198	吊销	43.00	244.34
199	遵守	61.00	242.33
200	本区	39.00	241.47
201	第八条	39.00	241.47
202	第十三条	39.00	241.47
203	第十条	39.00	241.47
204	水下	46.00	240.25
205	航道	43.00	239.25
206	毗邻	47.00	238.99
207	办法	123.00	237.24
208	核准	52.00	236.31
209	第十二条	38.00	235.28
210	第十五条	38.00	235.28
211	采取	118.00	233.58
212	划定	51.00	233.21
213	以及	181.00	232.08

序号	关键词	频次	关键性系数
214	施行	50.00	230.13
215	第三条	37.00	229.09
216	第十四条	37.00	229.09
217	处分	59.00	228.79
218	业务	101.00	227.26
219	及时	103.00	225.42
220	油气	47.00	223.79
221	五万元	36.00	222.90
222	功能区	36.00	222.90
223	采取有效	36.00	222.90
224	铺设	43.00	219.16
225	设置	69.00	218.98
226	猎捕	35.00	216.71
227	第二十条	35.00	216.71
228	第十六条	35.00	216.71
229	适任	35.00	216.71
230	个人	138.00	214.73
231	登记	76.00	210.54
232	主管人员	34.00	210.51
233	按规定	34.00	210.51
234	海上运输	34.00	210.51
235	第一条	34.00	210.51
236	第十七条	34.00	210.51
237	生态	92.00	209.80
238	破坏	75.00	209.66
239	国际	192.00	209.17
240	向	286.00	204.39
241	海洋生物	33.00	204.32
242	第二十三条	33.00	204.32
243	第二十二条	33.00	204.32
244	第二十四条	33.00	204.32

序号	关键词	频次	关键性系数
245	第十八条	33.00	204.32
246	地方	174.00	201.58
247	确定	97.00	201.21
248	执行	93.00	200.84
249	内	198.00	199.46
250	拆除	42.00	198.36
251	具体办法	32.00	198.13
252	勘界	32.00	198.13
253	本行政区域	32.00	198.13
254	法律法规	32.00	198.13
255	第二十一条	32.00	198.13
256	第十九条	32.00	198.13
257	船长	42.00	193.21
258	及	190.00	192.70
259	工作人员	31.00	191.94
260	省级	55.00	191.86
261	等	424.00	191.09
262	月	147.00	186.81
263	旅游区	30.00	185.75
264	日起	30.00	185.75
265	矿山企业	30.00	185.75
266	第二十八条	30.00	185.75
267	行为	138.00	185.32
268	申请人	40.00	184.60
269	养护	42.00	181.79
270	处理	129.00	181.44
271	相应	81.00	179.63
272	专属经济区	29.00	179.55
273	技术规范	29.00	179.55
274	第二十七条	29.00	179.55
275	资质证书	29.00	179.55

序号	关键词	频次	关键性系数
276	组织	182.00	179.50
277	加强	151.00	177.71
278	本级	30.00	177.00
279	停止	62.00	175.84
280	重点	115.00	175.03
281	审查	58.00	174.83
282	直接	115.00	174.69
283	法律责任	28.00	173.36
284	由省	28.00	173.36
285	第二十五条	28.00	173.36
286	报	94.00	172.86
287	签发	29.00	170.88
288	承担	70.00	170.10
289	授权	39.00	169.87
290	职责	56.00	169.87
291	平台	62.00	167.62
292	滩涂	31.00	167.43
293	捕捉	36.00	167.40
294	养殖区	27.00	167.17
295	岸线	27.00	167.17
296	听证	35.00	167.12
297	适用	57.00	165.84
298	繁育	28.00	164.76
299	区	106.00	163.08
300	逾期	33.00	161.51
301	危害性	30.00	161.49
302	外国籍	26.00	160.98
303	第一款	26.00	160.98
304	第三十一条	26.00	160.98
305	包括	126.00	160.31
306	查验	31.00	159.69

序号	关键词	频次	关键性系数
307	围	58.00	159.02
308	承运	27.00	158.63
309	机构	113.00	158.20
310	所有者	36.00	155.82
311	极地	29.00	155.55
312	全国人民代表大会常务委员会	25.00	154.79
313	第三十二条	25.00	154.79
314	第二十九条	25.00	154.79
315	第二十六条	25.00	154.79
316	第二款	25.00	154.79
317	第二章	25.00	154.79
318	路由	25.00	154.79
319	采矿	30.00	153.86
320	专用	41.00	153.69
321	范围	88.00	152.65
322	办理	62.00	151.00
323	制品	48.00	150.15
324	处置	42.00	150.12
325	中国籍	24.00	148.60
326	内水	24.00	148.60
327	工作日内	24.00	148.60
328	渔政	24.00	148.60
329	第三十条	24.00	148.60
330	运价	24.00	148.60
331	矿区	30.00	147.37
332	码头	40.00	147.27
333	除外	33.00	143.90
334	一万元	23.00	142.40
335	无船	23.00	142.40
336	河口	23.00	142.40
337	港口区	23.00	142.40

序号	关键词	频次	关键性系数
338	确需	23.00	142.40
339	第一章	23.00	142.40
340	第三十三条	23.00	142.40
341	第三章	23.00	142.40
342	第五章	23.00	142.40
343	第四章	23.00	142.40
344	人工	46.00	142.21
345	增殖	29.00	138.78
346	入海	22.00	136.21
347	引航	22.00	136.21
348	暂扣	22.00	136.21
349	班轮	22.00	136.21
350	第三十五条	22.00	136.21
351	第三十四条	22.00	136.21
352	过驳	22.00	136.21
353	采取措施	22.00	136.21
354	行使	36.00	134.73
355	日内	23.00	134.18
356	预案	29.00	133.52
357	责任	87.00	133.46
358	颁发	32.00	132.54
359	基础	140.00	131.06
360	必须	148.00	130.88
361	费用	56.00	130.57
362	处以	27.00	130.28
363	集装箱	24.00	130.04
364	十万元	21.00	130.02
365	第三十七条	21.00	130.02
366	旅游	97.00	129.26
367	文件	62.00	128.19
368	征求	34.00	126.26

序号	关键词	频次	关键性系数
369	标志	55.00	125.60
370	提供	114.00	124.11
371	含油	20.00	123.83
372	按本	20.00	123.83
373	提出申请	20.00	123.83
374	栖息地	20.00	123.83
375	第三十九条	20.00	123.83
376	指定	42.00	122.72
377	附则	22.00	122.63
378	停泊	27.00	122.46
379	交通事故	21.00	121.98
380	岛屿	26.00	121.91
381	基线	25.00	121.81
382	配备	33.00	121.31
383	对	600.00	121.20
384	防止	56.00	120.66
385	持有	34.00	119.39
386	污水	32.00	119.26
387	成果	73.00	119.21
388	情形	46.00	119.11
389	三万元	19.00	117.64
390	严格控制	19.00	117.64
391	承包者	19.00	117.64
392	损害赔偿	19.00	117.64
393	第六章	19.00	117.64
394	防污	19.00	117.64
395	行政处分	21.00	116.62
396	作出	80.00	116.51
397	警告	32.00	116.40
398	居民	67.00	115.32
399	接收	34.00	114.44

续表

序号	关键词	频次	关键性系数
400	海岸线	22.00	114.26
401	文物	37.00	114.05
402	不予	30.00	113.78
403	省	94.00	112.79
404	保障	84.00	112.48
405	濒危	21.00	112.21
406	保管	27.00	111.89
407	进出	31.00	111.51
408	专项规划	18.00	111.45
409	内海	18.00	111.45
410	总体规划	18.00	111.45
411	检查人员	18.00	111.45
412	系指	18.00	111.45
413	降级	18.00	111.45
414	提交	37.00	111.13
415	危害	39.00	109.89
416	油类	19.00	109.79
417	港	37.00	109.26
418	测量	42.00	108.88
419	取得	97.00	108.51
420	导航	21.00	108.41
421	监测	44.00	108.36
422	永久性	23.00	107.74
423	航空器	23.00	107.74
424	湾	34.00	106.70
425	自然资源	34.00	106.70
426	意见	78.00	106.51
427	物种	32.00	106.26
428	外国	47.00	105.93
429	中华人民共和国政府	17.00	105.25
430	人处	17.00	105.25

序号	关键词	频次	关键性系数
431	作业区	17.00	105.25
432	地质矿产	17.00	105.25
433	工程建设	17.00	105.25
434	第三十六条	17.00	105.25
435	第四十一条	17.00	105.25
436	第四十二条	17.00	105.25
437	第四十条	17.00	105.25
438	管理工作	17.00	105.25
439	红树林	17.00	105.25
440	特许	21.00	105.03
441	航运	27.00	104.91
442	缴纳	33.00	104.26
443	清除	30.00	104.07
444	维护	61.00	103.64
445	之一	77.00	103.47
446	缔结	20.00	102.57
447	用途	28.00	102.37
448	基准	22.00	102.16
449	危险	53.00	101.61
450	陆地	26.00	101.45
451	大陆架	33.00	101.21
452	总则	23.00	100.62
453	水上	22.00	99.69
454	二十万元	16.00	99.06
455	合法权益	16.00	99.06
456	撤职处分	16.00	99.06
457	有害物质	16.00	99.06
458	沿海地区	16.00	99.06
459	港区	16.00	99.06
460	第四十三条	16.00	99.06
461	第四十四条	16.00	99.06

续表

序号	关键词	频次	关键性系数
462	综合利用	16.00	99.06
463	苗种	16.00	99.06
464	记大过	16.00	99.06
465	资质等级	16.00	99.06
466	非法	34.00	98.10
467	数据	94.00	98.06
468	基点	17.00	97.62
469	施工	43.00	97.58
470	其	220.00	97.54
471	需要	163.00	94.73
472	管理权	18.00	94.50
473	样品	21.00	94.20
474	条约	26.00	93.97
475	油污	28.00	93.41
476	实行	66.00	93.17
477	并报	15.00	92.87
478	检验证书	15.00	92.87
479	油气区	15.00	92.87
480	涉海	15.00	92.87
481	渔业生产	15.00	92.87
482	疏浚	15.00	92.87
483	第三十八条	15.00	92.87
484	第四十七条	15.00	92.87
485	驯养	16.00	91.55
486	妨碍	23.00	91.08
487	海滨	18.00	90.95
488	军用	21.00	89.86
489	委托	38.00	89.15
490	送达	21.00	87.87
491	燃油	18.00	87.82
492	工程	99.00	87.82

序号	关键词	频次	关键性系数
493	所在地	29.00	87.41
494	拆解	16.00	86.69
495	二倍	14.00	86.68
496	五十万元	14.00	86.68
497	围海	14.00	86.68
498	基础设施	14.00	86.68
499	报经	14.00	86.68
500	提单	14.00	86.68
501	渔具	14.00	86.68
502	相适应	14.00	86.68
503	石油勘探	14.00	86.68
504	管理制度	14.00	86.68
505	记录簿	14.00	86.68
506	设区	14.00	86.68
507	锚地	14.00	86.68
508	陆源	14.00	86.68
509	建立	107.00	86.50
510	繁殖	21.00	85.99
511	单证	15.00	85.48
512	弃置	15.00	85.48
513	水产	18.00	85.01
514	审核	42.00	84.73
515	资质	22.00	84.36
516	人民法院	26.00	84.16
517	如实	22.00	82.83
518	情况	136.00	82.79
519	矿产	22.00	81.35
520	方可	19.00	81.20
521	一倍	13.00	80.49
522	书面通知	13.00	80.49
523	倾废	13.00	80.49

续表

序号	关键词	频次	关键性系数
524	第四十八条	13.00	80.49
525	排污费	13.00	80.49
526	洄游	13.00	80.49
527	环境质量	13.00	80.49
528	监察机关	13.00	80.49
529	符合国家	13.00	80.49
530	第七章	13.00	80.49
531	第四十九条	13.00	80.49
532	经济损失	13.00	80.49
533	财政部门	13.00	80.49
534	辅助性	13.00	80.49
535	近岸	13.00	80.49
536	可以	248.00	80.30
537	日	86.00	80.26
538	合理	59.00	79.90
539	区内	14.00	79.42
540	渔港	16.00	79.42
541	简称	30.00	78.93
542	发布	43.00	78.77
543	监视	24.00	78.28
544	周边	25.00	77.52
545	任何	85.00	77.48
546	器材	20.00	77.41
547	泥浆	22.00	77.25
548	履行	36.00	77.09
549	副本	15.00	76.93
550	渤海	17.00	76.93
551	修订	22.00	75.98
552	组织者	18.00	75.87
553	行政区域	19.00	75.61
554	更新	29.00	74.89

序号	关键词	频次	关键性系数
555	手续	33.00	74.64
556	三个	12.00	74.30
557	保护期	12.00	74.30
558	另有	12.00	74.30
559	国家文物局	12.00	74.30
560	国防建设	12.00	74.30
561	工商行政	12.00	74.30
562	建立健全	12.00	74.30
563	开航	12.00	74.30
564	技术标准	12.00	74.30
565	派出机构	12.00	74.30
566	海洋渔业	12.00	74.30
567	滥用职权	12.00	74.30
568	珊瑚礁	12.00	74.30
569	申请材料	12.00	74.30
570	第三款	12.00	74.30
571	第五十一条	12.00	74.30
572	第五十三条	12.00	74.30
573	较重	12.00	74.30
574	采矿权	12.00	74.30
575	一百一十	13.00	73.38
576	玩忽职守	13.00	73.38
577	第四十五条	13.00	73.38
578	长江口	13.00	73.38
579	黄海	13.00	73.38
580	证	35.00	72.47
581	限额	19.00	72.36
582	情节	28.00	72.34
583	监察	18.00	72.18
584	处	91.00	71.45
585	进出口	22.00	71.29

序号	关键词	频次	关键性系数
586	检疫	14.00	71.11
587	海运	14.00	71.11
588	同意	48.00	69.38
589	书面	24.00	69.35
590	公告	20.00	68.96
591	养殖业	13.00	68.89
592	设备	52.00	68.83
593	涉外	15.00	68.30
594	第一条	11.00	68.10
595	中外合作	11.00	68.10
596	保护措施	11.00	68.10
597	公安机关	11.00	68.10
598	大力发展	11.00	68.10
599	必要措施	11.00	68.10
600	报原	11.00	68.10
601	核心区	11.00	68.10
602	毗连区	11.00	68.10
603	民事责任	11.00	68.10
604	水基	11.00	68.10
605	治安管理	11.00	68.10
606	盐田区	11.00	68.10
607	移动式	11.00	68.10
608	第五十五条	11.00	68.10
609	违反规定	11.00	68.10
610	决定	89.00	67.99
611	公顷	14.00	67.98
612	依据	47.00	67.82
613	本条	12.00	67.34
614	种群	12.00	67.34
615	较大	12.00	67.34
616	人员	94.00	67.24

续表

序号	关键词	频次	关键性系数
617	文书	22.00	67.14
618	打捞	15.00	66.00
619	定期	26.00	65.78
620	优先	25.00	65.40
621	核发	14.00	65.24
622	地图	25.00	64.66
623	界线	15.00	63.89
624	目录	19.00	63.06
625	第五十条	12.00	63.00
626	四	127.00	62.78
627	面积	35.00	62.65
628	种类	26.00	62.40
629	水产品	13.00	62.31
630	保密	20.00	62.22
631	应	143.00	62.04
632	权限	19.00	61.92
633	一批	10.00	61.91
634	五千元	10.00	61.91
635	发证	10.00	61.91
636	指为	10.00	61.91
637	排污口	10.00	61.91
638	探矿权	10.00	61.91
639	渔获	10.00	61.91
640	环境监测	10.00	61.91
641	理货	10.00	61.91
642	生物资源	10.00	61.91
643	私分	10.00	61.91
644	第五十四条	10.00	61.91
645	紧急情况	10.00	61.91
646	附送	10.00	61.91
647	非国家	10.00	61.91

序号	关键词	频次	关键性系数
648	所属	21.00	61.81
649	列岛	11.00	61.31
650	浅海	11.00	61.31
651	第五十二条	11.00	61.31
652	以外	31.00	61.09
653	记录	38.00	61.00
654	同级	19.00	60.83
655	救助	19.00	60.83
656	布局	24.00	60.67
657	报送	21.00	60.02
658	招标	13.00	59.68
659	深水	13.00	59.68
660	第四十六条	12.00	59.56
661	遇险	12.00	59.56
662	通报	24.00	59.29
663	严格	43.00	59.12
664	评估	30.00	59.12
665	特殊	49.00	58.49
666	危及	17.00	58.43
667	免除	13.00	57.34
668	国籍	13.00	57.34
669	三年	11.00	57.13
670	协议	31.00	56.95
671	三类	12.00	56.67
672	钻井	12.00	56.67
673	开展	73.00	56.51
674	效能	18.00	56.30
675	协调	50.00	56.22
676	告知	19.00	55.88
677	移动	26.00	55.86
678	三十万元	9.00	55.72

序号	关键词	频次	关键性系数
679	供受	9.00	55.72
680	合理布局	9.00	55.72
681	实施办法	9.00	55.72
682	排海	9.00	55.72
683	期限内	9.00	55.72
684	构筑物	9.00	55.72
685	检局	9.00	55.72
686	油剂	9.00	55.72
687	爆破作业	9.00	55.72
688	生息繁衍	9.00	55.72
689	省际	9.00	55.72
690	突发事件	9.00	55.72
691	第五十七条	9.00	55.72
692	第五十八条	9.00	55.72
693	第五十六条	9.00	55.72
694	考察站	9.00	55.72
695	航物	9.00	55.72
696	补救措施	9.00	55.72
697	选划	9.00	55.72
698	采取相应	9.00	55.72
699	徇私舞弊	10.00	55.30
700	近海	10.00	55.30
701	珍稀	13.00	55.24
702	收到	31.00	55.23
703	修正	17.00	54.94
704	合格	24.00	54.82
705	国防	24.00	54.82
706	名录	20.00	54.16
707	南海	12.00	54.16
708	外方	12.00	54.16
709	勘测	11.00	53.83

续表

序号	关键词	频次	关键性系数
710	通航	11.00	53.83
711	证件	16.00	53.71
712	发生	94.00	53.48
713	一级	20.00	53.38
714	受理	21.00	53.00
715	收取	17.00	52.83
716	审定	15.00	52.67
717	有毒	16.00	52.56
718	标准	74.00	52.35
719	第三者	14.00	51.90
720	附件	17.00	51.84
721	出具	13.00	51.55
722	报批	10.00	51.28
723	盖章	10.00	51.28
724	自	89.00	51.25
725	记过	11.00	51.08
726	要求	119.00	50.75
727	保证	52.00	50.59
728	建筑物	14.00	50.49
729	接到	26.00	50.28
730	鼓励	42.00	50.02
731	三千元	8.00	49.53
732	严格执行	8.00	49.53
733	严重后果	8.00	49.53
734	五倍	8.00	49.53
735	公共利益	8.00	49.53
736	公平竞争	8.00	49.53
737	六个月	8.00	49.53
738	军事设施	8.00	49.53
739	十二个	8.00	49.53
740	原则上	8.00	49.53

续表

序号	关键词	频次	关键性系数
741	处二	8.00	49.53
742	征求意见	8.00	49.53
743	托运人	8.00	49.53
744	执行公务	8.00	49.53
745	残油	8.00	49.53
746	水质标准	8.00	49.53
747	测制	8.00	49.53
748	海洋污染	8.00	49.53
749	海洋能	8.00	49.53
750	渤中	8.00	49.53
751	港务监督	8.00	49.53
752	湄州	8.00	49.53
753	禁渔区	8.00	49.53
754	禁渔期	8.00	49.53
755	禁猎	8.00	49.53
756	科学论证	8.00	49.53
757	第十二届	8.00	49.53
758	管控	8.00	49.53
759	管理人员	8.00	49.53
760	统一规划	8.00	49.53
761	违法违纪	8.00	49.53
762	珠江口	9.00	49.31
763	国土资源部	11.00	48.69
764	核定	11.00	48.69
765	建造	19.00	48.59
766	开除	13.00	48.40
767	标识	16.00	48.39
768	谎报	10.00	48.15
769	状况	41.00	48.01
770	验收	15.00	47.97
771	必要	45.00	47.91

序号	关键词	频次	关键性系数
772	总量	21.00	47.82
773	重大	63.00	47.58
774	采集	18.00	47.51
775	条件	85.00	47.27
776	指	82.00	46.96
777	场所	23.00	46.80
778	出售	21.00	46.65
779	东海	11.00	46.59
780	市级	11.00	46.59
781	获取	25.00	46.48
782	防护	12.00	46.45
783	国家级	15.00	45.91
784	焚烧	13.00	45.65
785	案件	34.00	45.54
786	放射性	10.00	45.53
787	散装	10.00	45.53
788	海床	9.00	45.48
789	补办	9.00	45.48
790	查处	18.00	45.33
791	超过	47.00	45.15
792	涉及	38.00	44.78
793	转让	26.00	44.64
794	天然气	14.00	44.49
795	论证	17.00	44.21
796	乘客	16.00	43.97
797	上级	19.00	43.95
798	损失	29.00	43.45
799	中国海	8.00	43.34
800	任免	8.00	43.34
801	无线电台	8.00	43.34
802	中华人民共和国国务院	7.00	43.34

序号	关键词	频次	关键性系数
803	书面报告	7.00	43.34
804	二千元	7.00	43.34
805	五份	7.00	43.34
806	交通管制	7.00	43.34
807	修造	7.00	43.34
808	十倍	7.00	43.34
809	原始数据	7.00	43.34
810	围垦	7.00	43.34
811	地理信息系统	7.00	43.34
812	平面坐标	7.00	43.34
813	年度计划	7.00	43.34
814	恢复原状	7.00	43.34
815	技术人员	7.00	43.34
816	操作规程	7.00	43.34
817	支柱产业	7.00	43.34
818	放射性物质	7.00	43.34
819	期内	7.00	43.34
820	海况	7.00	43.34
821	海洋权益	7.00	43.34
822	渡运	7.00	43.34
823	猎获物	7.00	43.34
824	现予	7.00	43.34
825	生存环境	7.00	43.34
826	第一百五十条	7.00	43.34
827	第二次	7.00	43.34
828	第八章	7.00	43.34
829	管理体制	7.00	43.34
830	船舶工业	7.00	43.34
831	西沙群岛	7.00	43.34
832	质量标准	7.00	43.34
833	连岛	7.00	43.34

序号	关键词	频次	关键性系数
834	采挖	7.00	43.34
835	钻屑	7.00	43.34
836	附具	7.00	43.34
837	陆域	7.00	43.34
838	报请	10.00	43.28
839	终止	13.00	43.20
840	通知	34.00	42.97
841	电价	13.00	42.08
842	各级	43.00	41.96
843	整治	20.00	41.93
844	执法	24.00	41.55
845	科学技术	37.00	41.54
846	交付	11.00	41.41
847	保全	11.00	41.41
848	自然环境	10.00	41.30
849	生产	92.00	40.85
850	设立	27.00	40.67
851	国民经济	28.00	40.57
852	中央军事委员会	9.00	40.04
853	地貌	9.00	40.04
854	纳入	23.00	40.00
855	渡口	8.00	39.71
856	调查组	8.00	39.71
857	不服	10.00	39.53
858	拒	16.00	39.52
859	程序	39.00	39.43
860	规章	15.00	39.09
861	全国	92.00	38.13
862	数量	34.00	38.06
863	减轻	20.00	38.00
864	相邻	10.00	37.92

序号	关键词	频次	关键性系数
865	三	188.00	37.79
866	地点	21.00	37.76
867	分局	15.00	37.65
868	须	28.00	37.48
869	向海	7.00	37.40
870	权属	7.00	37.40
871	矿种	7.00	37.40
872	基地	24.00	37.39
873	强制性	11.00	37.37
874	移送	11.00	37.37
875	公众	22.00	37.25
876	事业单位	6.00	37.15
877	产卵场	6.00	37.15
878	人财物	6.00	37.15
879	亿元	6.00	37.15
880	停业整顿	6.00	37.15
881	六十天	6.00	37.15
882	分级管理	6.00	37.15
883	助航	6.00	37.15
884	危险废物	6.00	37.15
885	县际	6.00	37.15
886	司法机关	6.00	37.15
887	向省	6.00	37.15
888	含油量	6.00	37.15
889	图件	6.00	37.15
890	多万公顷	6.00	37.15
891	定线	6.00	37.15
892	宣传教育	6.00	37.15
893	岸滩	6.00	37.15
894	报省	6.00	37.15
895	持久性	6.00	37.15

序号	关键词	频次	关键性系数
896	捕捞业	6.00	37.15
897	接收单位	6.00	37.15
898	收件	6.00	37.15
899	放流	6.00	37.15
900	文物保护	6.00	37.15
901	未作	6.00	37.15
902	未办理	6.00	37.15
903	杭州湾	6.00	37.15
904	油基	6.00	37.15
905	环境保护部	6.00	37.15
906	矿产品	6.00	37.15
907	科学考察	6.00	37.15
908	第一次	6.00	37.15
909	第九届全国人民代表大会常务委员会	6.00	37.15
910	第五十九条	6.00	37.15
911	经济社会	6.00	37.15
912	经省	6.00	37.15
913	续期	6.00	37.15
914	自然景观	6.00	37.15
915	航空摄影	6.00	37.15
916	船位	6.00	37.15
917	负责管理	6.00	37.15
918	赔偿损失	6.00	37.15
919	赤潮	6.00	37.15
920	遗留问题	6.00	37.15
921	非军事	6.00	37.15
922	非生物	6.00	37.15
923	靠泊	6.00	37.15
924	预防措施	6.00	37.15
925	底土	8.00	36.92
926	笔录	8.00	36.92

序号	关键词	频次	关键性系数
927	载重	8.00	36.92
928	原则	55.00	36.65
929	代理人	14.00	36.53
930	受害	10.00	36.46
931	损毁	10.00	36.46
932	清单	9.00	36.09
933	群岛	9.00	36.09
934	险情	9.00	36.09
935	伪造	13.00	35.53
936	协商	21.00	35.31
937	淡化	11.00	35.10
938	邻近	11.00	35.10
939	具备	31.00	35.07
940	事先	17.00	34.99
941	修改	21.00	34.92
942	临时性	8.00	34.62
943	决定书	8.00	34.62
944	控告	8.00	34.62
945	检举	8.00	34.62
946	缓冲区	8.00	34.62
947	采油	8.00	34.62
948	公务	9.00	34.44
949	过失	9.00	34.44
950	保存	20.00	34.15
951	一类	7.00	33.99
952	三十日	7.00	33.99
953	种质	7.00	33.99
954	起诉	13.00	33.98
955	草案	15.00	33.82
956	期限	17.00	33.50
957	证据	21.00	33.43

序号	关键词	频次	关键性系数
958	撤销	13.00	33.25
959	境外	14.00	33.11
960	持续	36.00	33.10
961	属于	39.00	33.07
962	航线	9.00	32.95
963	狩猎	10.00	32.71
964	内向	8.00	32.67
965	标本	8.00	32.67
966	植被	8.00	32.67
967	热力	8.00	32.67
968	约定	14.00	31.88
969	紧急	19.00	31.82
970	侵占	10.00	31.62
971	期满	10.00	31.62
972	就近	9.00	31.60
973	弄虚作假	9.00	31.60
974	两个	6.00	31.50
975	海南岛	6.00	31.50
976	禁用	6.00	31.50
977	管理处	6.00	31.50
978	载明	6.00	31.50
979	石油	25.00	31.47
980	沉没	7.00	31.40
981	防灾	7.00	31.40
982	损坏	11.00	31.28
983	军事	36.00	31.19
984	渔场	8.00	30.96
985	一千元	5.00	30.96
986	第七条	5.00	30.96
987	严重破坏	5.00	30.96
988	五年	5.00	30.96

续表

序号	关键词	频次	关键性系数
989	交通运输业	5.00	30.96
990	全民所有	5.00	30.96
991	公共服务	5.00	30.96
992	第六条	5.00	30.96
993	具体实施	5.00	30.96
994	具体情况	5.00	30.96
995	分类管理	5.00	30.96
996	第十五条	5.00	30.96
997	南沙群岛	5.00	30.96
998	变造	5.00	30.96
999	商业秘密	5.00	30.96
1000	回证	5.00	30.96
1001	国家一级	5.00	30.96
1002	土地利用	5.00	30.96
1003	处理结果	5.00	30.96
1004	大港	5.00	30.96
1005	妥善处理	5.00	30.96
1006	审批权	5.00	30.96
1007	工程项目	5.00	30.96
1008	废油	5.00	30.96
1009	引航员	5.00	30.96
1010	成绩显著	5.00	30.96
1011	拖带	5.00	30.96
1012	按程序	5.00	30.96
1013	撤除	5.00	30.96
1014	无线电通信	5.00	30.96
1015	未经许可	5.00	30.96
1016	构造物	5.00	30.96
1017	标准规范	5.00	30.96
1018	次部务	5.00	30.96
1019	水产资源	5.00	30.96

续表

序号	关键词	频次	关键性系数
1020	法定程序	5.00	30.96
1021	海珍品	5.00	30.96
1022	海盐	5.00	30.96
1023	海砂	5.00	30.96
1024	液体燃料	5.00	30.96
1025	深水港	5.00	30.96
1026	灭失	5.00	30.96
1027	生产工艺	5.00	30.96
1028	生态系	5.00	30.96
1029	由原	5.00	30.96
1030	申请者	5.00	30.96
1031	界址	5.00	30.96
1032	盐田	5.00	30.96
1033	矿床	5.00	30.96
1034	禁航区	5.00	30.96
1035	突发性	5.00	30.96
1036	符合规定	5.00	30.96
1037	第三次	5.00	30.96
1038	第九章	5.00	30.96
1039	第六十一条	5.00	30.96
1040	第六十条	5.00	30.96
1041	管理体系	5.00	30.96
1042	管理条例	5.00	30.96
1043	索饵	5.00	30.96
1044	结构调整	5.00	30.96
1045	自然生态	5.00	30.96
1046	舟山	5.00	30.96
1047	船检局	5.00	30.96
1048	营运	5.00	30.96
1049	行政许可	5.00	30.96
1050	试运行	5.00	30.96

续表

序号	关键词	频次	关键性系数
1051	调查报告	5.00	30.96
1052	财产损失	5.00	30.96
1053	越冬场	5.00	30.96
1054	跨省	5.00	30.96
1055	远洋	5.00	30.96
1056	造成危害	5.00	30.96
1057	重大损失	5.00	30.96
1058	钻探	5.00	30.96
1059	集装箱运输	5.00	30.96
1060	鱼礁	5.00	30.96
1061	黄河口	5.00	30.96
1062	立即	36.00	30.82
1063	事项	17.00	30.77
1064	限制	31.00	30.74
1065	实物	12.00	30.69
1066	修复	28.00	30.63
1067	交接	10.00	30.61
1068	拟	13.00	30.56
1069	交纳	9.00	30.36
1070	渔船	9.00	30.36
1071	用语	9.00	30.36
1072	装载	9.00	30.36
1073	五	78.00	30.22
1074	野外	15.00	30.05
1075	军队	26.00	29.84
1076	综合	40.00	29.61
1077	二类	8.00	29.45
1078	爆破	8.00	29.45
1079	法定	13.00	29.35
1080	等级	12.00	29.31
1081	时限	7.00	29.29

序号	关键词	频次	关键性系数
1082	水深	7.00	29.29
1083	海湾	16.00	29.24
1084	渔	9.00	29.21
1085	动植物	11.00	28.87
1086	国务院令	6.00	28.34
1087	国家所有	6.00	28.34
1088	客船	6.00	28.34
1089	证明书	6.00	28.34
1090	送交	6.00	28.34
1091	齐备	6.00	28.34
1092	变更	13.00	28.20
1093	拟定	9.00	28.15
1094	以内	11.00	28.13
1095	工具	32.00	27.76
1096	批复	7.00	27.50
1097	注明	7.00	27.50
1098	隐匿	7.00	27.50
1099	骗取	7.00	27.50
1100	托运	9.00	27.16
1101	碍	9.00	27.16
1102	遗迹	9.00	27.16
1103	列入	18.00	27.00
1104	方案	31.00	26.95
1105	比例尺	8.00	26.86
1106	采纳	8.00	26.86
1107	储量	11.00	26.75
1108	景观	11.00	26.75
1109	名称	18.00	26.67
1110	义务	28.00	26.48
1111	保证金	12.00	26.25
1112	经济区	12.00	26.25

续表

序号	关键词	频次	关键性系数
1113	享有	15.00	26.02
1114	投保	6.00	25.97
1115	最大	6.00	25.97
1116	盐业	6.00	25.97
1117	选址	6.00	25.97
1118	法人	14.00	25.75
1119	严禁	8.00	25.73
1120	南岸	5.00	25.64
1121	外海	5.00	25.64
1122	抄送	5.00	25.64
1123	泊位	5.00	25.64
1124	涂改	5.00	25.64
1125	签收	5.00	25.64
1126	航次	5.00	25.64
1127	责任者	5.00	25.64
1128	连云港	5.00	25.64
1129	进入	52.00	25.59
1130	运行	30.00	25.59
1131	废弃	10.00	25.57
1132	旅游业	11.00	25.48
1133	核实	9.00	25.36
1134	太阳能	11.00	24.88
1135	自然灾害	11.00	24.88
1136	不良后果	4.00	24.77
1137	主体工程	4.00	24.77
1138	事故责任	4.00	24.77
1139	二年	4.00	24.77
1140	产业政策	4.00	24.77
1141	代收	4.00	24.77
1142	依法处理	4.00	24.77
1143	信息安全	4.00	24.77

续表

序号	关键词	频次	关键性系数
1144	修改意见	4.00	24.77
1145	停航	4.00	24.77
1146	储油	4.00	24.77
1147	充分利用	4.00	24.77
1148	充分发挥	4.00	24.77
1149	免缴	4.00	24.77
1150	第八条	4.00	24.77
1151	公益事业	4.00	24.77
1152	其他费用	4.00	24.77
1153	利害关系	4.00	24.77
1154	勘定	4.00	24.77
1155	北戴河	4.00	24.77
1156	第十四条	4.00	24.77
1157	第十条	4.00	24.77
1158	另行规定	4.00	24.77
1159	各部委	4.00	24.77
1160	名胜区	4.00	24.77
1161	听证会	4.00	24.77
1162	固定式	4.00	24.77
1163	国函	4.00	24.77
1164	国际交流	4.00	24.77
1165	国际公约	4.00	24.77
1166	国际航运	4.00	24.77
1167	城市污水	4.00	24.77
1168	复制件	4.00	24.77
1169	复验	4.00	24.77
1170	多公里	4.00	24.77
1171	安全事故	4.00	24.77
1172	安全隐患	4.00	24.77
1173	定期检验	4.00	24.77
1174	寄递	4.00	24.77

序号	关键词	频次	关键性系数
1175	履行职责	4.00	24.77
1176	巡航	4.00	24.77
1177	工业废水	4.00	24.77
1178	工业用水	4.00	24.77
1179	市场秩序	4.00	24.77
1180	并网发电	4.00	24.77
1181	幼鱼	4.00	24.77
1182	度假区	4.00	24.77
1183	所在区域	4.00	24.77
1184	所在单位	4.00	24.77
1185	所称	4.00	24.77
1186	执法监督	4.00	24.77
1187	技术水平	4.00	24.77
1188	投入使用	4.00	24.77
1189	报有	4.00	24.77
1190	拖航	4.00	24.77
1191	指挥机构	4.00	24.77
1192	擅自改变	4.00	24.77
1193	数据共享	4.00	24.77
1194	最高额	4.00	24.77
1195	服务平台	4.00	24.77
1196	构成威胁	4.00	24.77
1197	桥区	4.00	24.77
1198	检查者	4.00	24.77
1199	汉沽	4.00	24.77
1200	沙埕	4.00	24.77
1201	油舱	4.00	24.77
1202	洗舱	4.00	24.77
1203	海难	4.00	24.77
1204	清舱	4.00	24.77
1205	滩海	4.00	24.77

序号	关键词	频次	关键性系数
1206	潜水器	4.00	24.77
1207	生态平衡	4.00	24.77
1208	盖州	4.00	24.77
1209	直属机构	4.00	24.77
1210	相衔接	4.00	24.77
1211	省域	4.00	24.77
1212	研究成果	4.00	24.77
1213	种源	4.00	24.77
1214	科学依据	4.00	24.77
1215	符合要求	4.00	24.77
1216	第六十七条	4.00	24.77
1217	第六十三条	4.00	24.77
1218	第六十二条	4.00	24.77
1219	第六十五条	4.00	24.77
1220	第六十八条	4.00	24.77
1221	第六十六条	4.00	24.77
1222	第六十四条	4.00	24.77
1223	第十届	4.00	24.77
1224	第十章	4.00	24.77
1225	第四款	4.00	24.77
1226	管理信息系统	4.00	24.77
1227	管理权限	4.00	24.77
1228	紧追权	4.00	24.77
1229	经济实体	4.00	24.77
1230	统筹安排	4.00	24.77
1231	统筹规划	4.00	24.77
1232	统计资料	4.00	24.77
1233	编报	4.00	24.77
1234	老铁山	4.00	24.77
1235	胶州湾	4.00	24.77
1236	舟山群岛	4.00	24.77

序号	关键词	频次	关键性系数
1237	航区	4.00	24.77
1238	营口市	4.00	24.77
1239	虎头崖	4.00	24.77
1240	触碰	4.00	24.77
1241	认定书	4.00	24.77
1242	调查结果	4.00	24.77
1243	负有责任	4.00	24.77
1244	货物运输	4.00	24.77
1245	资源配置	4.00	24.77
1246	起源于	4.00	24.77
1247	身份证明	4.00	24.77
1248	辽东半岛	4.00	24.77
1249	进一步提高	4.00	24.77
1250	进港	4.00	24.77
1251	重要依据	4.00	24.77
1252	钦州	4.00	24.77
1253	防城港	4.00	24.77
1254	陆生	4.00	24.77
1255	项所	4.00	24.77
1256	鸭绿江口	4.00	24.77
1257	黄骅	4.00	24.77
1258	鱼类	8.00	24.69
1259	六	43.00	24.58
1260	一侧	7.00	24.58
1261	中长期	7.00	24.58
1262	用于	28.00	24.53
1263	公开	25.00	24.50
1264	物资	14.00	24.47
1265	卫星	15.00	24.46
1266	保安	11.00	24.30
1267	占用	12.00	24.14

序号	关键词	频次	关键性系数
1268	通信	15.00	24.09
1269	收购	14.00	24.07
1270	管线	6.00	24.06
1271	营口	6.00	24.06
1272	采掘	6.00	24.06